わたしたちはここにいる

マイノリティが、集まり、語り合う

複合差別　ヘイトスピーチ解消推進法　解放運動　貧

朝鮮高校無償化

尊厳　カミングアウト　連帯　アウティング

国際人権　インターセクショナリティ　レインボーフラッグ　ンティティ

解放出版社

刊行にあたって

◆座談会の経緯と目的

座談会の記録『わたしたちはここにいる――マイノリティが、集まり、語り合う』をお届けする。一九一七年の夏、「人権ネットワーク・東京」「反差別・人権青年交流会」のメンバー数人で、少々長めの単発の座談会を実施しようとの提案をした。両ネットワークに参加するマイノリティ団体に図ったところ、またたくまに企画が膨れ上がって、次のような四つのカテゴリーをめぐって、四回のロング座談会を実施することとなった。座談会はそれぞれ五時間を超え、総計二〇時間余、参加者は延べ一〇〇名弱を数えた。

第1回　障害者問題（二〇一七年一〇月）
登壇者／八柳卓史（DPI障害者権利擁護センター）、西田えみ子（障害者の生活保障を要求する連絡会議）、山本眞理（全国「精神病」者集団）、太田修平（障害者の生活保障を要求する連絡会議）、関口明彦（全国「精神病」者集団）
司会者／服部あさこ（専修大学）
第2回　人種／民族／部落問題（二〇一七年一〇月）
登壇者／岸本萌（部落解放同盟東京都連合会青年部）、朴金優綺（在日朝鮮人人権協会）、宇佐照代（チャシアン

カラの会）、青木初子（沖縄のたたかいと連帯する東京南部の会）
司会者／吉田勉（東日本部落解放研究所）
第3回　ジェンダー／戸籍／DV被害問題（二〇一八年一月）
登壇者／柳橋晃俊（動くゲイとレズビアンの会［アカー］）、田中須美子（なくそう戸籍と婚外子差別・交流会）、
大塚健祐（レインボー・アクション）、吉祥眞佐緒（エープラス）
司会者／服部あさこ（専修大学）
第4回　貧困／ホームレス／階級問題（二〇一八年四月）
登壇者／油井和徳（NPO法人山友会）、向井宏一郎（山谷労働者福祉会館活動委員会）、角田仁（NPO法人移住者と連帯する全国ネットワーク）、大西連（もやい・NPO法人自立サポートセンター）
司会者／大西祥惠（国学院大学）

座談会の目的は、①被差別当事者たちの日常の生活の中から、あるいは生きてきた歴史（経験）の中から、差別の現実と運動、そして被差別当事者としての社会的自覚（その変遷）を浮き彫りにしていく、②被差別当事者同士の相互理解と連帯の可能性を探る、というものである。

上記の目的を達成するために、四つのカテゴリーにおいて、計一六団体から、一七人の登壇者の報告を受けた。各報告者には、①報告者のプロフィール、②運動に入ったきっかけ、③闘いなどの経験談、④家族やコミュニティについて、⑤未組織当事者への呼びかけ、⑥その他、を織り込むことを要請し、被差別当事者同士の相互理解と連帯の可能性を探った。また、座談会は、①登壇者の報告、②登壇者・当事者の質問と討論、③全体討論、の三部構成として、登壇者・当事者・参加者の多声的な語りを引き出すこととした。

◆当事者と支援者、自らの権利や社会的資源の再配分、差異の承認などをめぐる語り

登壇者一七人のうち、第1回・第2回・第3回の登壇者はマイノリティ団体の当事者であり、第4回の登壇者はマイノリティ運動の支援者である。

第1回・第2回・第3回の登壇者が所属するマイノリティ団体の社会的属性は、障害・人種・民族・部落・ジェンダー・戸籍・DV被害などきわめて多様であり、それぞれの差別の基軸となってきた属性（アイデンティティ）をもとにして、マイノリティ当事者が集団を形成し、アイデンティティ・ポリティックスを主体的に展開してきた。それぞれのアイデンティティ・ポリティックスには、自らの権利や社会的資源の制度的な再配分に力点をおいている団体がある一方で差異の承認、反差別・反排除の社会運動に力点をおいている団体もあり、両方のバランスをいかに確保するかに力を注いでいる団体もある。

そもそも、誰が各団体および団体構成員をマイノリティと定義しているのか。医療にかかわる障害問題では行政権力や医療機関・医療者や学校・職場・家であったり、人種・民族・世系などの分野では社会的・歴史的に構築された差別的な共同規範であったり、ジェンダー・戸籍・DV問題では性規範や家意識や戸籍制度であったりする。国家権力、医療機関・医療者・職場などの社会的権力、「秩序」「普通」を押し付ける世間・家意識の共同規範など、それぞれのアイデンティティ・ポリテックスが闘う対象は多様であり、複雑に複合し、交差している。

第4回の座談会では、貧困・ホームレス・移住者問題にかかわる四人の登壇者は、それぞれのマイノリティ支援団体のメンバーである。このカテゴリーの座談会でも、当事者・支援者の登壇の可能性について議論をしてきたが、結果的に、支援者のみの登壇となった。この座談会の議論においても、施策要求という方向と、個人の尊厳・反排除という方向がある。たとえば貧困・野宿者問題をめぐって、「包摂」という政策用語が瀕用されている。この「包摂」政策の主体は国家や社会であって、貧困者や野宿

者などの当事者は客体化されてしまう傾向がある。第1回・第2回・第3回の当事者運動とは異なった課題が横たわっているものと思われる。

さて、一七人の登壇者の語り、そして登壇者・当事者・参加者などの多声的な語りを、あらためて読み直して痛感するのは、マイノリティ・ポリティックスが展開してきた社会運動の厚みであり、これを疎外している国家・社会的権力・家意識などの存在であり、その背景にあるマイノリティたちの生活の困難さや差別の過酷さである。

◆カバー写真の「交差点」と被差別当事者同士の相互理解と連帯の可能性

さて、カバーのスクランブル交差点のデザインは、「交差性」をイメージしている。「交差性」の概念はアメリカの法学者のキンバリー・クレンショーが打ち出したもので、彼女の一九八九年の論文タイトルは「人種と性の交差点を脱周縁化する」というものであった。クレンショーが「人種と性の交差点」と述べたのは、性差別と人種差別を別々に取り扱うと見えなくなってしまうため、黒人女性の生活の中にある複合的な差別や権力関係の交差を表現するためだった。

二〇〇〇年代に入ると、国際人権言説において、差別の「交差性」概念は積極的に取り上げられるようになる。この交差性とは、人種・階級・ジェンダー・セクショナリティ・ネイション・アビリティ・エスニシティ・年齢など、さまざまな差別の軸が組み合わさり、複数の差別が交差する状況を解き明かす概念として使われるようになる。本座談会が実施されたのは二〇一七年から二〇一八年にかけてで、座談会の語りにおいて、「交差性」という言葉は使われていない。しかし、本書のサブタイトルである『マイノリティが、集まり、語り合う』空間とは、まさしく「さまざまな差別の交差点」と言ってよいだろう。

今回の四回の座談会において、一六を超えるマイノリティ団体・マイノリティ支援団体が同じ空間に集い、自らの社会運動の過去・現在・未来について語り、相互に意見交換をする機会をもつことができた。今回の試みは「人権ネットワーク・東京」「反差別・人権青年交流会」という緩やかなネットワークに集うマイノリティ団体を中心に行ったわけだが、本書『わたしたちはここにいる――マイノリティが、集まり、語り合う』の成果をシェアしながら、さらに被差別当事者同士の相互理解と連帯の可能性を探っていけたらと思っている。

最後に、すべての登壇者・当事者・参加者のみなさんに、心から謝辞を捧げる。（執筆・吉田勉）

＊本座談会の実施は二〇一七年から二〇一八年にかけてであるが、編集などの諸事情から、本書の刊行は二〇二三年になってしまった。座談会実施からあしかけ六年が経過しており、この六年の空白を埋めるべく、「刊行にあたって」のあとに、近藤登志一「最近の人権状況」を配したので、参照してほしい。

二〇二三年七月三一日

人権ネットワーク・東京／反差別・人権青年交流会

最近の人権状況

近藤登志一（部落解放同盟東京都連合会書記長）

はじめに

本書における、討論会の主催者である「人権ネットワーク・東京」は、首都圏・東京で活動する被差別当事者団体のネットワーク組織として設立された組織です。一方の「反差別・人権青年交流会」は、「人権ネットワーク・東京」の比較的若いメンバーを中心に、東日本部落解放研究所とも連携しながら、学生、若手教師、若手研究者、労働組合青年部などをベースに、幅広く反差別・人権について考える交流組織として設立されました。以下、「人権ネットワーク・東京」設立の経緯とその活動、課題について若干説明しておきたいと思います。

「人権ネットワーク・東京」の概要

「人権ネットワーク・東京」の前身は、「東京都人権施策推進指針対策連絡会」です。「東京都人権施策推進指針対策連絡会」は、一〇のマイノリティ団体を軸に一九九八年に結成されました。結成のきっかけは、東京都が「東京都人権施策推進指針」(二〇〇〇年一一月発表)を策定するにあたり、当事者の意見を十分に聞いていないという現状がありました。そこで被差別当事者団体が連携し「人権指針」に被差別当事者の意見を反映させようという運動が開始されたのです。そして「指針」策定前の一九九九年七月に、「被差別者が誇りをもって生きていける社会をめざして」という人権政策提案書を作成し、東京都に提出(要請)しました。

その後、石原慎太郎の都知事選不出馬という動きを受け、「次期都知事に対しても、当事者からの要望書を提出しよう」という声があがったのを受け、二〇〇八年一二月に、マイノリティ一二団体を軸に「人権白書Ｔｏｋｙｏ作成実行委員会」を結成。二〇〇九年一一月二四日には、「人権白書Ｔｏｋｙｏ」を作成し、東京都へ提出しました。

さらに、この被差別マイノリティのネットワーク活動をより活発化するため、二〇一二年七月に、「人権白書Ｔｏｋｙｏ作成実行委員会」を「人権ネットワーク・東京」に改組し、組織を常設化しました。そして、①東京都に対する人権政策確立要求、②被差別当事者間の相互理解と相互連帯の促進、を主な活動目的として現在に至っており、現在、二四団体、六個人が参加しています。

最近の人権状況の紹介

本書は、二〇一七年一〇月から二〇一八年四月にかけて実施した討論会をもとにしたものであり、現在（二〇二三年）の人権状況は反映されていませんので、ここで二〇一八年から二〇二三年までの人権に関する動きを四つのポイントに絞ってご紹介しておきたいと思います。

①新型コロナウイルス感染症（COVID-19）と人権

新型コロナウイルス感染症により、二〇二二年一〇月時点で世界では六億一四〇〇万人が感染し、六五二万人が亡くなりました。国内においても二一三七万人が感染し、四万五〇〇〇人が亡くなっています。新型コロナウイルスの感染にともなう差別や人権侵害も生起しており、感染拡大防止対策や経済対策とともに人権対策を位置づけることの重要性が改めて明らかになりました。

二〇二〇年九月当時の上川陽子法務大臣は初登庁記者会見において、感染者への中傷、差別による引っ越し、学校でのいじめなどの差別実態をあげ、「しっかり対応していく」と表明しました。また、東京都はホームページで、感染者や中国の方に対する誹謗中傷や心ない書き込み等がSNS等で広がっている、また感染者を受け入れた病院で職員やその子供が差別的扱いを受けたり、海外旅行から帰国後自宅待機を雇用主から無給で命じられたりするなどの事例を紹介し、「正しい情報に基づいた冷静な行動」を訴えました。

新型コロナウイルスの感染対策で、市内の子ども関連施設に備蓄マスクを配布しているさいたま市が、二〇二〇年三月、埼玉朝鮮初級中級学校の幼稚部を対象から外した問題は、民族差別の固定化が「日常化」しようとしている危険な兆候を示しています（さいたま市は全国的な抗議を受けマスクを配布しましたが、謝罪さえしませんでした）。

東京都は二〇二〇年四月、東京都新型コロナウイルス感染症対策条例を公布し都民および事業者の責務として、「新型コロナウイルス感染症の患者等、医療従事者、帰国者、外国人その他の新型コロナウイルス感染症に関連する者に対して、り患していること又はり患しているおそれがあることを理由として、不当な差別的取扱いをしてはならない」と差別禁止条項を定めました。しかし理念に留まっているので、具体的な加害者への対策や被害者の救済策が求められています。さらに、休業要請や時短営業をきっかけにした「雇い止め」や「解雇」により格差・貧困化が強まっています。社会不安や経済不安が、差別や人権侵害、非正規労働者の排除に転化しています。日常的な人権意識の醸成とともに早急な格差・貧困社会からの脱却が望まれます。

②個別人権法の制定と人権条例制定の動き

差別や人権侵害が強まりを見せているなか、日本政府は差別禁止法など包括的な差別撤廃法はつくらないという決定をしており、個別法で対応しようとしています。

二〇一六年、「障害者差別解消法」「ヘイトスピーチ解消法」「部落差別解消推進法」が施行されました。また、二〇一九年四月「アイヌ民族支援法」、二〇一九年一一月、「ハンセン病元患者家族に対する補償金の支給等に関する法律」が制定されました。しかし、差別扇動（ヘイトスピーチ）など悪質な差別には対応できない現実があり、国際人権基準に合致した差別禁止・人権侵害救済法など総合的な差別撤廃・人権法の制定が急がれます。

また、改悪法としては、政府は入国管理法を改定し外国人労働者の受け入れに向け「特定技能一号及び二号」という在留資格を設けました。この制度は、基本的にこれまでの「技能実習制度」と同様に、外国人労働者は「労働力」としてしか位置づけられておらず、多数を占める「特定技能一号」は、家族帯同も認められていません。人間としての暮らしを制約するものであり、まずは移住者が人間として暮らせる人権を確立する政策が不可欠です。

二〇二一年三月六日、名古屋出入国在留管理局に収容中のスリランカ国籍の女性、ウィシュマ・サンダマリさんが亡くなりました。彼女は、自身の体調不良を訴え続けていたにもかかわらず、適切な治療を施されないまま亡くなり、人間の尊厳を無視する出入国在留管理庁の差別体制が浮き彫りになりました。二〇二一年八月一〇日、出入国在留管理庁は、「調査報告書」を公表しましたが、「報告書」は死因の解明には至らず、調査から導き出された検討結果も、対応の改善点を指摘しつつも、「現場は現場なりにがんばっている」との入管庁の説明にもあるように、職員の対応を擁護するなど、真相解明を目指す真摯な態度や反省を欠くものでした。ウィシュマさんは、「入管」という名の制度的・構造的暴力装置によって命を奪われたのであり、移民・難民を管理の対象としてとらえる現行の入管制度を全面的に見直し、法改正と組織改革を行い、国際人権基準をふまえた難民認定制度と在留制度、収容制度へと転換すべきです。

「高校授業料無償化」からの朝鮮学校排除や自治体の補助金打ち切りが続いていることに加え、二〇一九年一〇月からスタートした「保育園・幼稚園等の利用料無償化制度」からも「朝鮮幼稚園」は排除されており、制度的な民族差別が固定化されようとしています。

二〇二一年八月三〇日、京都府宇治市の「ウトロ地区」で放火事件が発生し、犯人が逮捕されました。京都地裁は「偏見に基づく身勝手な行為」だとして、懲役四年の判決を言い渡しました。ウトロヘイトクライム被害者弁護団は、判決に対して、「マイノリティが現にヘイトクライムの危険にさらされている現状に目を向けない、誠に不十分だったものといわざるをえません」「裁判所が、「偏見」、「排外主義的思想」など、本件の特徴をある程度適切に評価した事実認定をしつつも、肝心のところつまり、本件が、人種差別のあらわれた事件であるという当然の認定から逃げていることも許されるものではありません」「裁判所が、人権の最後の砦として、人種差別を断罪し、参政権を持たないマイノリティの人権に配慮するというその職責を放棄したものであり、誠に残念なものであった」と声明を出しました。ヘイトスピーチ（差別扇動）からヘイトクライム（差別目的による暴力的犯罪）に差別は悪質化してきており、被差別マイノリティは恐怖の暮らしを余儀なくされているのが現在の人権状況の危機的事態です。

二〇一八年八月一六、一七日に、第九六会期人種差別撤廃委員会において実施された日本政府報告書の審査の総括所見が、八月三〇日、同委員会により発表されました。委員会は前回審査（二〇一四年八月）の勧告の一部が実施されないままであると懸念を示しました。そして、二〇一七年の普遍的定期的審査において多数の国から勧告を受けたように、パリ原則に基づく国内人権機関を設置するよう勧告を行いました。さらに、人種差別を禁止する法的枠組みが日本にないことについても懸念と勧告が示されました。しかし日本政府は国連からの勧告を無視し続けています。

国が総合的な差別撤廃・人権法をつくらないなか、差別の現実を前に地方自治体の人権条例づくりが進んでいます。東京都は「東京都オリンピック憲章にうたわれる人権尊重の理念の実現を目指す条例」（以下「東京都人権尊重条例」）を制定し、二〇一八年一〇月一五日から施行（全面施行は二〇一九年四月一日）していますが、その実効性が求められています。

また、国立市では「国立市人権・平和基本条例」が二〇一九年四月一日から施行されています。この条例は、①市のあらゆる条例・計画の根幹をなす条例と位置づけ、②ソーシャルインクルージョンを基本理念とし、③部落問題を含むあらゆる不当な差別および暴力の禁止、④基本方針の策定や実態調査の実施、⑤審議会の設置などを定めており、全国的にも先進的な内容になっています。

さらに、川崎市では二〇一九年一二月、ヘイトスピーチなど差別的言動に最高五〇万円の罰金を科すという日本初の罰則規定のある「川崎市差別のない人権尊重のまちづくり条例」が制定されました。差別の現実に真正面から立ち向かい、国際人権基準に近い対策が講じられようとしていることの全国に与える意義は大きいものがあります。市は、二〇二〇年四月に一部を施行し七月に全面施行しました。

東京都は、「東京都人権尊重条例」に基づき、通報等のあったヘイトスピーチを公表しています。二〇一九年五月から二〇二二年六月のあいだに行われた一九回のデモや街宣行動を公表しており、区域は練馬、台東、墨田、千代田、文京、新宿、港、中央、渋谷の九区に及んでいます。内容的にも「東京湾に叩き込め」「ガス室つくって皆殺しに」など殺戮を扇動する「犯罪的」なものになっています。「公表」だけではヘイトスピーチは撲滅されないことは明らかであり、「人種差別撤廃条約」(国際人権基準)で規定する「法律で処罰すべき犯罪」とする法体系が必要になっています。

③アメリカ――人種差別への抗議行動「Black Lives Matter運動(BLM運動)」

次に、アメリカでの人種差別への抗議行動「Black Lives Matter運動(BLM運動)」をあげておきたいと思います。

アメリカでは、白人による黒人に対する差別的暴力(ヘイトクライム)が増加しており、多数の死傷者を出しています。二〇二〇年五月二五日、黒人のジョージ・フロイドさんが元白人警官に殺害されたことをきっかけに、BLM運動(Black Lives Matter＝ブラック・ライブズ・マター＝人種差別撤廃運動)が全米、全世界に広がりました。

BLM運動の大きな成果は、第一に、二〇二一年四月二〇日、ショービン被告が殺人罪に問われた裁判で、陪審員が有罪評決を言い渡したことです。白人警官が黒人を殺害して有罪評決が出るのは極めて画期的なことでした。

第二に、アメリカの連邦議会で、容疑者の首を腕で絞める「チョークホールド」を禁じるなどの「警察改革法案」が審議され始めたことです。全米各州の司法当局や大都市の警察本部が、改革に着手し始めました。

第三に、BLM運動の影響で、「差別問題」を見つめ、改善しようという機運が高まりました、たとえば、新型コロナウイルスが中国から来たとして、アジア系に対するヘイト犯罪・スピーチが広がったのに対し、「サイレント・マイノリティ（声なき少数派）」とされていたアジア系市民がデモを起こし、二〇二一年五月二一日には、バイデン大統領が「アジア系住民に対するヘイトクライム法案」に署名し、同法が成立しました。BLM運動など世界の人権運動と連帯していくことも重要だと思います。

④インターネット時代の差別と人権

インターネット時代という場合、メールやホームページ、SNSのみならず、今日ではビッグデータ、AI（人工知能）、IoT（モノのインターネット）なども含まれます。いまやインターネットは、それなくしては生活できないという社会的基盤になろうとしています。

このような情報技術の発展に人の意識がついていっていないのが現状であり、インターネットの使用にあたって人権を基軸にすることが求められています。

二〇一六年三月、マイクロソフトが、ツイッターで会話を学習する人工知能「Tay」を公開しましたが、人種差別や性差別、ヒトラー擁護発言などを発信するようになり、公開から一六時間で緊急停止を余儀なくされたという事件も起こりました。

二〇一六年五月三一日、欧州委員会（European Commission）と、フェイスブック、ツイッター、マイクロソフト、グーグル（YouTubeを運営）の各社が、インターネット上でのヘイトスピーチの拡散を防ぐための行動規範に合意しました。具体的には、ヘイトスピーチとの通報を受けた書き込みを二四時間以内に確認し、必要なら速やかに削除したり、アクセス遮断措置をとることが発表されました。ヘイトに抗する積極的な企業の取り組みが注目されていたところです。しかし、イギリス議会はグーグル、フェイスブック、ツイッターのSNS上のヘイト犯罪に関する取り組みが不十分であると批判し、イギリス政府や大手企業は、二〇一七年三月、SNS各社への広告掲載から撤退する措置をとりました。

ドイツでは、二〇一八年から「ソーシャルメディア法」を施行しており、明らかに違法な投稿を二四時間以内に削除しないサイトは最大五〇〇〇万ユーロ（約六八億円）の罰金を科すとしました（規制対象：利用者二〇〇万人超のSNSとメディア企業）。

一方日本には、インターネット上の差別を規制する法律はありません。唯一、法務省の「人権侵犯事件調査処理規程」があるだけです。この「処理規程」で人権侵犯事件として認定した場合、「要請」「説示」「勧告」「通告」「告発」という措置をもって人権救済を図ることとなります。そして、インターネット上の差別情報に対する対策として、この「規程」を基本に二〇〇四年一〇月二二日付で「インターネット上の人権侵害情報による人権侵犯事件に関する処理要領について（通知）」を発布しています。この通知のなかで、「インターネット上の人権侵害情報による人権侵犯事件」の定義として、①名誉毀損、②プライバシー侵害、③不当な差別的言動、④識別情報の摘示、⑤児童ポルノ、⑥私事性的画像記録、の六つの類型を示し、これに該当する差別や人権侵害についてプロバイダ等に削除要請するとともに先述の五つの措置を行うことになっています。

コロナ禍において、インターネット上での誹謗中傷が拡大しているなか、政府は、「侮辱罪の厳罰化」（二〇二二年七月施行）と「加害者の情報開示請求の簡略化」（改正プロバイダ責任制限法二〇二二年一〇月施行）を行いましたが、示現舎（被差別部落のアウティングなどを行っている出版社）が行っている差別サイト

「部落探訪」の削除などには適用できないという限界を持っています。国際人権基準を踏まえ、差別扇動的表現に対しては、「法律で処罰すべき犯罪」と規定した差別禁止法の制定と政府から独立した国内人権委員会の早期設置が望まれます。

contents

第4回　貧困／ホームレス／階級問題

登壇者／大西連（もやい・NPO法人自立サポートセンター）、角田仁（NPO法人移住者と連帯する全国ネットワーク）、向井宏一郎（山谷労働者福祉会館活動委員会）、油井和徳（NPO法人山友会）

司会者／大西祥恵（国学院大学）

第1回

座談会

障害者

問題

第1部　当事者からの報告

【登壇者】
八柳卓史（ＤＰＩ障害者権利擁護センター）
西田えみ子（障害者の生活保障を要求する連絡会議）
山本眞理（全国「精神病」者集団）
太田修平（障害者の生活保障を要求する連絡会議）
関口明彦（全国「精神病」者集団）

【司会者】
服部あさこ（専修大学）

1　八柳卓史さんの報告／下半身機能損傷

▼ポリオで半身不随　重荷になった母の言葉

ＤＰＩ障害者権利擁護センター（現在はＤＰＩ障害者差別解消ピアサポート）の八柳卓史と申します。この会議には、全国障害者解放運動連絡会議の担当ブロックとして参加しています。

僕の生まれた年は一九四九年です。僕自身は全く覚えていないのですが、一歳半のときにポリオになって、下半身機能損傷という障害を受けました。普通、三歳から六歳になるまで、保育園や幼稚園に通います。私の兄は健常児だったので幼稚園に行ったのですが、親の話では、僕は、つまり障害のある子は全く受け入れてくれないということで、在宅で過ごしました。三歳までは近所の友達と遊んだ経験があったのですが、それ以降全くなくて、やることもないので兄の小学校の本とか読んでいて、家にずっといたんです。

あとで聞いたのですが、その頃母親は僕を連れて何度か鉄道自殺をしようと思ったそうです。「気づいたら、線路にいた」と、そういう言い方をしていましたが、そんなことが二回ほどあったと聞きました。母親はその間に妊娠したらしいのですが流産したらしい。これも高校生になってから聞いたのですが、僕にとって、そのことがずっと重荷になっていました。母はそうは言っていなかったのですが、「僕がいたから流産したのかな」とも思いました。

▼普通小学校に入学、教員の補助が嫌でたまらなかった

一九五六年に地域の学校に入ったのですが、この当時、歩けない障害児はほとんど普通学校に入れませんでした。小学校に入学の歳になっても、就学猶予になって、学校には入れてもらえない。とりわけ地方だと、そういう状態が一般的でした。東京だと、当時は養護学校という、今で言う特別支援学校があって、そこだったら入れるケースが多かったようです。たまたま僕の場合は、住んでいたのが東京都の北区で、道路を隔てて向かい側が荒川区でした。そして、荒川区立の普通小学校が三〇〇メートルくらい、荒川区立の中学校が一〇〇メートルくらいの距離のところにあったので、親が荒川区の学校に入れられないかと交渉したらしいんです。道路を挟んで向かいの荒川区の蕎麦屋に住所を移せば（寄留）、すんなり入れたんだろうけど、それもしないで交渉していたら、たまたま近くに住んでいた北区の先生が、「俺が面倒を見る。ただし通学は親御さんがやってほしい」と言ってくれました。それで、家から一キロ

八柳卓史さん（DPI障害者権利擁護センター）

メートルくらいのところにある北区の小学校に、通うことになりました。

その先生は三〇歳代の、結構ごっつい感じの国語の先生でしたが、トイレでもなんでも面倒を見てくれました。でも実際はうっとうしかった。家ではトイレには自分で這って行っていたのですが、学校だとそうもいかないということで、いちいちトイレに行くとき、先生を呼ばないといけない。それがうっとうしくてしょうがなかった。

また、親が彫刻をやっていて、弟子が同じ家に住んでいたのですが、その弟子が毎日、朝と放課後、自転車で送り迎えをしてくれました。それも嫌で嫌でしょうがなかった。実際、小学校三年までの思い出ってほとんどなかったんです。なぜかと言えば、クラスのほかの子どもたちとの付き合いがほとんどなかったからです。先生がいつもベタベタくっついているので、ほかの子どもたちはちょっと嫌がってしまうんですよね。

▼右足だけでこげる自転車で自由な移動手段を手に入れる

小学二年生のとき、たまたま兄の自転車に乗ってみて、右足だけで地面を蹴ったら前に進みました。そうしたら、同級生の女の子の親だった近所の自転車屋のおじさんが、「じゃあ、君用の自転車を作ってあげよう」ということで、右足だけでこげる自転車を作ってくれました。左足がまるっきりブランブランだったので、自転車の左のペダルを外してお皿みたいなものを作ってそこに左足を乗せ、右足だけでこげるように作った自転車でした。もちろん補助輪付きですが、嬉しくて嬉しくて、それに乗って、三年生の終わりぐらいにはかなり走れるようになりました。

当時はあまり歩けなかったのですが、自転車を使えば移動するのが楽なので、自転車での移動を頻繁にやってたら、右足に力がついてきました。プログラムされたものではなくて、「自分がやりたいからやっていた」という形のリハビリだったのだと思います。

三年生の終わりくらいから、右足の力がついて歩けるようになってきました。そして、くだんの先生が担当から外れて、四年生から別の担任の先生になりました。そのときから、自分の障害を話題にされることが多くなってきました。まあ小さい子どもですから、自分と違うものに興味を持つのは当然なんですが。たとえば、プールに入ったあと、

「解剖だ」と言って、女生徒もいる前で素っ裸にされて、「お前の体はどうなってんだー?」とやられたこともあります。あれがいじめだったかと言えば、今になって考えればいじめだったのかなと思いますけど(笑)。

僕に対しては、割と障害の話題を向けられることが多かったので、それが嫌で、小学校高学年になると、いろんな本を読んで、下ネタを一生懸命仕込んで、「障害の話題」を「下ネタの話題」にすり替える術で対応しました。その結果、「スケべな八柳」として有名になりました。みんな僕の障害より下ネタの方が大好きで、そちらに関心が向けられるようになった。そういうずるさは学校で身に付けたと思います。

▼バリケードから公務員へ——荒川区役所への就職

大学へ行っても自転車には乗っており、そのおかげでかなり右足が鍛えられました。大学に入って一年半後くらいに、いわゆる大学闘争が始まりました。僕はそのときにいろんなことをやりました。全共闘運動の最初の頃ですが、組織化されてない面白さがあって、僕みたいな障害者でも防衛隊に入ったり、徹夜でバリケードを守る担当だったりで、自分なりに面白かった。

大学には五年間いました。四年で卒業するつもりだったのですが、就職の際に、大学の就職課に行くのが嫌で、飯田橋の職安に行きました。そうしたら、担当者から「公務員しかないよ、あんたは」と言われて、「じゃあ公務員を受けたいのですがどこかないですか」と聞いたら、「今年はみんな終わった」と言われました。「卒業してから受けるよりは、留年してたほうがいいよ」と言うので、これ幸いと一年間、卒論だけ残してぶらぶらしてました。親にはかなりいろいろ言われたけれど、しょうがなかったんですね。

それで翌年、公務員試験を受けました。まず、国家公務員の試験です。当時は障害者の別枠採用は全くなくて、普通に試験を受けました。公安調査庁の面接に行ったら、「一日何メートル歩けますか?」と言われて、「五〇〇メートルを休み休みです」と言ったら、「歩けないとしょうがない」とは言われませんでしたが、すぐに話題が変わって、僕の専攻の話になりました。僕は日本大学文理学部の哲学科に所属していました。たまたま僕が職安に行った一九七二年に、日本大学文理学部哲学科の学生が朝霞自衛官殺人事件を起こして話題になっており、当時「哲学科の学生って怖い」と言われていました。僕は障害者だけでなく、哲学科専攻でもあったから、就職先がなかなか決まらなかったんだと思います。

結局、雇う気があったのは荒川区役所だけでした。当時の区役所は東京都の職員でした。普通は本庁の障害福祉部に勤めたいというような希望が多かったのですが、僕の場合は、最初から区での就職を希望しました。なぜなら、自転車で通える範囲に職場があることが前提だったからです。

大学時代に自動車免許も取りましたが、当時は自動車がよく壊れていたので、最悪でも自転車で通える範囲ということで考えました。そうすると、荒川区が一番近くて、次に北区、文京区と続きます。つまり、家から近い順番で選んだわけです。大学も、もちろん学力の問題はありますが、同じように通えるか通えないかで選びました。

▼在日コリアンから問われた障害者としての主体性

区役所に入って最初に配属されたのが、区民課の外国人登録で、そこに八年間もいました。職場では、僕は差別的な扱いを受けたという感覚はあまりなかった。差別的なことがあったとしても、多分、僕がそれを悔しいとは思わずに、忘れてしまうような気質に育ったからだろうと思います。障害者運動に入ってからは、「あれはいじめだったんだなあ」と思うことがいくつかありましたが、多分、僕自身の処世術として、差別のことにこだわらないというスタンスがあったんだと思います。大学時代も、まあいろんな運動課題をやって、入管のことでも闘いましたが、自分の障害の問題は全然言わなかったし、言う気もなかった。

外国人登録では、当時は一五歳になると、全員から指紋押捺で指紋を取っていました(二〇〇〇年に全面廃止)。そこで一番問題だと感じたのは、在日の人たちが一五歳になって指紋を取るときに親がついてきて、子どもに「日本じゃ僕らは犯罪者扱いだからな」と言うわけです。それを聞いて、「僕の仕事は嫌な仕事だな」と思っていました。

そのなかでたまたま、日活ロマンポルノの助監督をやっていた李學仁(イ・ハギン)という映画監督が転入してきました。その人が『異邦人の河』という映画を作るので、「八柳さん、実行委員会を作るから来ないか」と誘ってくれて、荒川区の実行委員会に参加しました。

その映画は、主人公が韓国大使館員を暗殺するという結末で終わるんですが、それに対して、実行委員会に集まった人たちが「あの表現はよくないよ」などと、やたら言ったんです。それで、李さんに「八柳さん、あんたはわかるか」と振られました。たぶん李さんは、僕が障害者だから「差別に対して感じることがあるだろう」という思いで、話を振ったんだと思います。それで、「僕は自分のことを語ってないなあ」と気づきました。その後、たまたまその実行委員会で一緒だった矢内君という軽い障害の人が声をかけてくれて、「八柳さん一緒にやらないか」ということで障害者運動に関わるようになりました。それが一九七五年くらいのときです。

▼金井康治君の転校闘争とヴァンサンカン糾弾闘争

闘い等の経験として僕にとって大きかったのが、一九七九年から一九八四年まで五年間行われた、金井康治君の転校闘争でした。金井君は全身介助の必要な重度の障害者でしたが、その彼を普通学校へ入学させる運動です。僕は自分が普通学校に通っていたこともあり、応援に行きました。それが僕にとっての最初の障害者運動の経験です。

あとは、一九八四年に起こった、婦人画報社『ヴァンサンカン』差別記事糾弾闘争です。「ヴァンサンカン」で検索すればネットで調べられると思いますが、「よい血を残したい」という特集記事が書かれており、それに対する糾弾闘争を行いました。

僕は、先ほども言ったように、「自分が差別されるのはしょうがない」と言って逃げてしまうところがあるのですが、当時全障連(全国障害者解放運動連絡会議)で運動をしていて、一緒に闘っている骨形成不全の仲間から、「自分の親は、私を車椅子に乗せるときも、雑巾みたいなのをかぶせて荷物みたいな扱いをした」という話を聞きました。運動のなかで、仲間のみんなが口々にこのような自分のエピソードを語るわけですが、それが私にとっては一番きつかったかと思います。

2 西田えみ子さんの報告／一型糖尿病

▼水疱瘡をきっかけに五歳で小児糖尿病を発症

私は一九七一年に新潟県で生まれました。両親は銀行員をしていて職場結婚で一緒になりました。新潟の実家では、両親のほかに、脳溢血の後遺症で寝たきりだった祖父と、長女である私が暮らしていました。母が弟を妊娠しているとき、五歳の私は水疱瘡にかかりました。病気が治りかけた頃から、なぜか体がだるく、寝てばかりいるようになりました。そして、水をたくさん飲んではトイレに行くことを繰り返すなかで具合が悪くなってしまいました。母が私を病院に連れて行くと、すぐに糖尿病だということがわかり、その日から入院しました。

二〜三カ月くらい入院したあと退院しましたが、当時は日本では在宅自己注射（自分で注射を打つこと）が違法だったので、医者がこっそり注射器を渡してくれて、それを母が打つという生活を送っていました。私の病気は一型糖尿病と言うのですが、これはインスリンを作るβ細胞が自己免疫で攻撃されてしまい、体でインスリンが作れなくなるという病気です。したがって、インスリンを補給するために注射器で自分の体にインスリンを打つのですが、当時は一型と二型糖尿病があまり分けられておらず、糖尿病の治療法としては、食事制限と運動療法をして薬はなるべく使わない、というのが標準的でした。毎日運動をさせられるほか、何を食べて、誰とどこに行って何をしたのかなど、日常のことを毎日親に報告しなければなりませんでした。そして、「友だちの家でお菓子を食べる」など、標準的な治療から外れることをするたびに、親に怒られるという生活を送っていました。

▼「夢の持てない」私が書いた「将来の夢」の作文

そういう生活も、最初は「病気だから仕方がない」と思っていたのですが、やはり「標準的な治療が守れない」

「だから体調も悪くなる」「怒られる」ということを繰り返すなかで、「もう死んでしまいたい」という気持ちが次第に高まっていきました。

また、食事制限も辛かったので、今で言う過食症のような症状も経験しました。親の財布からお金を抜き取って、それでお菓子を買い、気持ちが悪くなるまで食べ続け、それを吐き出す、ということを繰り返していました。そんな生活だったので、私の人生のなかで、小学校時代がたぶん一番の暗黒時代だったと思います。

一番心に残っているのが、小学校で「将来の夢」に関する作文を書いたときのことです。医者からは「二〇歳まで生きられないだろう」と言われていたので、私も「そうだろう」と思っており、作文に「夢は特にありません」と書きました。しかし教師から「そんなことないだろう。何か夢を書きなさい」と強く言われたので、取り繕って「医者になって病気を治したい」と書きました。当時、父親が勤め先だった銀行を辞めて自営業を始めたのですが、それに失敗して家も貧しい状態でした。「二〇歳まで生きられないし、お金もないし、医者には絶対なれないな」と正直思っていましたが、「教師に言われてそういう嘘をいやいや書かされた」という印象だけが強く残ってます。

▼自殺未遂から家出を繰り返した中・高時代

中学に入ってからは、「一型糖尿病は普通に食事してもいい」という認識がだいぶ浸透してきたおかげで、給食も普通に食べられるようになり、なんとなく普通の生活を送ることができるようになりました。しかし、「私だけ病気でほかの人は夢を追いかけて生きている」「私だけがみんなと違う」という壁が自分のなかにできてしまい、学校も休みがちになってしまいました。そして、「なんのために学校に行くのか」「なんのために勉強するのか」ということについても意味が全然見出せず、斜《しゃ》に構えた生活を送るようになりました。

そんな状況のなかで、何度か自殺未遂を起こしましたが、「どうせ死ぬなら

西田えみ子さん（障害者の生活保障を要求する連絡会議）

好きなことをやろう」と開き直り、高校生になった一五歳のときに東京へ家出をしました。そのときはお金がないので病院に行けず、高血糖昏睡で死にかけてしまい、保険証で身元がわかって親へ連絡が行き、新潟へ連れ戻されることになりました。その後も一七歳のときに、「やっぱり東京に行きたい」と思い上京しました。以前、洋服店の店員としてアルバイトをしてとても楽しかったのですが、食事時間が決まっていなかったので低血糖で倒れることが何度かありました。医者からは「事務職がいい」と言われて東京に来たのですが、仕事がなかなか見つかりませんでした。採用されないのは糖尿病のことが原因だと思い、病気を隠して面接を受けたら、やっと小さな印刷会社の事務職に採用されました。

▼「三度目の正直」で東京に定住を果たす

しかし病気を隠して就職したので、勤務中になかなかコントロールが取れません。健常者のような生活を送った結果、具合が悪くなってしまって結局半年後に入院し、その後退職することになってしまいました。ちょうど二〇歳で仕事がなくなり、アパートも追い出され、医者からは「妊娠したら流産する薬を出す」と言われていたので、子どもも産めないし結婚もできない。

そんな状況なので、私は将来を悲観し、そして絶望していました。しかし、「どうしても東京に出たい」と一念発起し、二二歳のときに、友達を頼って三度目の上京を果たしました。今回は倒れることもなく、みなさんに迷惑をかけながらも、今に至るまで東京暮らしを続けています。

今は、当事者活動で知り合った夫と二人暮らしをしています。仕事はＤＰＩ障害者権利擁護センターの非常勤相談員として、体調に応じて週に一〜二日間勤務しています。

▼当事者運動にインターネットでつながり情報交換

当事者運動に関わるようになったきっかけは、インターネットが普及したことで、同じ病気を持つ人と情報交換ができるようになりました。そしていろいろな人の話を聞くなかで、自分が受けている治療環境がおかしいことがわかってきました。九〇年代の当時、DCCT報告というアメリカの一型糖尿病の長期の追跡調査の結果が出たばかりで、それまでの標準的な治療がよくない、網膜症や腎臓病などを併発する率が高いことがわかりました。

▼混合診療の被害から重症低血糖を繰り返す

一九九〇年代に、「予後がいい」「合併症が出ない」という、非常にすぐれた「強化インスリン療法」という治療方法が発表されました。これは、一日四回程度の血糖自己測定を行い、その数値に合わせて自分でインスリン注射をするものです。私もさっそくこの治療法を導入しました。ただ、ここで「混合診療」の問題が顕在化してしまいました。通常、国民皆保険では「必要かつ十分量を支給する」と定められているので、個人差に関係なく定額が算定されます。しかし、病院は個々の利益を重視するので、その病院独自の上限を設けて、足りない分は自費で買わせるのが方針となってしまっています。一日四回の血糖自己測定には月一二〇枚以上の血糖測定紙が必要となりますが、病院は月七五枚しか出さないので、足りない分は私が自己負担で買わなければなりません。厚生局にこの不正を訴えても「必要量は医者が決めることだから指導できない」と言われ、主治医へ相談すると「自分の口からは言えない。医事課へ行って相談して」と言われ、医事課では「赤字になるから出せない」と言われ、結局私は測定をしなくなり、重症低血糖で一〇回以上も救急車で病院に運ばれ、ほとんど毎日昏睡しているような状態となってしまいました。

▼一型糖尿病の当事者の会を作り障害者運動に取り組む

同じ頃、広島に住む私と同い年の女性が、仕事でトラックの運転中に無自覚性低血糖を起こし、二〇歳の大学生を死亡させてしまう事件が起き、その後、無自覚性低血糖による交通事故が社会問題化した結果、二〇〇二年の道路交通法「改正」の素案段階で、糖尿病が運転免許の欠格条項に入りそうになりました。しかし、運動の成果でこれを阻止することができ、私は障害者運動の重要性に気づきました。

それまで私は、「自分の苦しみは全部病気のせい」という内向きな考え方を持っていましたが、運動に関わるようになってからは、「環境との兼ね合いなんだ」ということが実感としてわかるようになりました。障害の社会モデルに関心を持っていた仲間は、DPI障害者権利擁護センターの門戸をたたき、一型糖尿病の当事者の運動をどのように進めればいいのかを相談したところ、当事者の会を作ることを勧められ、一型糖尿病の当事者の会「全国インターネット患者会iddm.21」を設立しました。そして、難病指定や障害認定、あるいは障害年金の支給を求めて、全国の一〇名の仲間とともに、厚労省への交渉活動を行いました。厚労省からは、「自己注射を認めてやった」「すぐ死ぬなんて信じられない」などと言われましたが、今に至るまでに四名の仲間が亡くなっています。

また、当事者運動の難しさもいろいろと実感しました。特に糖尿病というのは、自己管理がとても重要視されるので、「いい患者」と「悪い患者」の対立が顕在化してしまい、なかなか全体でまとまれない状況もありました。また、私が関わっている患者会は、社会への働きかけを軸につながることができていますが、多くの患者会は「治療をどうするか」「どうやれば病気を隠しながら働けるのか」など、内向きな活動を行っているところも多く、連帯することの難しさを感じています。

▼一型糖尿病は当事者の苦しみが理解されにくい

家族やコミュニティのなかでの共通した課題としては、「同じ一型糖尿病の人と比較されることが辛い」という問題があげられます。一型糖尿病の有名人としては、阪神の岩田稔投手や元Jリーガーの杉山新選手、あるいは、イギリスのテリーザ・メイ首相、二〇一〇年にミス・アメリカになったモデルのニコール・ジョンソンなどがあげられますが、たとえば、ニコール・ジョンソンが赤ちゃんを産んだことがニュースになると、「ニコールさんが赤ちゃんを産んだんだから、あなたもがんばって!」と言われたり、阪神岩田投手が勝ち星をあげれば「お前も岩田投手と同じくらいのがんばりを見せてくれ」などと言われてしまいます。

あと私の場合、低血糖になるとぼーっとしてくるので、血糖値を上げるために甘いものを食べて一〇〜一五分くらい休むのですが、普段はタバコも吸っているので、お菓子を食べてタバコも吸って、ぼーっとしています。しかし、外見上、一型糖尿病とはわからないので、どこから見てもサボっている人にしか見えないわけです。自分では治療しているのですが、それがなかなか理解されづらいのが現状です。

また、優生思想の影響からか、結婚を考えていた人から「親には病気を隠して」と言われたり、今でも「糖尿病＝生活習慣病」という偏見が、大きな壁になっていて、初対面の人から「贅沢したんでしょう」と怒られたり、「そんな物食べていいの？　飲んでいいの？」と取り締まられることが間々あります。また、ネットスーパー配達員からは、「ネットは高いでしょう？　すぐ近くに商店街があるんだから買い物行けば？」と言われたりもします。

体が辛いので、洗濯物は午後から干すのですが、ご近所さんにもグウタラ夫婦と思われているかもしれません。

そういう状況のなかで、この一〇年くらいは「難病を持つ人の地域自立生活を確立する会」（二〇二二年現在解散）という団体の活動にも参加しています。

国には私が生きるための環境を整える責任がありますが「糖尿病＝自己責任」という理屈で責任を放棄しています。非正規雇用率が四割とも言われる現代で、生活の保障がなく、環境に恵まれない当事者は通院や治療を制限せざるを得ず、深刻な状況に追い込まれます。治らない病気だからこそ、制度が暮らしに直結します。社会環境を変えるためにつながりましょう。

3 山本眞理さんの報告／精神障害

子ども時代に知った、精神科病院での精神障害者の置かれている状況

全国「精神病」者集団の山本眞理です。一九五三年生まれです。私は子どもの頃から本が好きで、いろいろな本を読んでいました。社会派児童文学なども読んでいたので、社会問題についても子どもながらに興味を持っていました。

発病については、「ある日突然」というよりは、じわじわ発病した感じだったので、正確にいつということは言えませんが、とにかく「疲れて動けない」「学校に行けない」ということで、一六歳のときに初めて東京医科歯科大学の精神科にかかりました。そこである高名な教授が、「あなたは死にたいですか」と聞くので、「いいえ、全然死にたくありません」と言ったら、「お嬢さんは、精神科の患者さんではないようです。内科に行ってください」と言って帰されました。その後、児童精神科にも行ったのですが、そこもひどいところで、「甘やかされた子どもだから学校へ行けないんだ」という、ゴリゴリの医学モデルを押し付けられただけでした。当時、私の両親も、「学校に行かないと人間でなくなる」という価値観を持っていたので、私が学校へ行かないことで家のなかは大騒動になっていました。

医者からも親からも「お前はダメな人間だ」というネガティブなメッセージしか送られてこなかったので、家にいることがいやになり、一七歳のときに初めて入院しました。ちょうど、朝日新聞の大熊一夫記者が「ルポ精神病棟」の連載を始めた一九七〇年のことです。

私はそこで、電気ショック療法をはじめとした、いろいろなことを体験させられました。そのなかでも一番私を傷つけたのは、医者が私たち患者を人間として見ていないという差別的処遇でした。たとえば、病棟医長回診の際に、隣のベッドの人が「先生、風邪をひいて熱が出て苦しいんです。助けてください」と言うと、その病棟医長は「あなたはクリスチャンでしょう。死んでも復活するんでしょう」と言って通り過ぎました。

あるいは、今をときめく斎藤学が若かりし日に、私の入院している病院に勤務していましたが、彼についてもこんなエピソードがありました。彼が主催して病棟集会が行われましたが、そのなかで一人の患者さんが、自分の辛かった体験や思いをポツリポツリと話していました。すると、斎藤氏はいきなりその話を遮って、「それで君は結局、電車に飛び込んだの？」と言うわけです。私は唖然としました。私はまだ一七歳でしたが、「こういう無礼なことは人間にするものではない」ということだけはわかっていました。これが精神科医のやることです。

私はそれ以来、精神科医に対しては、一定の距離を置くようにしています。ある意味私の症状がよくなったのは、「一定の距離を置いて精神科医を信じない」ということを決めたからだと思います。

全国「精神病」者集団との出会い

そのあと、四年遅れて早稲田大学に入学しました。大学では、韓国留学中に北朝鮮のスパイとしてでっち上げ逮捕された早稲田大学卒業生のチェ・ヨンスクさんの救援運動などを行っていました。これは、学園浸透スパイ団事件（一一・二二事件）と呼ばれていますが、韓国へ留学した二〇名の在日コリアンらが中央情報部（ＫＣＩＡ）に逮捕され、そのうち一六人が死刑を含む有罪判決を受けた事件です。このほかにも、在日コリアンの本名宣言や部落解放の闘いなどにも影響を受けました。

そのようななか、一九八二年三月一八日に、日比谷公会堂で「刑法改悪保安処分阻止全国集会」が開かれ、私もこれに参加しました。そのときに、壇上で大野萌子という全国「精神病」者集団の創設者の一人がアピールをしていました。それを見て私は驚きました。「精神障害者もみんなの前で発言していいんだ」と思いました。それで私は大野さんに連絡を取り、全国「精神病」者集団に入会して、東京の患者会を紹介してもらいました。その後患者会に参加して、あるメンバーがすごく怒っているところを見たのですが、そのときにまた驚きました。

山本眞理さん（全国「精神病」者集団）

私はずっと「お前はダメだ」「お前は怠けている」と周囲から言われ続けてきました。また入院していると、眠剤を持ってきた看護師さんに、「よく眠れてるからお薬はいりません」と言うと、「眠れてるならいらないわね」ですむのですが、翌日に医者が、「山本さんは眠れているつもりだけど眠れていない」と断言するわけです。でも、看護師は私の状態を夜間も見て看護記録も付けているわけなので、たしかに眠れているはずなのです。しかし医者は「眠れていない」と断言するわけです。とすると、私が感じることは全部症状だということになります。医者に言わせれば、怒りも悲しみもすべて症状なのです。だから常に、怒らずにニコニコと穏やかにしていないといけないと思い続けていました。しかし、怒っているメンバーを見た瞬間、自分がすごく解放され、私の内面が革命的に変化しました。

▼「精神衛生実態調査」反対運動と宇都宮病院糾弾闘争

このように「精神病」者集団と出会ったわけですが、一九八三年に「精神衛生実態調査」が旧厚生省によって計画されており、それに対する反対運動が、精神障害者運動に関する私の最初の闘いでした。旧厚生省の前でハンストも行い、この闘争を勝利に導きました。

宇都宮病院事件は一九八四年に告発されました。宇都宮病院は栃木県の私立精神病院で、看護人が患者を殴り殺しました。しかしそれだけではなく、ここは明らかに違法な人体実験を行っており、それが東京大学の医者たちにとって絶好の実験場だったわけです。「暴力支配の精神病院」ということで大スキャンダルとなりました。

当時宇都宮病院は、寄せ場である山谷などで「アル中でお困りの方いませんか」というチラシを撒き、集まってきた人を強引にマイクロバスに乗せて連れていくような方法で患者を狩り集めていました。しかし今また宇都宮病院では、当時と同じようなルートができているようです。すなわち、福祉事務所から宇都宮病院に送り込まれた精神障害者は、任意入院なのに退院できないという事態が起きていることが暴露されました。残念ながら八〇年代と同じような構造がいまだに続いていると言えるでしょう。

私はこのような問題に取り組みながら、九〇年以降は全国「精神病」者集団の窓口とニュースを担当しています。

そのあと二〇〇二年前後から、国際的には障害者権利条約の作成が、国内的には医療観察法の阻止が大きなテーマとなっており、この二つに取り組んでいます。

▼フラットで尊重し合える組織をどう作るのか

私は、一九九九年に、世界精神医療サバイバーネットワークの創設メンバーの一人であるニュージーランドのメアリー・オーヘイガン氏が欧米のセルフヘルプグループを視察してまとめた『精神医療ユーザーのめざすもの――欧米のセルフヘルプ活動』(解放出版社)を翻訳しました。

私が非常に悩んでいたのは、いろいろな考え方の人がいるなかで全国「精神病」者集団は、組織をどのように民主的に運営し、フラットな関係を築きながらお互いに助け合い、尊重し合う関係を構築できるかということです。私が全国「精神病」者集団に参加した際、非常に魅力的だったのがこの名前でした。その当時、「解放運動連絡会議」のような結構固い名前の団体ばかりのなかで、「集団」と名乗っていることがとても新鮮でした。集団だから規約もないし、組織としての民主的手続きというのも一切ありません。やりたい人が集まって、やりたいことを行うだけです。ただ、このようなスタイルは、顔を合わせて議論できる関係のなかで行えるうちはよいのですが、結局経済的なことも年齢的なことも影響して、みんなが集まることが厳しくなるなかで、信頼関係を作ったり共感を得たりすることが難しくなってきたように思えます。そのへんの運営の難しさというのが今あります。

▼「健康」「不健康」を問う前に不平等な社会をどう改革するのか

私自身、障害者権利条約の作成に取り組むなかで、次第に精神医療をよくしていくための取り組みに興味がなくなってしまいました。むしろ、精神医療という特別な医療が、その他の一般的な医療に統合される方向に可能性を見出しています。さらに言うならば、ロンドン大学で公衆衛生学を研究し、世界医師会の会長も歴任したマイケル・マーモットが提唱している「健康格差」の考え方、国連健康の権利特別報告者の報告の主張するように「精神保健だ」「脳の故障だ」という前に、貧困、暴力、差別（とりわけ性差別）等を社会政策のなかで、しかも最も差別され、排除されている当事者を参加させて議論していくことこそが、精神保健にとっては最も重要なことだと思っています。

また、二〇一七年九月二八日に行われた国連人権理事会でも、「精神保健と人権」という決議が採択され、そのなかで、精神障害者を分離隔離するのではなく、地域で支えていく仕組みを構築することの重要性が強調されています。そういうなかで私もいま一度、精神障害者であるということはどういうことなのかについて再度考えていかなければと思っています。

複合差別の視点を持つと、組織論としては、誰も排除しないと言い続けたけれども、たとえば「性差別者も排除しない」ということにもなってしまいます。女性からすれば、「あの人がいると私はここに参加できない、あの人を排除しないというのは、私を排除するということだ」ということになります。あるいは、当事者には非常に人種差別的な人間もいますし、その人たちを排除しないという前提を守るなら、除名とまでは言わなくても、どういうふうに対応すべきなのか、あるいは、暴力に対してどうすべきなのか、などなど今悩んでおります。

4　太田修平さんの報告／脳性麻痺

▼親との葛藤から家を離れる決意

こんにちは。私は一九五七年に東京に生まれました。一人っ子で、兄弟はいません。脳性麻痺による障害で、全面介助が必要です。障害があることが当たり前で、障害のない自分など、想像できないくらいです。

特別支援学校の高等部を卒業しました。特別支援学校の頃は、毎日、親が自家用車で送り迎えしてくれて、高等部へ通っていました。親は掃除や洗濯は夜中にするという生活で、それが原因で過労で寝込むことも多く、自分も体がしんどいので、よく親子ゲンカをしていました。「親子心中」や「子殺し」を考えたことは、しょっちゅうあったようで、「よくまあ、今ここに生きているな」という感じがします。「もっと介護する側のことを考えてものごとを進めてちょうだい」とか、そういうことが絶え間なくあって、いつの日か家を出たいと自分のなかで思っていました。

▼牧師との対話から障害者運動へアプローチ

施設で一二年間暮らしました。そこで一緒に暮らしたい人が現れて、施設を出て、地域生活を始めて、今は日野市の都営住宅で、ヘルパーさんと学生さんのアルバイトの人に応援を受けながら生活をしています。

私の父親は会社員で、母親は専業主婦です。一般的な家庭で、自民党を支持する人たちでした。私自身も一八歳から一九歳くらいまでは、「自民党がいいのでは」という意識を持って生活をしてきました。

私は若いときから、教会に行っていました。そこの牧師が、いつも、「信仰

太田修平さん（障害者の生活保障を要求する連絡会議）

を持つ者は差別され抑圧されている人とともに生きて、権力とは闘っていく必要がある」と言っていました。在日外国人の問題や、当時の韓国の民主化運動や、日本の戦後責任について、よく話をしてくれました。教会には自衛隊の人もいて、自衛隊の人が「クリスチャンは、社会党とかを支持しなければいけないのでしょうか」と聞いたところ、「そんなことはない。基本的には自由です。靖国の法案が国会に出たら、靖国に対してきちんとものを言う。あるいは、人権を大切にするのであれば、政治的にはどこの政党でもかまわない」と応えてくれて、牧師さんの懐の深さを感じ取って、その影響をさらに受けるようになりました。

▼日本最高の施設でも暴力・虐待が常態化

先ほど、施設で一二年間暮らしたと言いましたが、そこは、日本では一番レベルが高いと言われた施設でした。職員の意識も高く、恵まれた施設だったのですが、そういう施設でさえ、毎日暴力や虐待などがありました。たとえばコミュニケーションの取れない知的障害者など、より弱い障害者に対して、職員が非常につらく当たったり、無視したりするわけです。

毎日毎日そういう行為が行われていました。施設とは話し合いを持ちましたが、職員の人たちは「暴力なんかやってない」などと屁理屈をこね、次々に言い逃れをしていくわけです。

私のいた高いレベルの施設でそうなのですから、日本のほかの施設や病院で何が起きているかというのは、火を見るより明らかです。私の父親は他界してしまいましたが、脳梗塞で、入院したときにはオムツをさせられていました。父親が看護師に「トイレに行きたい」と言っているのに、「あなたはオムツをしてるんだから、トイレはベッドの上でやりなさい」と平気で言うんです。

▼障害者が市民運動に関わる意義

私はやっと日本一質の高い施設に入れたのですが、そこまでして入った施設でさえ、いろいろ問題が渦巻いていました。その後私は、「青い芝の会」の活動に入っていくことになりました。

一人暮らしをしようとしたところ、「青い芝の会」の人たちのアドバイスで、「親と縁を切るくらいの決意を持ってやりなさい」と言われました。私は、障害者運動だけではなくて、市民運動にも取り組もうと思いました。市民運動を通じて意見を言うことは大切です。意欲を持って世界とつながりたいと思い、小田実の運動にも参加しました。市民運動のなかに、障害のある人がいることは大切です。障害者がともに運動することで、障害を他の問題と切り離してとらえる市民運動の人たちの意識も変えたいという思いが一方でありました。

今は団地の理事会の役員や、連れ合いの親戚とも結構な頻度で付き合っています。連れ合いとの結婚については、向こうのお母さんは反対でしたが、お父さんはしょうがないということで認めてもらいました。恵まれたことに、今は、お母さんと食事をするようにまでなりました。「継続は力なり」と思っています。

5 関口明彦さんの報告／精神障害

▼大学入学後に発症　学生運動から様々な市民運動に関わる

一九五二年に、東京の聖路加病院で生まれました。三歳半下の妹が一人います。父が鉱山関係の会社員をしており、東北にある細倉という鉱山から、北海道寿都町の鉱山に転勤しました。

当時は、どんな子どもだったかと言うと、あまり近所の子どもたちと群れて遊ぶことはせずに、たとえば「九九を覚えなさい」と言われると、一人で九九を一生懸命覚えるような子どもでした。一方で、宿題はあまりやっていた記憶がありません。親は「とにかく本は買ってよろしい」というタイプだったので、本代だけは自由に与えられていました。

中学生のとき東京に出てきて、学習塾に行って受験勉強をさせられ、男子校に進みました。大学は、現役のときに上智大学に受かったのですが、その後いろいろな大学を渡り歩きました。最終的には、一回入院したあとに、もう一度仏教系の大学に進みましたが、いずれも卒業していません。

上智大学に入学した前後に、少し具合が悪くて寝込むようなことがありました。うちの母親は保健師なんですが、看護師資格も持っていて、聖路加の看護師だったことがあります。当時有名だった小此木啓吾さんのところに、母親に連れられて行ったらしいんですね。僕は記憶にないのですが、小此木氏には、私の病気がよくわからないようでした。そこで次に、『甘えの構造』を書いた精神科医・土居健郎氏のところに連れて行かれました。土居氏から、「口で治すか、薬で治すか」と聞かれたので、薬を飲みたくなかった私は、「口で治してください」とお願いし、週一回四〇分～一時間の精神療法を受けました。当然自費診療だったので、結構高かったと思うのですが、それでも治らなかったので、引きこもりのような生活を送っていました。

▼早稲田大学で運動に関わる

そんなこんなで、いろんな大学を受けたりもしたのですが、たまたま早稲田大学に在学中に、高校の同級生から「早稲田大学に入ったんだったら学生運動をやらないか」と誘われ、大学間交流促進学生会議に参加しました。そこには、新左翼党派の人たちもいて、彼らと一緒にいろいろな取り組みを行いました。

そのなかの一つが自主ゼミ活動でした。これは、自分たちでテーマと講師を選び、二泊三日程度のゼミ合宿を行うものです。最後の頃に、國分康孝さんという心理学者に手紙を書いたら、心地よく「やりましょう」ということで引き受けてくれて、三回くらい自主ゼミを行いました。そのときに知り合った人から小田実を紹介され、その流れで、彼が関わっていた韓国民主化国際連帯委員会に参加するようになりました。その後、アジア・アフリカ作家会議や日本アジア・アフリカ・ラテンアメリカ連帯委員会、あるいは様々な市民運動にも関わるようになりました。

▼抗うつ剤の処方による躁転で措置入院を経験

そうした運動を行っている最中に、病気が発症して寝込んでしまったので、運動の仲間から上野博正という精神科医を紹介されました。ちなみに、彼は後年、思想の科学社の社長を引き継ぐことになる人物です。私は、三鷹にある彼のクリニックを訪問し、そこで初めて薬を処方されました。抗うつ剤だったと思うのですが、それを飲んだら、気分が上向きすぎて、いわゆる躁転してしまいました。上野氏は家族にも知らせずに警察を呼び、警官に押えられながら、私は医者に注射を打たれました。そして気づいたら保護室にいたわけです。

当時は精神病院のことは知らなかったので、自分がどこにいるかもわかりませんでした。保護室で、騒いでも誰も来ず、食料だけが差し入れられました。結局、

関口明彦さん（全国「精神病」者集団）

そこの病院には八カ月くらい入院していました。以後三つの病院を入退院し、最終的には二〇〇一年二月二二日に退院。以降は入院していません。

なぜ何度も入退院を繰り返したかというと、抗うつ剤によって躁転した際、「統合失調症の疑い」と診断されましたが、結局確定診断がなされませんでした。私が入院した最後の病院に森山公夫という躁鬱の大家の医者がいたのですが、彼が「あなたの病気は統合失調症ではなく、躁鬱です」と診断し、そこで初めて統合失調系の薬が外れました。以後、適切な薬を飲んでいるので再発はしていません。私自身、薬を飲まなくてもやっていける自信はあります。しかし、そうした場合、自分の心の状態をずっと監視していなければならず、それに結構エネルギーがかかってしまいます。そういう苦労をするくらいなら、薬を飲んだほうが簡単で楽だということで薬を飲んでいます。

▼医療観察法反対運動と障害者権利条約への取り組み

二〇〇一年二月二二日の最終退院後に、私は精神障害者運動に関わるようになりました。その年の四月に、医療観察法反対の決起集会を行うこととなり、昔の市民運動の仲間から、「東大の赤レンガで会議をやるから来ないか」と誘われました。

入院前には「精神衛生法撤廃全国連絡会議（撤廃連）」と言っていましたが、その名称が退院後には阻止協（処遇困難者病棟新設阻止共闘会議）に変わったことを聞かされました。そこで私は組織協に行き、スピーカーの一人として集会に参加することとなりました。

その後、二〇〇一年六月に大阪池田小児童殺傷事件が起き、当時の首相であった小泉純一郎の扇情的な扇動を背景に、心神喪失者等医療観察法が可決し二〇〇五年に施行されてしまいましたが、私はこれに対しても反対運動に取り組みました。全国「精神病」者集団の山本眞理さんが「私はハンストをやる」と言うので、まわりが集ったのです。

その間、国連の方で障害者権利条約の話が持ち上がりつつあり、私はバンコクで行われた国連アジア太平洋経済社会委員会（ＥＳＣＡＰ）に参加しました。ただ、そこに行く以上、発言権を確保しなければと思い、そのためには、発言権のある団体に属している必要がありました。そこで八柳卓史さんに「全障連の名前を使っていいか」と聞いたら、「いいよ」という話になり、発言権を得ることができました。

それで私はバンコクを訪れたわけですが、何と私にアカシジアが出てしまいました。アカシジアというのは、精神科の領域で投与される薬の副作用で、じっとして座っていられないという症状のことです。そのアカシジアのため、私は国連の会議場を歩き回っていました。そして、障害の定義について、「今までのWHOファミリーの定義を使う」ということが書かれてあったので、私は発言権を使い、「それは到底受け入れられない。そんなものを受け入れてしまったら、この会議に居続けることが全世界の精神障害者への裏切りとなってしまう」と英語で叫び上げました。それがきっかけになって、バンコク宣言では、障害の定義の部分が変わりました。

▼全国「精神病」者集団加盟により日本障害フォーラムの活動に参加

その後、二〇〇四年に日本障害フォーラム（JDF）が設立され、ここに全国「精神病」者集団も加わるということになりました。日本で障害者権利条約に関わる場合、JDFに入らなければならないので、私も全国「精神病」者集団に参加することにしました。

JDFでは、障害者権利条約の最終案のところで、第一条に掲載すべき「尊厳（dignity）」という単語が落ちていたので、私はJDFを通じて「これだけは絶対に入れて欲しい」と外務省に申し入れてもらいました。日本政府以外にも他国政府も指摘したとは思いますが、私の指摘どおり、第一条に「尊厳（dignity）」の文言が追加されました。

ただ、その枠組みが「protect life on dignity for the people of the disability」なので、「権利と尊厳を保護し促進する障害者のための条約」という会議だったのに、最後の段階で「障害者権利条約」となってしまいました。名前を短かくすることに反対した国も結構ありました。

▼様々な当事者組織に関わる

医療観察法のことはいまだに続けていますが、正月頃に医療観察法反対のデモがありました。そのときに、「日本病院・地域精神医学会の評議員に立候補してくれ」と頼まれました。そして「（学会評議員の）被選挙権はあるか」と聞かれたので、「私は過去に日本病院・地域精神医学会に乗りこんで行って、「医療観察法反対の話をさせてくれ」と迫ったことがあり、そのときに、『話をしてもいいけど会費を払え』と言われて会費を取られたので、被選挙権はあると思う」と言ったら、「それなら立候補できるな」と言われたので、立候補しました。

その年、理事の改選があって、評議員が選ばれて、そのなかから理事長が選ばれるのですが、評議員には最高得票で入り、その後理事にも選ばれて、その役職はいまだにやっています。同時に、NPO法人MEW（ミュー）の理事にもなり、そこの地域生活支援センターの非常勤職員もやっています。その他、障害者制度改革推進会議や障害者政策委員会のメンバーにも選ばれました。

▼未組織当事者へのメッセージ

「自分で調べ、勉強して自分の頭で考えること」は非常に重要です。それに加えて、コミュニケーションのために英語力を習得することも大切です。いろいろなことに興味を持ち、様々な取り組みに参加すれば、きっと何かができるはずです。自分が動かなければ何も始まりません。自分が動いて、出会ったところから関係を作り、信頼できる人を見つけること。そこから何かが始まります。

第2部

登壇者・当事者の質問と討論

◆家族との関わり

服部　まず登壇者、障害当事者、障害家族、支援者等の立場で関わっている方からと考えていますが、いかがでしょうか。

八柳　太田さんに質問しようかな。施設に入ったとき、自分の意思で入ったって言えますか。

太田　そうですね。緊急一時保護の延長延長で、半年間病院にいたわけですが、地域での自立生活をするにしても、当時の私は、施設で暮らしている人は、想像もつかないぐらいの苦労や人生経験を経ているのだろうと思っていて、まずそういう人からいろいろなことを学んでいきたい、という思いから、まず施設での生活を経験したかったので選択したわけです。

八柳　施設に入る前に、緊急一時保護で半年間、高円寺の病院に入ったと聞いていますが、高円寺の病院に入るきっかけとなったのは家族の介護疲労ですか？

太田　親が病気をして、一時的に介護ができなくなったということで、世田谷の養護学校の先生から、「世田谷であれば」という話があって、私は施設を選びました。

服部　施設で暮らすか、家で暮らすかという問題は、特に全身の介護が必要であったり、誰かの介助を受けながら生活をする人にとっては大きな課題だと思いますが、それに関連して、何かご自身の経験がある方はいらっしゃいますか。

関口　精神科医の土居健郎さんに関わったときに、まず最初に言われたのが、「家族と離れて過ごしなさい」ということだったので、アパートを借りました。父と母の仲がよくなかった時期でもあり、そのことも要因としてあったと思います。精神障害者の場合は、家庭のなかにいるとあまりよくないと言われていて、僕はかなり早い時期から、実家が東京にあるにもかかわらず、アパート暮らしをしていました。

服部　ほかにどなたか。尾上さんいかがでしょうか。

尾上　私は障害連（障害者の生活保障を要求する連絡会議）の尾上裕亮と申します。太田さんや西田さんと同じ団体（障害連）で、いつもお世話になっています。私が差別について感じることは、不十分ながら、障害者関連の法整備が進んで……（パソコンの読み上げ機能が不調に）。

服部　パソコンの回復に時間がかかるようですので、それまでどなたか。武藤さん、どうですか。

◆交通事故から精神病の発症——武藤光政さんの体験（1）

武藤　精神障害者の当事者団体「なんなの会」に所属しておりました武藤光政です。全国「精神病」者集団の会員でもあります。私が精神の病院にかかるようになったのは、二一歳のときに交通事故を起こして右膝下を骨折し、整形外科病棟に入院したことがきっかけです。その当時はあまりなかったのですが、そこには、ＯＴ（Occupational Therapist：作業療法士）や、ＰＴ（Phisical Therapist：理学療法士）、ＳＴ（Speech Therapist：言語療法士）などがいて、今でいう支援学級のような施設も併設した大きな病院でした。そこでリハビリテーションというのを叩き込まれました。「悪くなったのは自分の足だから、自分が元気になるように、人並みに歩けるように、自分でがんばって治せ」と。まわりの人は私より重い人がほとんどで、頸損（頸椎損傷）や脊損（脊髄損傷）などで、下半身が動かない、手足が動かない、首だけしか動かない人が大勢いました。

一年間入院していたので、そのため大学受験が一年遅れることとなりました。親父に「お前、大学行け」と言われて、予備校に通い始めたのですが、自分の成績のことはよくわかっていましたし、大学進学なんてかなわない夢だと決めてかかっていました。しかし一方で、親の意見も尊重しなければならず、そこに大きなギャップができてきてしまい、精神を病むようになりました。また、事故の後遺症もあり、女の子に声かける自信もなくしてしまうという、暗い青春時代を過ごしました。

高校を中退したとき、七〇年安保の前の六九年からの学生運動の流れで、高校のときは活動家みたいなことをやっていました。そのため、周囲からつけ狙われる、見張られている、監視されているという思いがありました。今思えば、統合失調症の症状なのかもしれませんが、現実にはそれが全然区別できませんでした。「最先端の技術を使った監視システムのなかで自分は生きている」と思い込んでいました。それがずっと続いてるんです。

最初の病院では、私の足は切断の必要があると言われました。私の親父は整形外科医で、たまたま大きな病院の院長をしていたので、大学から教授を呼んで、足をつなぐ手術をしていただき、私はなんとか切断を免れて、自分の足で自立で歩けるようになりました。そのため、親父の言うことを聞かなければいけないと思っていました。そんな思いも手伝い、親父とは確執があり、加えて周囲から監視されているという認識と相乗して、煮詰まっていきました。そして、二三歳の年の大学受験の際に、自傷してしまいました。よく言われることですが、「赤外線がどうした」「電磁波がどうした」というのも感じたことはありますが、自分で計器を持って測ったわけでもありません。今の自分から見れば、被害妄想だったのかとも思われますが、それで精神科に入院しました。

◆「いい子」ぶらないと退院できない精神科病院——武藤光政さんの体験(2)

武藤　精神科の病院は当時、病棟は男女で分かれており、レクレーションや作業を行っていました。病院の作業をやると、ご褒美にタバコやアンパンをくれたりしていました。そういう環境のなかで、病院を三カ所くらい移り、二年三カ月の時間を過ごしました。丹沢にあった病院では、昼間は地域のダンボール工場に行って働き、次第に仕事ができてくると、それが評価されて、看護人から自由を少しずつもらうような医療モデルでした。つまり、典型的な「いい子」ぶらないと退院させてくれません。

病院では、自分がなんの薬を飲んでるのかもわかりません。薬を飲むと眠くなるのはわかっていても、三度三度、口を開けさせられて、飲むところを確認されます。逆らえばどうなるかというのは、逆らった患者さんのことを見ていますから、ああはなりたくないと思ってしまいます。半分は脅しです。病名にも触れない、薬にも触れない、病院のなかでいい子ぶると、次のいい病院にステップアップできるのです。

それで私は退院でき、千葉にある精神科病院で働くことになりました。その頃はまだ検査機器にオートアナライザーという、血液を自動的に分析する機械がなくて、試験管に一本一本スポイトで垂らしては検査する時代でした。そのため、血液で汚れた試験管が大量に出てきます。結核や肝炎の検査もする試験管なので、危険な部分もあるのですが、そういう検査室の試験管洗いを三年間やりました。精神科に入院していた頃は給料をもらえてなかったのが、そこで給料をもらえるようになったんです。

当時の私は、「調子が悪くなるのは薬のせいだ」という考えが頭からはなれず、棄薬をしていました。棄薬をすると、頭のなかがバーっと動いたりすることがあって、自分では収拾がつかなくなってしまいます。それで状態が悪くなり、自分の勤めていた精神科の病院に入院することになってしまいます。そういうパターンが三年続いたのですが、最後には限界がきました。「自分が大事な検査の結果に影響を与えてしまうとたいへんなことになってしまう」という強迫観念にかられるようになり、幻聴が聞こえるようになってしまいました。その頃すでに、薬を飲まなくなっており、私は混乱して関西まで新幹線で逃げていって、いろいろな友人の家を転々として世話になっていましたが、どうしても症状に耐えられなくなり、横浜の実家に戻りました。

◆育ての親が私を怖がり再入院——武藤光政さんの体験(3)

武藤　実家に帰ると、「お前は働いてないから」ということで、精神科の病院に入れられました。私は生みの母と育ての母が違っていました。生みの母が私を生んで三カ月でまだおっぱいを飲ませている時期に、離婚して、次の育ての母が来たらしいのですが、私はそういうことを知らないで育ちました。育ての母親が私をたいへん怖がったので、兄と話し合った結果、「一生病院に入院していてほしい」という家族の要望を受け、当時の精神衛生法に基づく同意入院で千葉県市川市の精神病院に入院させられました。

その病院もやはり、いい子ぶらないと退院させてもらえないので、私は芝居を打っては、タバコをもらったり、ラーメンを食べさせてもらったりしていました。病院は、そういう医学モデルで、ある意味入院患者を抑圧していたのかもしれません。

その後、精神保健法の改正に伴い、同意入院から任意入院へと私の措置も変わり、病院で「よい子」を演じていたこともあり、一九八九年に退院できて、市川市の公立の作業所で働くようになりました。「そこで働くのであれば、退院させてやる」という条件だったので。

私は、仕事の成績を残したかったので、「競い合うように、なるべく早く作業をこなす」という考えで業務に取り組んでいました。私はその頃力があったので、ろうそくを切るための包丁を研いだりとか、棚卸しなどにすすんで従事していました。そんななか、「みんなもがんばらないと評価してくれないよ」という態度で、まわりの人に接していたと思うんですね。それで反感を買ってしまいました。多分、被害妄想ではなかったと思うのですが、ティータイムに、仲間が私のお茶になにか薬を入れたんですね。そのため、私は薬が効いてしまい、作業ができなくなってしまいました。そういう人間関係のために、私はその事業所を辞めざるを得ませんでした。それでまた、再入院し、コンディションを取り戻しながら、退院することができました。

◆患者が運営する患者だけの会を作りたい——武藤光政さんの体験（4）

武藤　当時、辞めた事業所のOBや市川市の職員などで、月一回程度の飲み会を行っていました。「誰々さん、調子はどう?」「この会社でどれくらい働いているの?」など、職員さんは仕事の悩みを聞いてくれました。つまり、専門職が関わったヘルプの会でした。その後、「精神障害者のOBの会を作ってみてはどうか」という話になり、一九八七年頃に「市川市を拠点とする精神障害者地域当事者会「なんなの会」」をOBと職員で作ることとなりました。

そして私は「なんなの会」の運営委員長を務めてきましたが、「御用当事者会」みたいな感じになってしまったので二〇一二年に辞任をしました。そして最近では、「そうじゃないだろう」と思い、「なんなの会」を休止しました。今は、みんなで闘ったり、悩みを心から分かち合える会を作りたいと思い始めています。専門職も関係ない、患者だけの会を作りたいと考えています。

◆「共生」は「同化」ではない——富岡太郎さんの経験

富岡　武藤さんに引き続いて「なんなの会」会長を務めた富岡太郎と言います。実は、二日前に「なんなの会」を休会にしました。武藤さんが会長を辞めた理由は、要するに会の運営を市川市の職員が牛耳っており、自主的な当事者会ではなかったからだと思います。じゃあ、私がどうして二日前に会を休会したかというと、日本が障害者権利条約を批准し、障害者差別解消法が制定されるなかで、行政が「なんなの会」を行政システムのなかに組み込む流れができてきたわけです。よく行政の職員が「共生社会」と言いますが、これは「行政に逆らわず、行政と一緒にやっていく人」という意味での「共生」なんですね。それでは、当事者の会とは言えません。したがって休会を決意しました。

ノーマライゼーションというのも「ノーマルに生きなさい」「健常者のマネをして生きなさい」という意味でとらえられることがほとんどです。しかし、これでは困ります。健康な人も、健康ではない人も、当たり前に助け合って生きる状態が、本来的な「ノーマライゼーション」であるべきです。それが、「あなたは、普通（ノーマル）に挨拶できるでしょ。それができないなら排除します」となってしまっているわけです。

このように、一つの言葉には二つの意味があるので、本当に気をつけなければなりません。同質なコミュニティのなかの同質な人に対して持つ「共感」と、多様性のあるコミュニティのなかの自分とは違う人に対して持つ「共感」とでは、大きな違いがあります。

障害者が、同じ経験を持つ自助グループのなかで助け合い、「共感」を作っていくことも大切ですが、社会参加をして、一般の人と交流するなかで、その人たちとの「共感」を育んでいくことも大事です。同様なことが、健常者にも言えるはずです。

今のマイノリティの問題は、「マジョリティと同じ形で生きてください」ということで、マイノリティを社会に統合しようとする動きです。社会の側は変わらずに、マイノリティはその枠組みにはまって生きていくことを強要されているわけです。「社会のみんながやってることを、同じようにマイノリティもやってください」というような統合になれば、実質的にはマイノリティは結局排除されることになるのではないかと思います。これには、気をつけないといけません。

服部　ありがとうございます。「今ある社会に同化せよ」という意味での統合が押し付けられたことが、「なんなの会」がなくなった経緯の一つですね。

◆障害者が家を出て活動すると多くの差別を経験する
——尾上裕亮さんの経験

尾上　障害者の生活保障を要求する連絡会議（障害連）の尾上裕亮です。今の日本社会は、不十分ながらも障害者関連の法整備が進んでいて、介護保障もあり、四〇年前、五〇年前と比べると住みやすくなっていると言えるでしょう。しかしそれでも、私が家を出て活動するとき、障害者差別をたくさん経験します。こうした社会のなかで、私たち障害者がしなければならないことは、差別にストレスを感じても、常に健常者社会と向き合うことだと思っています。

たとえば、電車に乗ろうとすると、ホームにホームドアがなかったり、ホームと電車との間にすき間があるため、駅員に手伝ってもらわねばならず、一〇分から四〇分くらい待たされます。喫茶店でお茶をしようとお店に行くと、段差や広さの問題で入れなかったり、入店拒否にあったりします。

私は今、家族同居をやめて、介助者の支援を受けながら一人暮らしを始めようとしていますが、不動産屋さんによっては全く物件を紹介してくれない、市役所は必要な介護時間を出し渋るなど、世の中が障害者をどう見ているかを痛感しています。

これから一人暮らしを始める場合も、近隣の人たちのなかに嫌な顔をする人たちがいたりと、障害を理由とする差別をたくさん経験すると思います。しかし、それは楽しみでもあります。日本社会は「健常であること」「誰もが同じであること」が良いとされ、そこから外れることがいけないことだとされがちです。「電車のホームにホームドアがない」「駅と電車の間に隙間がある」のは、視覚障害者の方や車椅子の方が電車に乗ることを想定しないで設計されているからです。そのような画一化されている社会に一石を投じ続けるためには、私たち障害者がどんどん外に出て、健常社会と向き合い、とことん関わり合うことが重要だと思います。まずは私がそうなりたいです。

このように差別について考えるようになったのは、障害連に入って運動に参加するようになってからです。私は大学院の博士課程に行ったのですが、それまでは全然気づかなかったです。気づかなかったのは第一義的には私のせいですが、なにか日本に隠蔽社会を感じてしまいます。

服部　ありがとうございます。介助を受けながら自立して地域で暮らすということが全く想定されていない社会なので、そこに立ち向かっていくとなると、ある種、「家を出ていかなければ」「厳しい思いをしなければ」というような部分は、何か独立心と通い合うところがあるかなと思いました。

◆制度の整備が逆に差別を見えづらくしている——太田修平さんの経験

太田　障害者の生活保障を要求する連絡会議の太田修平です。私が、家を出なければならないと思ったのは、あと二、三年この家にいれば、いつか心中をさせられるという危機感があり、とにかく家を出なければならないという気持ちがあったことと、私は負けず嫌いなので、健常者の人たちに負けないくらい、いろいろなことを経験をして人間性を磨きたいと思ったからです。

先ほどの尾上さんの話の延長線ですが、今、障害者をめぐる制度が整備されつつあるので、逆に差別が見えづらくなってきていると思います。

私は若いときは、本当にいろいろな人とケンカをしたり、そのことによって歩み寄ったりしていました。たとえば、駅員とは一週間に二回ぐらいケンカをしていました。しかし最近、それがやりにくい環境になってきているのも事実です。エレベーターやスロープが整備され、駅員もある意味親切になってきています。しかし、それでもケンカしたい気持ちは、とても高まっています。

たとえば、今は駅の環境が整っているにもかかわらず、以前に比べて、すぐには電車に乗ることができません。昔なら、ホームに電車が入ってきたら、通行人に声をかけて車椅子を電車に運んでもらい、すぐに乗ることができました。しかし今は、私が乗車する駅の駅員が、降車する駅に連絡をして、しかるべき段取りが組めないと電車には乗せてもらえません。「万が一でも事故があったらたいへん」ということです。ですから、平気で三〇分から一時間くらいは駅で待たされます。本当にケンカしたい気持ちはあるのですが、いくらケンカをしてもそれはシステムの問題なので、システム全般を変えさせなければこうした状況は変わりません。したがって、ケンカしても自分が疲れるだけなのです。

中途半端に制度が整備されると、逆に自分の自由が利かなくなってしまいます。こうした問題を今後考えたいと思っています。

服部　ありがとうございます。制度が中途半端にできてしまうがゆえに、個人の自由というものが、それまではコミュニケーションで済ませられていた自由が閉ざされてしまうという問題は、これは恐らく精神の障害を抱えている方にも何かご経験があることではないかと思うのですが……。たとえば八柳さん、今のお話で、何か身体が不自由な立場から付け足すことはありますか。

◆パターン化された合理的配慮

八柳　障害者インターナショナル日本会議の八柳卓史です。今、障害者差別解消法ができて、合理的配慮の提供が義務化されましたが、それがどうも誤解されているようです。つまり合理的配慮というのが、パターン化された解決策の提供というように理解されていて、障害者本人の意思が忖度されていないのが現状です。たとえば、一番問題なのは、車椅子を電車に乗せるための渡し板です。駅と電車との間に隙間があるので、特に電動車椅子の人はホームに落ちると危険なので、駅員は渡し板を用意します。しかし渡し板を利用するためには、降車駅でも駅員が渡し板を持って待ってないといけないわけです。そのため、太田さんも言っていたように、準備が整うまで、長い時間待たされてしまいます。

しかし私のように、渡し板が必要ない車椅子の人もいるわけです。それでも駅員は「渡し板を用意します」と言って、電車に自由に乗せてくれません。つまり、当事者の意思が全く聞かれないところで、合理的配慮がパターン化されてしまっているのです。

私はこのことを非常に危険視しています。自分の意思や生き方を選択するのか、リスク回避を選ぶのかは、本人の判断が尊重されなければなりません。しかし、そうした議論もなしに、「車椅子だからこうしなければいけない」と決められてしまうのは非常に問題です。

それは逆のケースも同じです。たとえば、当事者と実際に話すこともせずに、「精神障害者は危険だ」というレッテルを貼り、精神障害者のためのグループホームや作業所の設置に反対する地域住民などのケースがそうだと言えるでしょう。

服部　ありがとうございます。差別を解消するやり方が、うわべの部分だけで、また別の差別に変わっているに過ぎないというか、貼られるラベルが変わるくらいのことでしかないというのが見られる、と。これは恐らくマイノリティ問題全体に通じる話でしょうし、この座談会の趣旨としても、ラベリングされる前に一人ひとり違うんだっていうことを、了解できるような取り組みにしていきたいという意味でも、たいへん示唆に富んだご発言だと思います。

◆障害者運動と市民運動は同じ地平にある

関口　全国「精神病」者集団の関口明彦です。マイノリティが、同じ属性を持つ人と仲良くなるのはそれはそれでいいことだと思います。しかし私は、最初から障害者運動をやっていたわけではなくて、それ以前から市民運動に関わっていました。そういう意味から言うと、障害者運動を行うときに必要なことと、別の運動を行うときに必要なことは、そんなに違いはないと思っています。

たとえば、「持続可能な開発（ＳＧＤｓ）」について考えてみた場合、一番遅れているところに光を当てて誰一人取り残さずに、一番遅れているところを最優先にしていこうということです。これは障害者の問題に限りません。課題によっては、一般の人たちの問題でもあるわけです。したがって、みんなが一緒に取り組むことができる課題でもあるんじゃないかと思っています。

同時に、精神障害者の問題は、障害者問題のなかでは一番遅れている分野だと言えるでしょう。そこに私が当事者として関わることで、障害者運動全体のボトムアップが図れるのではないかと思っています。

あともう一つ言いたいことは、「障害者だから」というところを強調していくのは無論必要だと思っていますが、それと同時に、自分が思い描く社会のあり方というのも、俯瞰して考えていく必要があろうかと思っています。今の日本で一番問題になっているのは、先ほども触れた成長至上主義の問題（資源には限界があるので成長にも限界がある）であり、分配のあり方がおかしくなってきていることです。

その解決のために、フェアトレードやディーセントワークなどのような取り組みが必要です。このことは、障害者コミュニティのなかだけで問題にしていてもしょうがないので、日本中、あるいは世界中の市民に呼びかけなければいけません。そういうことも、あわせて同時にやっていかなければならないと思っています。

服部　ありがとうございます。どういう社会を展望するか、個性をすべて包み込めるような社会をどう考えていくかというお話だったと思います。それでは、先に岸本卓樹さん、次に西田えみ子さんご意見を言っていただいてもいいでしょうか。

◆発達障害の自分だから見えていること
――岸本卓樹さんの経験

岸本　部落解放同盟東京都連合会の岸本卓樹です。実は私は、ＡＤＨＤ（注意欠如・多動症、Attention-deficit/hyperactivity disorder）と、ＡＳＤ（自閉症スペクトラム、Autism Spectrum Disorder）を抱えてます。自分がこの病気だというのを知ったのは本当につい最近で、クリニックで診断されてようやく自分の病気のことを知りました。ただ思い返すと、小さいときから落ち着きがなく、大きな怪我などもしていました。中学校でも授業中に集中できずにフラフラしていて、よく廊下に立たされていたりしました。また、すぐに手を出すなど感情のコントロールもなかなかできませんでした。そのため中学校では勉強もついていけずに不登校となりました。今ＩＱは六五で、中程度の知的障害もあるということです。

大人になってもうまくコミュニケーションが取れないので、就職してもトラブルを起こして長続きしませんでした。気にくわない言葉を言われてカッとなり、それから職場に出勤せずにフラフラしてたときに、就職斡旋で今は公立小学校の用務員として働いています。

職場の小学校にも発達障害の子が多いのですが、親がその現実を認めたくないので、通常学級に通わせているようです。しかし勉強についていけない。それで癇癪を起こしてすぐに手を出す。先生もどうしていいかわからず、教室から出してしまうのです。結局、最後は親も認めざるを得ず、同じ校舎内の支援学級に通うことになるわけです。

私は、自分の子どもが発達障害だということを、親がちゃんと認めることが大事だなと思っています。早めに手を打てば、将来その子どもが成長していく上でもっとスムーズな生き方ができるのではないかと思います。自分も経験上、ストレスがあると物欲とかに走ってしまって、結局借金も抱えてしまったし。親にも迷惑をかけてしまいました。また、感情のコントロールができないから、職場も転々としてしまいました。しかし病気であることを知った今は、薬やカウンセリングで、なんとか気持ちを落ち着かせることができるようになりました。

先ほど一型糖尿病の西田さんが、「つらくて休んでいても、怠けているようにしか見られない」とおっしゃっていましたが、私の場合も同様です。自分は一生懸命がんばっているのですが、健常者から見ると「なんでできないの？」「こんなんじゃ全然働きが足りないよね」とか言われてきました。ストレートに「私はこういう障害を持っています」と話しても、理解してもらうことは難しかった。それが苦痛で職場を転々とせざるを得ませんでした。

ただ今の職場に来てからは、管理職も同僚もすごく理解してくれて、とても働きやすく、仕事もいい方向に向かっています。要は、私が言いたいことは、自分の子どもが発達障害だったら、ちゃんと病気を認めて早めに手を打ってもらいたい、ということです。

服部　今伺った話を無理やり話の流れに位置付けると、家族が標準でないことは良くないことで、我が子が標準じゃないとしたら標準に寄せようという、それこそ医学モデル的な発想が親の身にも染み付いているからこそ、障害の発見も遅れてしまう。その後も、社会モデル的な発想が社会に定着していれば、この社会とその子をどう擦り合わせていくかという方向になるはずが、実際はそうはならない、という話かなと思って伺っていました。すると、やはり今まで伺った登壇者の方のお話ともかなり通じるところがあるお話だなと思います。すみません、じゃ、西田えみ子さんよろしいですか。

◆手帳や障害の種別ではなく、当事者の困りごとに応じてほしい

西田　障害者の生活保障を要求する連絡会議の西田えみ子です。「みなさんのお話に共感することが多いなあ」と思いながら、聞かせていただきました。ただ、先ほどの電動車椅子の話など、ストレートに入りにくいところもありました。

たとえば難病の人でも、障害者手帳が取れないと車椅子も支給されません。したがって障害者手帳がなくて車椅子が必要な人は自費で買わなければなりません。私の知人に、障害者手帳を持っていない方がいるのですが、その人はハンドル型電動車椅子に乗っています。なぜなら、ハンドル型電動車椅子のハンドルを持って体を支えないと、椅子の背もたれに背中が当たってしまって痛くて辛いからです。この方は埼玉県在住で、本当は東京にある病院に通いたい

のですが、障害者手帳を持っていないとハンドル型電動車椅子では電車には乗れません。

たとえばJR東日本だと、障害者手帳や介護保険で公的に車椅子を支給された人は、それを証明するステッカーを貼ればハンドル型電動車椅子でも電車に乗ることができます。しかし、そのステッカーがないと、ハンドル型電動車椅子では電車に乗ることができないわけです。したがって、この方は電車に乗ることができずに何年も東京に来られていないのです。そういう状況に置かれると、困っていても声を出せず、仲間とつながることもだんだん難しくなってしまいます。したがって、障害者手帳制度の有無や障害の種別などで分断されないような、社会のあり方を目指していかなければと思っています。

服部　困っているという事実に寄り添ってもらえる社会ではないということですよね。障害者手帳があるかどうかという制度的なところに組み込まれていることでしか判断されないわけですよね。型にはまった対応しかなされないところに大きな問題があると思います。ほかの方はいかがですか。

◆当然の権利を「特権・優遇だ」とする日本の空気感

菅原　なくそう戸籍と婚外子差別・交流会の菅原和之です。今、私は、都内の自立生活センターに勤務していますが、先日、私が支援した人の事例についてお話しいたします。たとえば在特会（在日特権を許さない市民の会）の人たちは、主に在日コリアンに対して「在日コリアンは、日本国籍者に付与されない特権を得ているのが不当だ」という、事実に反する全く的外れな非難・攻撃を行っています。これと同じように、最近障害を持つ人たちに対しても、「障害者ばかりが優遇されているのは問題だ」というような社会的雰囲気が醸成されているように思われます。

私が勤めているセンターで支援をしている方は、ほぼ二四時間に近い形で、在宅での介助を行っています。その人が入院されたのですが、いきなり役所から「入院中の介助は一日三時間だけだ」と言われてしまいました。こちら側は「在宅ではほぼ二四時間体制で介助に入っているんだ。こんな不合理なことはない」と抗議をしました。健常者の方の入院だって、病状によってはナースコールが押せないなど、コミュニケーションが困難になってしまう状態の人もいるはずです。それを、「障害者でも介助が三時間あればコミュニケーションの支援はできるはず。それ以上は認められない」というのは、障害者運動のなかで勝ち取ってきた権利が、今では「特権」「優遇措置」だと見られる状況が生まれてきてしまっているのです。そういう空気感が、社会のなかに生まれてきていることに非常に恐怖感を感じます。こういう反動的な状況を、マイノリティ同士の共闘によって、何とか跳ね返す取り組みができればと思っています。

西田　障害間格差というのはあると思います。身体障害者は運動の成果として、所得保障や医療保障などの様々な保障を、不十分ながらも獲得してきました。しかしそこにも障害者手帳の等級の違いとか、手帳が取れる、取れないなどのような格差は存在しています。そしてその格差が、障害者の生活に直結しているという現実はあると思っています。

服部　制度として支援があるけど、全く不十分であるにもかかわらず、「あなたたちには特権・優遇がある」という逆恨みのようなものがいろいろなところに出てくる、と。じゃあ、山本眞理さんお願いします。

◆「下を見て暮らせ」という役所の担当者からのメッセージ

山本　全国「精神病」者集団の山本眞理です。厚生省のなかの議事録などを見ると、「高齢者でも医療費は一割負担なのに、障害者はなんとほとんど自己負担ゼロなんですよ」というような発言が散見されます。

私も最近、区役所に「身体障害者と知的障害者の一部は、介助者の交通費が無料なのに、精神障害者と知的障害者の一部は仮に行政が移動支援が必要だと認定しても、交通費が無料にならず、本人と介助者の二人分の交通費を自己負担しなければならない。これは明らかに差別だ」と訴えました。すると区の担当者は「別に障害のない人だって、ときによって付き添いがいることがあります」などと的外れな回答をして、こちらの話が全く通じず困りました。

「世の中にはもっと困っている人はたくさんいます。たとえば仕事もなくて困っているホームレスはあふれています。そんななかで、あなたは屋根のある施設に入れて、食事も食べられているじゃないですか。贅沢を言ってはいけません」という論調が、日本ではますますひどくなってきています。「ホームレスの権利も獲得しよう」ではなく、「もっとひどい状況の人もいるのだから、お前は我慢しろ」と。これこそが、人を分断する卑劣なやり方ではないでしょうか。

服部　じゃあ、太田さん、お願いします。

太田　一部の現象をとらえて「特権」などと言う人たちが多くなってきているのは事実です。そうした状況の下、マイノリティや障害者は、施設や病院、学校、あるいは社会のなかで、差別や抑圧を受けて困難な生活を余儀なくされている人たちが圧倒的に多いのです。たった一度しかない人生を、あまり笑うこともなく、泣いてばかり、あるいは怒ってばかりいて、理不尽な目にあうのがマイノリティだと思うんです。そうしたことに対して「私だって、人間の尊厳を胸に持って生きているんだ」ということを社会に訴えていくことが、大事だと思っています。

服部　ありがとうございます。今、人間の尊厳という言葉が出てきました。「障害者の特権」云々と批判をする側の人にだって、やはり尊厳はあるけれども、他者を排除する形でなく、みんなの尊厳を守っていけるような方向に持っていくにはなにが変わったらよいのか、そのあたりはいかがでしょうか。

◆さらなるの排除社会へ向かう足音

山本　先ほど富岡さんから「御用患者会」という話が出ましたが、この間、私は、持続可能な開発目標（ＳＧＤｓ）に関わる院内集会に行ってきて、実はゾッとする体験をしました。差別され排除されている当事者の「ための」ＮＰＯが集まっているはずなのですが、そこにはＮＰＯの職員と企業の人間しかおらず、当事者がどこにも見当たりません。それを問題にしたら、知的障害者の支援施設をやっている人が「いえ、うちはもちろん利用者さんの利益を前面に押し出して事業に取り組んでいます」と言うわけです。サービス提供者と利用者と企業と行政だけで、地域の持続可能な開発目標を議論すること自体が、本当に恐ろしいことだと思っています。

そしたら今度は、自民党の政務調査会が「『法の支配』を基盤とする「日本型司法制度」〜ソフトパワーとしての「司法外交」の展開」を提案し、「ＳＤＧｓで司法外交を推進する」ということを言い出しました。特に、「２　具体的施策」という項目では、テロ対策や出入国管理について、その対策が語られているわけです。つまり、「外国人が来るので危ないから、しっかり出入国管理体制を強化する」などという話がずらっと並んでいて、なにがＳＤＧｓなのかさっぱりわからない。国連がなにを言おうが、障害者権利条約がなにを言おうが、日本政府はＳＤＧｓの「トンデモ解釈」と「トンデモ運用」で、「なんでもあり」の状況です。「国連になにを言われようと、義務はない。日本は日本だ」と言うわけです。

こういう状況のなかで、差別され排除された者同士がともにつながって闘いを打ち立てていかないと、大きな仕組みのなかに飲み込まれてなにもかも御用化していくような、危険な動きが出てきていると思います。

◆生活保護制度の設計に当事者の委員を

富岡　私は高校の教員だったのですが、精神を病んで退職して、今は共済年金が月に六万円出ています。しかし、妻が障害基礎年金六万円もらっても、あわせて一二万円なので、生活保護を受給しています。私の基礎年金が認められなかったのは、「保険料の三分の二を払っていない」という理由でした。ただ実際には、三年間臨時教師をやって、二年間は払っており、保険料の三分の二は払っているんです。しかし、初診日の前々月に遡って、そこから三分の二を払っているかどうかという計算式なんです。初診が四月八日だったので、前の前の月に遡ると、支払期間は二年一一カ月になってしまうんです。それで、「一年払ってないと三分の二を満たさないので、したがって、お前には基礎年金を払えない」と言われて頭にきて、労災申請をしているんですが、これがまた通らないんです。精神障害の労災っていうのが。

私は、過労で働きすぎて精神を病んでしまったんです。エリート会社員や公務員など、一般的にはお堅くて安定していると見られている職業の人でも、精神を病むと、生活保護になってしまうので、白い目で見られるし、親戚にも評判が悪くなるから、あるいはなかには「死んでやる」って言う人もいるかもしれません。そんな状況のなか、みなさんすごく苦労しながら、世渡りをしているのだと思います。

とにかく精神障害の労災に関しては、当事者が、つまり過労で精神障害になった人とかが制度設計に関われないと、労働者は安心して働けません。みんな過労によって精神障害を発症してしまう予備軍ですから。結局、「切り捨てられ、見殺しにされる世の中なのかな」という社会不安が発生してしまうと思います。だからこそ、生きづらさを感じている当事者の意見もいろいろなところに反映させていくことが大切です。

第3部 全体討論

◆日本軍「性奴隷制」と精神障害
——裵奉奇さんのこと

朴金　在日本朝鮮人東京人権協会の朴金優綺《パクキムウギ》と申します。私からは、障害の問題を、民族差別や戦争に関連させて少しお話しさせていただきたいと思います。

精神障害と戦争、民族差別に関連して私がすぐに思い当たるのが、沖縄戦に日本軍の性奴隷として連行された裵《ペ》奉奇《ポンギ》さんのことです。かのじょは沖縄戦が終結した敗戦後、いろいろな理由で朝鮮に帰れず、そのまま沖縄で暮らし、一九九一年に亡くなられるのですが、かのじょは恐らく、今の言葉で言う「ＰＴＳＤ（心的外傷後ストレス障害）」だったのではないかと思われます。それで、敗戦後も一人で沖縄中を転々としておられました。

沖縄戦の経験者にＰＴＳＤが多いという最近の調査については、私も聞き及んでおりますが、その戦争の被害に加えて、「日本語がわからない」「知り合いがいない」「お金がない」「体一つで生き延びなければならない」「朝鮮人であることで戦後も差別される」という、いろいろな要素が相まって、ＰＴＳＤになってしまったのではないかと思います。裵奉奇さんの場合は、人と全く会えないし、会いたくないし、会うと頭が痛くなって自殺未遂の衝動もあったということを、当時を知っている人から私は間接的に聞いたのですが、今そのことを思い出しました。

◆宋神道さんに向けられたヘイトと差別

朴金　あと、先ほど話題に出た、在日コリアンに対する「在日特権」という批判や、社会保障を受けていることがあたかも特権のように批判されるというお話で思い出したのは、日本軍の「性奴隷」として被害を受けた宋神道《ソンシンド》さんという方です。かのじょは日本敗戦後、日本人兵士にだまされて中国から日本に来られた方ですが、日本に着いた直後にその兵士に捨てられて、その後は生活保護を受けながら宮城県でどうにか暮らしてこられました。そしてその後、日本政府に謝罪と賠償を求めて裁判をしたのですが、「生活保護を受けて、人の税金で食ってるくせに、なんの文句があって裁判するのか」というようなことを、地域の人たちから言われたそうです。

日本軍の性奴隷にさせられ、日本人兵士にだまされて日本に連れてこられて捨てられて、行き場もなく生活保護でしか生きていけないのに、それをあたかも特権かのように批判し、自らの名誉回復のための裁判を行うことを責めるというのは、あまりにも理不尽なことだと思います。

◆在日朝鮮人の被害者意識と精神障害

朴金　私たちの在日本朝鮮人人権協会には、福祉情報交換会という会があって、そこで山本眞理さんを講師にお招きしたときに、在日朝鮮人で、家族に精神障害者がいる方が話してくれました。一〇人くらい集まってこられて、いろいろご自身の経験を話してくれました。そのなかのお一人は、自分のお姉さんがずっと精神障害で、今、その関係についてとても悩んで葛藤しておられるという話をされていたのです。私もその話を聞いただけなので、わからないところもたくさんあるのですが、民族差別を受けて、「朝鮮人だからこういう目にあった」というような被害の思いが強いようで、だから逆に、家の前に日の丸とかを飾るとか、自分の朝鮮民族性を消したいというか、自分の民族性がこういう目にあっている理由と思っているふうなことを話されていて、すごく複雑な思いで聞いていました。そういった民族差別を経験することによって、民族差別と自分が息苦しいことと精神障害がどういう関係にあるのかなっていうようなことを、私はそのとき思って、今もずっと思い続けています。

◆朝鮮人ハンセン病患者の年金問題

朴金　また、ハンセン病患者の療養所に勤めておられる方から聞いて知ったのですが、一般の日本社会に比べて、ハンセン病療養所での朝鮮人入所者数の割合は高いそうです。そして、在日朝鮮人を主とする外国籍者は、一九八二年まで国籍条項を理由に日本の年金制度から除外されていたのですが、そのためにハンセン病療養所のなかでは年金をもらえる日本人患者ともらえない朝鮮人患者がおり、年金をもらえない朝鮮人患者は、年金支給日になるとすごく肩身の狭い思いをし、同室の日本人の方たちが「これで汁粉を買おう」などと話をしている間、そこにいられなくて、トイレに行ってそっと涙を流していた、という話をお聞きしました。

その話を聞いて私はすごく胸が痛かったのですが、実はそのハンセン病患者さんたちの場合は、年金問題による格差是正のために、「在日外国人ハンセン氏病患者同盟」を結成し、ハンセン病患者の全国的な団体とも協働して、日本政府に陳情に行ったり、国会議員に話しに行ったりして、結果的には、まだ国籍条項が残っていた一九七〇年代に、「自用費」方式の給与金制度で一律支給するということで、日本人患者との年金格差を是正するという成果を生み出されたそうです。

このケースは、ハンセン病患者内の民族差別の問題を、日本人の患者さんたちも自分たちの問題として一緒に闘い、格差是正という成果を勝ち取られたということで、私たちが後世に伝えていかなければならない運動の歴史なのではないかと思っています。

◆外国人学校は放課後等デイサービスから排除されている

朴金　最後の話となりますが、現在、私たちの団体が直面している具体的な課題がありまして、ご存知であればぜひ教えていただきたいのですが、「放課後等デイサービス」というのがありますよね。これは、六歳から一八歳の障害のある子どもが放課後にデイサービスを使える制度なのですが、どうもそれを使える子どもが、学校教育法の一条に定める「学校」に通う子どもに限られるようなのです。このいわゆる「一条校」には、朝鮮学校をはじめとした外国人学校は含まれないので、朝鮮学校に通う障害児は利用できないのです。

子どもを朝鮮学校に通わせていた保護者の方から相談されてこの問題が発覚したのですが、これは民族差別の典型であり、外国人学校の子どもも等しく放課後等デイサービスを利用できるようになるべきだと思います。なので、この問題を解決したいと思っているのですが、今後どのように取り組んでいけばよいか、もしヒントなどあればアドバイスいただければ嬉しいです。

服部　登壇者の報告へのご感想というか、在日の問題と障害の問題もやはり絡み合うところにあるということをお話しいただきました。最後には、障害児の放課後等デイサービスは、一条校の子でない、民族学校に通う子どもたちは利用できないという問題について、何か運動の方向性のアイデアとかございましたらお願いします。じゃあ、菅原和之さん、お願いします。

◆放課後等デイサービスもインクルーシブで！

菅原　なくそう戸籍と婚外子差別・交流会の菅原和之です。先日、尾上浩二さんと放課後等デイサービスのことについて話したのですが、放課後等デイサービスというのは厚労省管轄なんですね。それで、普通の学童保育は文科省管轄なのです。尾上さんは、「なんでインクルーシブ教育でがんばって普通校に行ってるのに、放課後はデイサービスと学童を分けてしまうのか。放課後等デイサービスと学童を一緒にして、「インクルーシブ学童」みたいなものを作ればいいじゃないか」とおっしゃっていました。また、「地域から仕組みを作っていくなら国家戦略特区でやってもらえばいい」という話までされていました。つまり、一つの方向としては、インクルーシブを軸に考えれば、「せっかく普通校に通っているのであれば、放課後の過ごし方もインクルーシブでいくのがよいのではないか」ということです。それでもし、特区的に認めていくのであれば、学籍を問わずに受け入れる、ということも視野に入れるべきかなと、今のお話を伺って思いました。ただ、放課後等デイサービスは厚労省の管轄なのに、なぜに学校教育法で対象者を絞っているのか、非常に不思議な感じもしますが。

◆民間活力で、地域学童みたいにいろんな子がいるというのは……

山本　放課後等デイサービスの法的根拠はなんなのでしょうか。この国には、児童憲章や憲法もあるし、子どもの権利条約などもあります。昨日、学習会がありました。放課後等デイサービスについての一つの考え方は、たしかに民族学校だから、放課後も民族学童という考え方もあり得るとは思いますが、その地域で、みんないろんな人をごちゃ混ぜにして、放課後学童としていろんな子がいるというのは可能だと思います。でも、たしか障害のない子の学童は三年生までだったでしょうか。そのあたりは、子ども食堂みたいな感じで、それこそ民間活力を利用して、どこかで始めちゃうという手もあるかな。だから、夕飯までは毎日出せないかもしれないけど、おやつを食べるみんなの場所とかね。

◆民間事業者の活力を変革の武器に

関口　「放課後等デイサービスは厚労省管轄なんだから、文科省の学校教育法なんて関係ない」というのはそのとおりです。どこの学校であろうと子どもに違いがあるわけではないので、「子どもの権利条約」とか「児童憲章」など人権関係の条約や法律などを前面に立てて、裁判闘争もにらみつつ、ゴリゴリと権利要求をしていくのが一つの方法だと思います。

ただ、厚労省は「縦割りをなくす」と言ってはいますが、それは厚労省のなかでの縦割りであって、全省庁を貫いた縦割りをなくすというところまではいってないので、実際には難しいかもしれません。ただ、子どもにとってみれば、みんな同じ子どもなので、権利は同じであるし、そういう意味で、この問題は裁判にも乗せられる思います。ということで、裁判闘争もにらみつつ、放課後デイサービスをやってる事業者に働きかけて、インクルーシブ学童に取り組んでもらえば、利用者が増えるわ、儲かるわ、ということで、事業者も話に乗ってくるとは思うのですが。

◆困っている者同士のネットワークが重要

西田　西田えみ子です。私が一型糖尿病の問題で厚労省と交渉していたときに、ＤＰＩ障害者権利擁護センター（現在はＤＰＩ障害者差別解消ピアサポート）の権利者擁護相談センターに相談したのですが、そのときに厚労省の話し合いに同席してくれたのが、その当時所長だったキム・ジョンオクさんでした。私たちの事情とか病気のことなどについて全く知らないのに、それでも来てくれて、たいへん親身にご対応いただき、一緒に闘ってくださいました。その後私が、権利擁護センターで働き始めたあとも、「センターで事例集を作ろう」という話になりました。私たちは素人で、作ったことがなかったので、インターネットで事例集を作っているいろいろな団体を調べたら、台東区御徒町にある「同胞法律・生活センター」に行きあたり（朴金優綺さんから「私そこの職員です」との発言）、お話を伺いに行ったことがありました。全く素人の私たちを快く受け入れてくださいました。

そこが製作したパンフレットは、個人のプライバシーを守ることにもすごく配慮されていて参考になりましたし、作り方をすごく丁寧に教えてくださってとても助かりました。今の話をお聞きして思ったのは、条約とか憲章などの部分で闘うことも大事なんですが、まずは、日本で今困っている子どもがいるという現実を表に出していくということがすごく大事だと思います。山本さんがおっしゃったみたいに、「まず作ってみたら」というのが大事だと思うんですね。まず、その子どもたちが過ごせるところを自分たちで作るのが一つです。そしてその一方で、法律とか憲章とか、そこが得意な人とつながって、それはそれでやっていく。そういう連帯ができたらいいなと思いました。

山本　被差別部落の子ども会活動などは、ある意味で、親が仕事でなかなか帰ってこられないときの子どもたちを引き受ける場として機能しているのだと思うのですが、障害のある子どもなども受け入れていたりするのかどうか、教えていただけますか。そういう前例を活かしていくこともできるかもしれないですね。

岸本　部落解放同盟東京都連合会の岸本萌です。一九七〇年代から八〇年代にかけて、解放運動がすごく活発だったときには、解放子ども会が各地域にあって、非常に充実した取り組みを行っていました。そのなかで、学校に通えなかったという親を持つ子どもたちも多いんですよね。だから、親が勉強を教えることができないから、地域の学校の先生が来て勉強を教えてくれたりとか、そういう形で子ども会が機能している側面もありました。また、障害を持っている子どもが学校で落ち着いて勉強できなかったり、授業になかなかついて行けないケースもあるので、そういう部分をケアする役割も果たしていたと思います。

ただ東京の場合、現状としては解放子ども会が機能しているのは、一〇ある支部のなかで、墨田支部だけの状態で、その墨田支部自体も子どもが減ってきています。したがって、毎週土曜日の解放子ども会には、被差別部落の子どもに限らず、外国人などの学校に行きづらいマイノリティの子どもたちも受け入れて活動しています。

また大阪などでは、子ども食堂の取り組みも行っているようなので、こういう取り組みも参考になるかもしれません。

◆差別する前にその背景を深く調べてほしい

富岡　ちょっと主観的な意見を言いますが、精神障害を持つ人が、夜中に大声を出したりすることで、クレームにつながることがあります。私も精神科に行くようになったときにまず気にしたのが、「結婚はどうなるんだろう」という問題でした。人間というのは、結婚とか就職で不利に扱われるとわかった途端、結構やけくそになってしまうことがあります。精神障害と関係なく、差別を経験すると、患者さんだったら夜中一人で大声で騒いでみたりとか、そういう現象が出てきてしまいます。

言いたいことは、世の中には「これはよくない」「あれはよくない」という意見がありますが、民族差別にしても、障害者差別にしても、もっと深く背景を調べてほしいのです。生まれたときはみんな赤ちゃんです。生まれもって夜中大声で騒ぐDNAを持っている人間は存在しません。あるいは、理由があって夜中に大声を出したりしているわけです。民族差別の問題も表面的にしか見ていない情報ばかりが出回っているような印象があります。イメージだけで意見を言うことはやめてほしい。特に就職や結婚において の差別がどうなっているのか、という現実を丁寧に見ていかないと、その人の気持ちに寄り添えないのではないかと思います。

関口　先ほどのハンセン病の話のなかで、「名目は違うけれども、年金と同じくらいのお金が支給された」というエピソードがありましたが、要は名目はなんでもいいので、実質的な成果を勝ち取ればいいわけです。関西の部落解放運動のなかでは、同和教育の充実化のために、通常の教員のほかに、もう一人か二人の教員が、同和加配の形でサポートに入っています。それで、この教員たちが、同和教育だけでなく、発達障害の子どもなどもフォローしているようです。したがって、別に部落差別を受けている人でなくとも、非常に助かっているような事実があるわけなので、名目はなんであれ、実質的なサポートや資金を勝ち取るために、行政などに迫っていくことも重要なのではないかと思います。

服部　放課後等デイサービスをめぐって、いろいろとご意見を伺いました。ほかにご意見のある方が特にいらっしゃらなければ、話題を変えて、柳橋晃俊さんから今日の討論についてのご意見とか伺いたいのですが。

◆障害を病名以外で分類・対処することは可能か

柳橋　動くゲイとレズビアンの会の柳橋晃俊です。二点ほどご意見をお聞きしたいのですが、同性愛の場合は、もともと障害として分離されていたものを、「障害者という枠から外させる」というところから運動が始まっています。私が所属している動くゲイとレズビアンの会でも一九九〇年代の前半に、日本精神神経学会などに、「同性愛が精神病であるという基準を見直してください」「同性愛は病気ではないし、治療の必要性もありません」という申し入れをしたんですね。そのときに、日本精神神経学会のある理事から、「お前らだけ障害から外れて、それで満足なのか」みたいなことを言われました。こちらとしては、「お前らこそ専門家の仕事をサボってなに言ってるんだ」と心のなかでは思いましたが口には出さず（笑）、「同性愛は精神病ではないし、治療の効果も必要もない」という意見を繰り返し説明したことを記憶しています。

ただ一方で、ＬＧＢＴのなかでも、性同一性障害（トランスセクシュアル）の方はむしろ、「自分たちは障害です。治療が必要なんです」と訴えることによって、いろいろな問題はあるけれども、とりあえずは戸籍の性を変えられるところまで獲得できているんですよ。

ですので、今のいわゆる障害、ということに関して、それを設けて、ほかと区別するという方法でなくて「こういう形でやればいい」というご意見はあるでしょうか。たとえば、今、感染症予防法（感染症の予防及び感染症の患者に対する医療に関する法律）という法律では、様々な感染症を病名で分類して、それぞれに対策を立てるという方法がとられていますが、病名で区別するのではなくて、症状で区別して、それに対してこういう症状であればこういう対処をしたほうがいいのではないか、という話も立法段階の議論ではあったようです。障害についても、生活に困難があれば治療や対策を立てるという観点から、病名で分類するのではない方法で問題に対処していくという方向性はあるのでしょうか。そのあたりのご意見を伺ってみたいのが一点です。

◆分断をどう乗り越えるか——ダイアローグと想像力

柳橋　もう一点は、これも一九九〇年代の話ですが、昔、HIVが同性愛者の病気だと言われていた時期がありまして、そのこと自体にも問題はあるのですが、それとは別に、「感染者と非感染者」という分け方をしてHIVの問題に対処をしていこうという動きがありました。それに対して私たちは、「それは分断を助長するだけだ」「予防効果も上がらない」ということを指摘し、「感染者と非感染者」ではなく、「いまだ感染していない」という意味で「感染者と未感染者」という分類を使ったらどうかと提起したことがあります。誰もがHIVに感染する可能性があるわけですからね。しかし、医療関係者からは、「感染者を増やすつもりか」と言われて、たいへん不評だったことに加え、同性愛者の当事者の間でも、感染してない人などが「とにかくHIV感染者は病気がうつるから寄ってくるな」と言うケースも結構多かった。つまり、私たちは、分断を乗り越えることはできなかったのですね。

その経験から考えてみると、ではどうすれば、分断されている一方の側に「あなたもそういう可能性があるんですよ」ということを伝え、そして理解してもらうことができるのか。たとえば、「あなたと私は違います。しかしあなたの言っていることはこういうことです。私はそれに対してこう思います」。それを受けてもう一方の人も、「私はそういう違う考えを持っているのがわかります。しかしもう一つこういう点を考えてみてはどうですか」というようなダイアローグができる関係はどうすれば構築できるのでしょうか。

そのことを考えるには、想像力が重要です。障害に関して言えば、誰にでも障害者になる可能性はあるわけです。そのことに対して、なんで想像力が働かないのか。生活保護への非難などについても、自分が生活保護者になる可能性については、想像力が全然働いていません。そうした想像力を喚起する手法や、当事者の主張に対して「それはもっともだ」と相手が理解を示すことができるコミュニケーションとはどのようなものなのか、お話を伺えればと思います。

◆まずは、自分にとって心地よい環境を模索しよう

太田　私は「障害」という言葉をあまり気にしないほうがいいと思っています。障害者という具体的な存在がいるわけではありません。たとえば、誰でも視力や聴力の違いがあるように、個々人で身体の機能は違うわけです。ここで大切なことは、どんな身体や機能を持っていても、差別されずに尊重されなければならないということです。障害者手帳の話で言えば、制度上で障害者と認められた人たちだけが福祉のサービスを受けることができ、それ以外の人は排除されているわけで、ここでは便宜上「障害者」という言葉を使っているにすぎません。それよりも重要なことは、自分にとって心地よい環境が何なのかを考え、いろいろな選択肢を自分で選び、尊厳を持っていろいろな人たちと関わりながら社会を作っていくことだと思っています。障害という言葉にあまりに引きずられると、障害者としてのLGBTと、そうでないLGBTに分けて考えてしまい、そこに分断を招いてしまいます。そうした状況はあまり好ましいことではありません。本人にとって心地よい選択が得られる環境を作るのがよいと思います。

西田　西田です。今の太田さんの話を聞いてすごく思ったのが、放課後ケアは、私の世代にはない制度でした。私より上の世代はなかったし、尾上さんの世代ではあったのかな。ちょっとわからないのですが。それで、その放課後ケアというのは大人が作ったシステムで、「そこに入れなくて困る」というのは多分、保護者の都合ですよね。子どもさんがそこに行きたいのかどうかも、私たちにはわかりません。なので、今ここでこうやって話していることも机上の空論なんだなあってすごく思いました。放課後ケアに来たくないなら、自宅で過ごせる選択肢があればいいなとすごく思いました。

◆精神病を「原因」「疾患」「症状」のどれで判断するか

服部　「どのように困っているか」というところに寄り添って、当事者が選択できるやり方をどうやったら生み出せるのか、という話ですが、関口さん、ご意見ありますでしょうか。

関口　障害の定義ですが、これは、国連でもなかなか結論が出せなくて、いまだに検討中らしいですが、基本的に「disability（能力障害）」という単語は、社会との障壁や困難があるものを含むという形になっており、「impairment（機能障害）」は特に定義がないんです。ただ、これは権利条約ができてから、world visionというＮＧＯがワーキング

グループを作って、「impairment」いう文言をどうするかという議論をしたのです。それで、精神障害については、「physiology（心理生理学的な）」、あるいは「neurological（神経学的な）」など、そういう語を合わせて、「impairment」という言葉を入れたんですが、結果として精神障害については、「psycho-social impairment」という言い方になりました。そういう形にしないと、神経学的なものとか、生理学的なものとか、そういうものに還元されて、社会側の障壁があるという問題が見えなくなってしまう可能性があったので、多分そういうふうに使ったんだと思います。それ自体は内閣府の政策委員のときに、「それを認めるか」と僕が問い質し、政府がそれを認めましたので、「psycho-social impairment」は国も認めていることになっています。

もう一つ、感染症患者と精神障害者は隔離されていました。ハンセン病患者もそうです。今も、精神病院では隔離されていますが、実は、原因と疾患と症状、そのどれで見るかという、結構本質的なところです。たとえば、いわゆる統合失調症の原因は、少なくとも一〇以上あるということははっきり言われているんですね。ただ、症状として出てくるものが同じなので、とりあえず統合失調症という名前で分類して、同じような薬を出すというのが現状なのです。ただ、統合失調症になる原因というのは、たとえばPTSDでなる場合もあるし、遺伝の場合もあるし、ほかにもいろいろとあります。したがって、全部が全部同じ原因で病気になっているわけではないのに、同じ名前の病気にされており、しかも処方される薬も似たり寄ったりというのが実態です。

これらを症状によって分けるのか、原因疾患によって分けるのか。つまり、精神障害の分野でもどのように整理したらいいのか、実際には僕にもよくわからないところです。

山本　年金にしろ、障害者手帳にしろ、その他手当にしろ、支給決定にしろ、日本では医師の診断書が必要ですが、これこそまさに諸悪の根源だと私は思っています。障害者権利条約の議論の最中に、ノルウェーの視覚障害の方が「サービスを利用するのになんで医者の診断書がいるの？ ノルウェーじゃ要らないわよ」とおっしゃっていました。どのように審査するのかまではお聞きしませんでしたが、おそらくソーシャルワーク的なことだと思います。要するに、「何に困っているのか調べて、それを補う」ということではないでしょうか。「障害」というのを障害者権利条約の概念でとらえるのであれば、医師の診断書とは無関係なはずで、それで人生が決まるというのは非常におかしな話だと思います。

◆個別人権法を通じて分断が進む

吉田　東日本部落解放研究所の吉田勉です。だいぶ時間がおし迫っていますが、少しコメントさせていただきます。今日は登壇者含めてそれぞれの人たち、当事者運動に出会うまでのお話と、当事者運動や、当事者が抱えている生活や運動の課題等についていろいろお話を聞かせていただき、本当にありがとうございました。

その中で一つ意見を申し上げたいのは、さきほど山本さんが院内会議の話をされて、支援するＮＰＯとか、企業とか、行政とか、当事者抜きでということに、とても立腹されていました。その話に触発されて思ったのですが、私どもの分野で言うと、二〇一六年一一月に部落差別解消推進法ができました。同じ年に、ヘイトスピーチ解消法と障害者差別解消法ができました。日本では、初めての差別禁止法と言われています。実は、野党時代の自民党が明らかに言っているのですが、差別を禁止する個別法はいいけれども、差別を禁止する包括法はダメだと言っています。部落解放運動の世界では、「部落差別解消法ができてよかったね」「これを活用していこうね」と受け止めているのですが、私としてはそんなに喜んでいいのかって思っています。

自民党が、「個別法はいいけど、包括法はダメよ」と言っているのは、人権という旗は立てるんだけど、人権という旗と一緒に、分断という旗も立てている。本当は、人権と分断という旗は対立するはずなのに、人権と分断という二つの概念が共存してしまっている状況について、私たちはもうちょっとシビアに受け止め直す必要があると思います。山本さんが指摘したように、人権問題が当事者抜きで議論されている状況と、人権問題が分断をもたらすという状況について、シビアに考える必要があるよな、ということを改めて提起させていただきたいと思います。とりあえずこれが意見です。

◆障害の定義は誰が決めているのか

吉田　それと山本さんのお話で印象深く思ったことが二つあります。一つは当事者の運動や組織のあり方です。「これをもう一回、考えないといけないよね」ということです。もう一つは、障害の定義です。これは山本さんにもうちょっと突っ込んだ話を聞けたらと思います。英語表記だと、発達障害は「developmental disorder（disability）」、性同一性障害は「gender identity disorder」です。たとえば、「disorder」を例にとると、「じゃあ一体、「disorder」と「order」の境目があって、その境目は誰が決めてるのよ」ということです。つまり、「そういう境目を誰が決めていて、誰が分断しているのか」ということです。多分、この分断をなくすことが差別をなくすことだと思うのです。

では、そういうことを課題としながら、できたら山本さんに、先ほどの当事者の運動や組織のあり方と、障害の再定義について、もうちょっと突っ込んだ議論があればお聞かせいただきたい、というのが私の質問です。

◆医学モデルではなく、社会モデルが問われている

山本　全国「精神病」者集団は、そんなに意識的な先覚者が自覚的に理論を持って組織したわけではなくて、どちらかと言うと、精神障害者の置かれている状況があまりにひどいので、日本各地で自然発生的にみんなが集まってできた団体です。創設者の一人である大野萌子などは、「ボウフラがわくみたいにあちこちわいてきた」という表現を使っていますが、自然発生的なものであったゆえに、自覚的に運営や組織論を考えたことはありませんでした。ただ昔は、「会員はほとんど顔見知り」という程度の小さい組織だったのですが、会員が増えるにしたがって、会ったことのない、知らない顔の方が多くなってきました。そうなった場合、何を基軸に、どこを大切にしていくかということを共有化する仕掛けがないと、組織運営は難しいと思います。

私たちの場合は、「精神保健とは何か」というところに主眼があるのですが、「障害とは何か」と言ったときは、やはり、医学モデルではなく、社会モデルが問われていると思います。精神の場合、社会モデルとは何かというのは非常に難しいと思いますが、とにかく私が医者にかかったときから、周囲が「とにかくお前が悪い」「お前は病気だから、まずは薬を飲むように」とか、「周囲に対して、正しい反応をするように」とかね。「やたらと怒ったり泣いたりするのは病気だ」と、医者から、病者として扱われるようになった。そういう対応に対して、きっちりNOと、「私は私」と言い続けたいと思います。

そしてむしろ、イライラしたり、怒ったりすることが、仮にそれが私の症状だと医学的には言えるかもしれないけど、まわりが変われば私もまた変わるのだし、怒るときにはきっちり怒らないと、人間は腐ることもあるし、悲しいときは泣いたっていいわけです。そういう感情まで奪ってきた医療というものに、私はすごく怒りを感じています。だから、非常に高度な「医学モデル vs 社会モデル」という理論以前に、「私は私だ。私のままでいくぞ」というような、素朴な自然発生的な感情のほうが基礎にあると思っています。

◆患者の自己差別と尊厳の問題

富岡　私が通っていた患者さんの溜まり場で、患者さん相手に話を聞いていると、患者さん自身が「富岡さん、私は劣等の遺伝子を持った、社会の欠陥品である」みたいな発言をするので、「それは一体、どんな考えですか」と聞いたら、「進化論だよ」って言うんですね。で、僕が「じゃあ、ダーウィンの『種の起源』は読んだことがあるか」と言うと、「ない」と言うんです。私は『種の起源』を読んだのですが、ヨーロッパの植物をオーストラリアの大陸に持っていくと、よく繁殖するのだそうです。しかし、オーストラリアの植物をヨーロッパに持っていくと、あまり繁殖しない。「ゆえに、ヨーロッパの植物のほうが子孫をいっぱい残すので、高度である」ということが書いてある。だったら、少子高齢化の日本はもう劣等な国家で、子どもがいっぱいいるインドみたいな国が優秀な国家であるという話になるのですが、実際は日本のほうが先進国である部分もありますよね。だから、みんな勘違いしているところがあって、ちゃんと裏付けがあって優秀とか劣等とか言ってるのか、というところはすごく問題があると思います。

「患者さんがなぜ自分を間違ってとらえているのか」「自分をなにか欠陥品みたいにとらえて自己差別しているのか」ということをいつも考えています。よく精神障害の原因は、おそらく人間関係上、特に親子関係に、なにかしらのトラウマがあるのではないか、と言われています。たとえば親が子どもに対して「勉強しろ」とか、「勉強しない子は愛してあげない」「いい子になりなさい、いい子にならなければ愛してあげない」などと言うことで、子どもは親に反抗し、そこからいろいろな精神の乱れが出てくると思うんです。

しかし人間関係のなかで、愛し合ったり、信じ合ったりしていても、そこに少しでも乱れがあると、それを敏感に感じ取ってしまう人が精神障害者になってしまうのが実態なのではないでしょうか。

精神医学の本を開くと、精神というのはなんとも言えない狂おしいもので、「あなたは大切な存在だ」という思いがあり、そこから、一人ひとりの尊厳という言葉が出てくると思うのです。障害という言葉に引きずられず、一人ひとりのリアルな存在を見ていかなければならないと思っています。

服部　ありがとうございます。おそらくここまで話されていた内容として、ほかの差別問題とつながるところで言うと、あるものが差別であるとか、苦しいとかいうふうに承認されるためには、社会側が求める型のようなものが存在していて、その型に沿った形で苦しさというのを出していかないと、承認すら危ういというところがちょっと話として上がってきたかなと思います。残り一〇分ほどですが、なにかお話しされたい方いますか？　じゃあ関口さん。

◆病気の原因は家族のなのか？

関口　「疾病及び関連保健問題の国際統計分類（International Statistical Classification of Diseases and Related Health Problems）」というのがあります。先ほどもお話したように、たとえば統合失調症だっていろいろな原因があります。あるいは、「家族関係や人間関係で病気になった」というのはよく聞く話ですが、たしかに家族というのは遺伝子の元ですし、それから環境遺伝と言いますが、家族の環境のなかで育つわけですから、僕は家族は全然責任がないとは思いませんし、逆に言えば全面的に責任はあると思います。

ただたとえば、「キャッチ21」という心臓病の難病があるのですが、これはかなりの確率で統合失調症になるんですね。一方で、たとえば、激しいトラウマを受けて統合失調症になることもよくあるケースです。このように、原因がいろいろ違うので、「家族関係のなかで」とか、「人間関係のなかで」というのを押し付けてしまうと、「全部家族が悪い」みたいな話になりかねないので、そうじゃない原因でも、病気になるということは十分あるということは、きちんと理解してもらわなければなりません。そうでなければ、なぜそのように分類されて、薬を飲んでたら大丈夫という状態の人がいるのかということがわかってもらえないと思うんですよね。だからきちんとわからないといけないと思っています。

◆「人間には人権がある」から始めよう

山本　人権を考える場合、よく見られるケースが、「明日は我が身だ」という視点から、啓発・啓蒙を進める路線です。しかし少なくとも人権をベースに考えたときには、そうしたやり方はちょっと違うのではないかと思います。たしかに、私が朝鮮人と結婚して、朝鮮籍の人になることはあるでしょうが、いくら想像力をめぐらしても、私が生まれつきの脳性麻痺になる可能性はないわけです。そういう意味では、「自分がそうなるかもしれないから」という啓発・啓蒙ではなくて、「どんな人であれ人間だ。人間だから人権がある」と、これをしつこく言い続けないといけない。「明日は我が身」路線は、かえって、差別をごまかしてしまうのではないかと、私は最近思っています。

関口　ついでに言っておくと、日本では民法上は、オギャーっと生まれ出てしまえば、その子を殺すと殺人罪で、たとえその子がどんな障害児であろうと、平等に殺人罪となるわけです。そこを大切にして、「どんな性質を持っているのか」「どんな能力を持っているのか」など、人間をその能力等で測るのではなくて、人間であること自体をベースに、「その人を殺したら殺人ですよ」「その人を貶めたら侮辱ですよ」ということをきちっとわきまえて、その上で反差別という主張をするべきだと思っています。

僕は、「人間として生きる権利をよこせ」と要求することは当然のことだと思っています。しかし、基本的にそれが守られていないのが現状です。したがって、現社会において、人間として生きていくことが阻まれているとすれば、「その部分をなんとかしてくれ」と権利主張していいんだと思います。

富岡　ちょっと誤解を与えたようで、先ほど、精神障害を家族の問題に還元したことについては謝罪いたします。親子関係がうまくいかないときは、たいてい、親は子どもに対して価値観を押し付けていると思うのです。私は単に、社会のあり方が親を通して子どもに入ってくるときにトラブルが起こる、ということを言いたかっただけです。つまり、そうした社会のあり方が、精神のいろいろな乱れを生んでいるのではないかと思っています。

人間は一人では生きられないので、周りの人とコミュニティを作って生きていくわけですが、そのなかでは、誰も侮辱してはいけないし、見下してはいけないと思って、先のような発言になってしまいました。

服部　議論の最初のほうで、富岡さんがおっしゃっていた「他者への共感」というのは、ただ同じことを楽しむことだけではなくて、「カルチャーギャップがあった上で、つながり合える」という意味での「共感」であると思えます。また最後の方で、柳橋さんが「対話の回路」というお話をされていました。つまり、お互いが共通し合えるようなことを見つけるには対話が必要なんですが、そういう対話の回路をどう開いていくかというのが、課題として残っているのだと思います。では、時間も来ていますし、これで締めてもいいですか。あ、尾上さん、どうぞ。

尾上　当事者による政治行動が重要だと思います。

服部　今日はみなさん多様なご意見を、どうもありがとうございます。最後に、尾上さんのご意見、これから重要になってくると思います。もう一度登壇者の方に拍手を。ありがとうございました。

第2回

座談会

部落／人種／民族

問題

第1部

当事者からの報告

【登壇者】
岸本萌（部落解放同盟東京都連合会青年部）
朴金優綺（在日本朝鮮人人権協会）
宇佐照代（チャシアンカラの会）
青木初子（沖縄のたたかいと連帯する東京南部の会）

【司会】
吉田勉（東日本部落解放研究所）

1 岸本萌さんの報告／被差別部落

▼母に連れられて参加した部落解放運動

部落解放同盟東京都連合会青年部の岸本萌と申します。整理して話をするのが苦手なので、原稿を読むような形をとらせていただきます。よろしくお願いします。

私は被差別部落の地区で育ったのではなく、東京の江東区に生まれ、小学校入学前からは朝鮮学校のある地域で育ちました。家族は母と姉と兄の四人家族。両親は私が生まれてすぐに離婚しています。私の母は部落の出身ではないのですが、大学に入学した直後に狭山事件と出会い、大学生の頃は学生運動や部落解放運動、狭山闘争に明け暮れたそうです。大学卒業後、部落出身の父と結婚しました。結婚する際は、母の弟の就職の前だったので、就職に影響が出るということで、結婚を反対されたそうです。でも母はそういう両親の言い分に腹が立ったそうで、ふざけるな、と家を飛び出しました。しかし、母の両親、つまり私の祖父母がそれでは寂しいしということで折れて、結婚を認められて、結婚しました。

反対を押し切って結婚をした両親ですが、私が生まれてすぐに別れて、離婚後は母が解放運動を続けました。母は一人で子どもを三人育てたのでたいへんな苦労があったと思います。子どもを育てるだけでもたいへんなんですが、母はとてもエネルギッシュな人なので、解放運動だったり、趣味はマラソンなんですが、そういった趣味もあるので常に忙しく飛び回っていました。集会や会議があるときは、子どもを置いていくわけにはいかないので、私たちも自動的に参加していました。幼い頃の記憶には、支部の暗くて狭い急な階段だったり、たばこの匂いがする支部の部屋だったり、狭山事件の石川一雄さんが逮捕される瞬間のポスターが支部の壁に貼ってあったのですが、そういったものが記憶に鮮明に残っています。狭山事件のビラ配りや集会も、私にとっては普通のこととして育ったので、自分が被差別部落の出身だというのは、自然に理解していきました。

なので、記憶がある範囲で、はっきりと、あなたは被差別部落の出身だ、と伝えられたことはありませんでした。ただ、差別や人権について、小学生くらいから母に教えられていました。私の通う小学校には外国にルーツを持つ子どもが多数在籍していたのですが、表面上は差別などないように、みんな仲良くしているのですが、ふとしたときに、「あの子は○○だからね」と差別的な発言をする子がいました。ただ、それに対して、学校が注意をすることも、人権教育をすることもありませんでした。私は母から、それは差別だよ、人を傷つけてはダメだよ、と教えられていたので、やはりおかしい、間違っている、と

岸本萌さん（部落解放同盟東京都連合会青年部）

いったことをすぐに口に出す子だったので、どんどんクラスから浮いていくような存在になりました。まわりと違う発言をするので、非国民と言われたり、アトピーがひどかったので、「アトピー星人」と言われるようなこともありました。今でも辛くなるくらい、傷ついていましたが、黙って聞く性格ではないので、言い返して、男子とはいつも殴り合いの喧嘩をしていました。

▼青年部活動を通じて差別と向き合う

学校で男子と喧嘩しても、いつも怒られるのは私で、「女の子なんだから」と言われました。うちの母は「女らしく」という言葉が大嫌いなので、「女だから」と叱る先生にものすごく怒っていました。母はもともと解放運動について隠すこともしなかったので、狭山事件の話とか支部の話とか、日常的に家庭の会話で出ていましたが、姉が一〇代になり、青年部で活動を始めると、家族の会話が解放運動や人権についてというのが中心になっていきました。私は中学二年生の夏に、初めて、部落解放同盟の全国青年集会(全青)に参加しました。この頃は、とても青年も多く、規模が大きくて一〇〇〇人程度の集会だったんです。人の多さにすごくびっくりしましたし、ちょっと見た目がチャラチャラしている子たちも、真剣に部落差別のことを考え、議論しているのにとても刺激を受けました。この全青をきっかけとして、関東を中心に多くの仲間ができました。その大事で大好きな仲間が、学校での差別などいろんな差別を受けているということを知り、なぜ被差別部落にルーツがあるというだけで、結婚を反対されて中絶させられたり、差別によるいじめで自殺に追い込まれないといけないのか、理不尽な差別の実態を知り、悔しくて、悲しい気持ちが増えました。

差別に負けずに、それと向き合っていくことの大切さを知って、じゃあ、差別とどう向き合って、闘っていくにはどうしたらいいか、ということを考えた結果、何より学んで感じることが必要だと思って、青年部活動に参加するようになりました。私は被差別部落の地区外で育ったので、直接、私に対する差別というのは受けたことがありません。中学くらいから、友達には部落出身ということは告げていましたが、同和教育をまわりの友人は受けていないので、「ふ〜ん」という感じで理解されませんでした。ただ、解放運動をしているということについては、賛否両論ありました。

今でも、「東京には部落はないでしょ」とよく聞かれるのですが、そんなことはなく、長い歴史がある被差別部落の地域や、部落産業がある地域もあります。そして差別も残念ながら今も残っています。私が以前パートしていた先で、「あそこの地域は」と差別発言をされたことがあります。その「あそこ」というのが、青年部で一緒に活動している子の地域で、実際に学校で部落差別を受けているというような、そういったことも聞いていました。ただ、学校では熱心に同和教育が行われていて、差別に負けずにがんばっている彼らを知っているので、腹が立って悔しくて震えました。すぐに言い返そうとしたのですが、事情のわかる友人に、「今怒っても何も変わらないよ」と止められてしまって、何も言い返すことができませんでした。そのことは今も悔しく思っています。

▼闘う強い意志を持っていても、差別は怖くて不安

以前から、インターネット上での差別投稿は問題にはなっていましたが、鳥取ループ・示現舎の出現によって、被差別部落の地名が晒されて、気軽に検索できるようになっています。彼らは人物一覧もアップして、個人情報をばらまいて、差別扇動をして差別を誘発しています。実際に、都連(部落解放同盟東京都連合会)や支部の事務所に差別ハガキなどが届くことがあります。東京ではないですが、私と同世代で、お子さんもうちの子と同じくらいの方の自宅に「ばか」「部落」「死ね」などと書かれたハガキが届いて、そのハガキをポストから取り出したのがお子さんだったそうです。自宅が知られていることも恐怖ですし、実際に悪意をもって行動に移せる人間がいると思うと不安です。たとえ、子どもに部落差別について話していたとしても、実際に差別ハガキを見て子どもが傷ついてしまうのではないかと心配です。

「闘うんだ」という強い意志を持っていても、子どものことを思うと本当に不安なんです。たとえばママ友に、私が被差別部落にルーツがあり、部落差別と闘う活動をしていることを伝えた場合、それを否定的に見られて息子がい

じめられたらどうしようとか考えてしまって、私は部落のことをママ友に言えずにいます。私だけではないですが、自分のルーツが言えないとか、いつか差別をされるかもという不安と恐怖を持たざるを得ないという状態も差別の一つだと思います。なぜ不安や恐怖を持ってしまうのか。それは、実際に差別落書きだったり、土地差別調査、戸籍の不正取得、差別投書が今も起き続けているからだと思います。差別事件が起きても今の法律では被害者を救済することは難しいですし、加害者を野放しにしてしまっている現状があります。だからこそ部落解放同盟は、差別事件に泣き寝入りするのではなく糾弾活動に取り組んでいます。糾弾活動と言うと、吊るし上げだったり、暴力というネガティブなイメージを持たれてしまうことが多いですが、実際は、まず事実確認をして差別性を明確にします。そしてなぜそのようなことになったのか、原因と背景を明確にし、最終的には再発防止策をしっかり立てさせて、差別は人間の尊厳を傷つける行為だということに気づいてもらって、協力、連帯してともに闘うところまでもっていきます。

家族と差別についての対話を心がける

二〇一六年に部落差別が現存しているということを認めた、部落差別解消推進法が制定されましたが、理念法のため、加害者を罰することができません。不十分さが残ることは事実ですが、法律ができたことにより、国や行政が部落差別をなくす責任があるということが明確になりました。部落差別からの解放に向けて、この法律をきちんと活用し、教育や啓発、相談、実態調査の充実を求めていくことが大事だと思います。

私は幼い頃から解放運動が身近な存在でしたが、私の夫はどちらかと言うと、差別的な発言を無自覚にしてしまうような人でした。夫からは、「萌と出会わなかったら、差別とか全然わからなかったと思う」と言われています。付き合っていた頃は一緒に青年部に参加していたのですが、息子が生まれてからは、家でお留守番をしてもらっています。家では学習会で学んだことだったり、集会に行ったことなどを話しています。夫にはいろんな話をしていますので、よき理解者でいてくれています。

夫は差別だとわからずに差別をしていました。だからと言って、「わかってないから、差別していることにはならないんだ」ということには絶対にならないです。傷付いている被害者がいる以上、「わからなかったからいい」では済みません。夫のように無自覚で差別をする人たちをなくすためにも、やはり教育や啓発がすごく重要だと思っています。学んで知ることによって相手を理解する、それが差別をなくす近道だと私は思います。「息子にも人権の目を養って欲しい」と思い、一緒に活動に参加したり、いろんな話をしていますが、最近は彼なりに自我がかなり出てきたので、私の言うことは押し付けに感じるようで、ちょっと今は様子を見ながら話をしている状態です。すべての人が尊厳を持ち、自分らしく生きられる世の中を目指し、被差別部落の出身者が誇りを持って自分のルーツを伝えられる社会にしていきたいと思っています。

▼子どものこと、学校教育のこと

ちなみに、私は一九八二年生まれで、息子が小学校六年生です。今ちょうど、社会で歴史を学んでいます。歴史の教科書には一応、水平社宣言とか腑分け(解剖、解体)についても載っています。それで、息子も学校で腑分けの学習をしてきました。ただ、説明が足りなかったのか、息子が先生の話を聞いてなかったのかわかりませんが、ものすごく勘違いをして帰ってきました。家でも部落について話したり本を読んで聞かせたりしていたのですが、なぜか腑分けされた側、処刑された人が「穢多・非人」だったと間違って学習してきました。

私は教室にいないので、先生がどう教えたかはわかりません。ただ、「穢多・非人」という言葉を使ったときに、息子のように「穢多・非人＝処刑される人たち」といった間違った知識を持たせてしまうと、そこから「穢多・非人＝処刑されるような悪いことをした人たち」だから差別されたんだと、差別を肯定する考えを持たせてしまうかもしれません。教科書に記載されていることは、基本的に授業で取り扱います。そのとき、先生の力量によって差別の芽を摘むのか植えるのかが分かれます。それは、とても怖いことだと思います。息子は、私から正しい知識を得ましたが、部落問題や歴史について正しい知識を持つ大人はけっして多くはありません。だからこそ、先生方を含めた大人にも教育・啓発の機会が必要ですし、力量に左右されないためにも副教材が重要になると思います。大人も子どもも正しい知識を持つことが、差別のない社会をつくる一番大切なことだと思います。

▼未組織当事者へのメッセージ

だいぶ以前から、格差や貧困が進んで、人権が踏みにじられたり、不安だらけの生きづらい世の中になっています。だからこそ、人と人とのつながりが何よりも大切だと思います。小さな力でも、集まれば大きな力になります。未組織当事者の方で、誰にも相談できずに一人で不安を抱えている人がいたら、ぜひ私たちを頼って欲しいなと思います。仲間とつながることは勇気をもらえます。そしてどうか、インターネットなどの間違った無責任な情報に流されず、正しい情報を得て欲しいと思っています。

2　宇佐照代さんの報告／アイヌ

▼母は清掃業で私たちを育ててくれた

私は先生でも研究者でもないので、整理しながら話すことも無理ですし、話し方も下手ですが、体験したことや思ったことをお話ししたいと思います。

私は、北海道釧路市出身です。一〇歳のとき、今四五歳なのでもう三五年経ちますが、両親の離婚を機に、母が私たちきょうだい五人を連れて東京に来ました。祖母がすでに東京に来ていて、清掃業をしていました。その清掃業を手伝うということで、母が離婚して、子どもを連れて、新宿までやって来たのです。

母と父には、アイヌの血が流れているのですが、そんなにアイヌのことを気にして生活をしてはいませんでした。もちろん負の連鎖で、母は学校にも行けず、読み書きもできず、父から「字もろくに書けないのに、お前なんか外に行ったって仕事なんかできるわけない」と言われながらも、祖母が、釧路に迎えに来てしまい、あとには引けず、離婚して、私たちを連れて祖母の元へ上京しました。

祖母は、東京では清掃業をしていました。母は最初は生活保護を申請し、何カ月間かは生活保護を受けていたらしいのですが、清掃業でなんとか食べていこうとして、役所の人に生活保護打ち切りを告げに自ら行ったら、「若いんだから、水商売なんかしないでもっと生活保護を受けながらがんばったらいいのに」と役所の人に言われたそうなんです。

でも母は、清掃業だけに就いて、朝五時くらいに家を出て、夜一二時近くに

宇佐照代さん（チャシアンカラの会）

帰ってくるような生活を何年もしていました。私たち子どもは、姉が高校生くらいだったのですが、五人で留守番するような暮らしでした。「お父さんがいないだけでなく、お母さんもいないんだな」と幼少期にずっと思っていました。それでもきょうだいがいたから、なんとか寂しくも思わず、生活をしました。米だけはあったので、食べることもできたし、学校にもなんとか行けました。小学校時代は、とりたてて「アイヌだから」ということもなく、二、三回転校しているのですが、転校先で私のとり合いになり、あっちと仲良くなったり、こっちと仲良くなったりと、それはそれでたいへんだなという部分がありました。

ただ、人より毛があったので、アイヌだからと言うよりは、アイヌのことを知らずに、「そんなところに毛が生えているの?」なんてことを言う友人の言葉がかなり心に刺さったりはしていました。それでも、冷静で大人びた子どもだったと思います。

母と父が離婚する前後、いつも二人は喧嘩していました。ある夜、父が怒鳴りながら帰って来ました。私が鍵を開けて父を入れたら、母は、「また取っ組み合いの喧嘩になるから」と言って、電話番号を伝えられました。私はちょっと遠くの公衆電話まで走っていって、知り合いに電話して、「今お父さん帰って来たから、お母さんを助けて」と言いました。私、小学校五年生だったんですけど、北海道釧路の五月って結構寒いんです。その後、知り合いは来たんですが、玄関を開けたらいけないところに入っちゃうようで、私は怖くて家に入れませんでした。家には姉や妹、弟がいるんですけど、寒空のなか、外で一時間くらい、なにか考えながら待っていた。だけど、いい加減寒くて、ドアを開けて、半べソをかきながら、母と父と喧嘩しているところや、お姉ちゃんたちが寝ているところを見ながら、ベッドに入っていったのを覚えています。それがきっかけで離婚したという、私の印象がありました。

その頃から、人の顔色をうかがいながらだったり、まわりの子どもたちの態度がすごく子どもじみたように感じたりしながら、その後転校して、千葉の小学校に半年間くらいいました。クラスの子に、「北海道から来た」と言うと、「北海道、うわー、そんな田舎から来たの」と言われたのですが、今考えたら、「千葉もそんなに変わらない田舎だったんだけどなあ」と思っていました(笑)。

▼小学生のときにホコ天のテキ屋さんでアルバイト

その後、新宿に引っ起しましたが、私は「新宿に人が住むところなんてあるの？」と思いました。実際に千葉のすごい田舎から、もうビルばっかりの新宿へ来たのですが、校庭がコンクリートだったのが衝撃的だったですし、環境は変わりすぎるくらい変わりました。それが小学校五、六年生のときのことです。もちろん母も父も家にいないので、自然と夜遊びに行ったりとか、母にはお金がないので、私は「自分で稼がなきゃ」という思いがありました。

私は小学校五、六年生くらいのときに、姉が原宿ホコ天で踊っていたというのもあって、よく私も原宿までついて行って、歩行者天国にあるテキ屋さんのところで働きました。当時、一日五〇〇〇円ももらえてたんですね。私は小学校五、六年生でも背が高かったので、そんなに子どもっぽくも見られなくて、お好み焼きを売っていました。行きは新宿から原宿まで歩いていって、楽しく歌ったり踊ったりしているのを見ながらお好み焼きを売って、それで五〇〇〇円をもらっていました。

その後、中学一、二年生くらいのときに、姉たちが先に働いていた喫茶店みたいなところで働きました。「苦労してたいへんね」「お金がなくて稼がないと食べていけない」というのではなく、大人の世界に参加できて、お金がもらえて、ただ楽しく、という感覚でしたね。それで自分の欲しいものも買えたし、生活もできました。

外でヤンチャなことをしていても、母ががんばっている姿を見ていたので、母に対しての暴言はなかったです。母も、「読み書きができないから」と言われながらも、清掃業を何件も掛け持ちをして、私たちを育ててくれました。私も、高校はなんとか新宿高校の定時制に行きました。昼間は定食屋さんでアルバイトをして、夕方から学校に行き、授業が終わるとそのまま歌舞伎町へ行って、キャバクラで働くようなことを四年間やって、なんとか卒業できました。

五人きょうだいですが、私だけなんですよ、高校を卒業できたのは。ちょうど上京のときに妹や弟も定時制に入ったのですが、続かず、卒業することはできませんでした。それで母は一番私を頼っていました。なので、亡くなるまで、私がずっと祖母や母の面倒を見る、まではいきませんでしたが、お手伝いをしていました。

▼祖母と母からアイヌの文化や運動を学ぶ

その頃、祖母は「関東ウタリ会」や「レラの会」というのを立ち上げ、母も祖母のところに参加するようになりました。そして、私たちもそこで歌や踊りを習いました。一〇歳、一一歳だったので、母やおばあちゃんに連れられて、いろんなところで歌や踊りを覚えて、お菓子が食べられて、たまにはお小遣いがもらえて、楽しいお稽古事のように行ってました。一〇年以上、「ただ楽しく歌や踊りをやればいいや」みたいな感じだったのですが、大人になるにつれて、「これは知らないといけないことなんだ」とか、「自分でやらないといけないんだ」などと思うようになりました。そしてたくさんの方にいろんなことを教わりながら、それを理解して伝えないといけない、という場面がどんどん増えました。子どもの頃は、難しい話になったときは、「子どもたちはそっちで遊んでなさい」という感じだったのですが、次第にどんどん知らないといけないことが増えていきました。

祖母も当時から、都庁やいろんな議員さんのところに陳情に行ったり、人権回復のためにデモに行って座り込みをしたり、ビラ配りなどをしていました。祖母は歌や踊りをやるというよりは、人権活動のほうが強かったので、ずっと活動家の人たちと仲良くして、今も、私たちはその活動家の人たちには可愛がってもらっています。その当時から、部落解放同盟の人たちとも、仲良くさせていただいていました。

また、レラの会では、「生活館が欲しい」という活動をしていたんですが、なかなかできず、「生活館もいいけど、料理店を作りましょう」という話になりました。「アイヌ料理も文化だ」「そこでたくさん交流ができればいいんじゃないか」ということで、踊りや公演をしながら全国をまわってカンパ活動をさせてもらい、「レラチセ」という料理店を作りました。ほとんどカンパでできたお店です。そこに私たちがみんなで参加して、新宿で七年間、中野で七年間、計一五年近くやったのですが、経営が続かず、今から九年前くらいに閉店しました。そしてその一年半後くらいに、私と夫がアイヌ料理店を再開させました。名前は違うのですが、アイヌ料理店「ハルコロ」という店を私たちは経営しています。

▼「テルは民族の誇りを持って生きていくから大丈夫だよ」

今の私の夫は理解があって、「好きなことをやればいい」といろいろ手伝ってはくれるのですが、実は私にとっては二度目の結婚です。一度目の結婚のときは、全然理解してもらえず、「なんでお前がやらないといけないんだ」などと言われました。取材されてテレビ、新聞に載ったりすると、余計に「なんでお前がやらないといけないんだ」と言われ、私が活動をしていること自体がひどく否定されて、まあアイヌだからということではないのですが、目立ったことをされるのが嫌だったみたいで、参加すること自体をすごく嫌がられていました。

私はそう言われると、逆に活動することが素晴らしいことに思えて、「私はやりたいことをしたい」と常に思うようになり、参加することを否定されたこと自体が嫌になり、どんどん孤立していって、結局活動を阻まれ、最後には離婚しました。しかし今に至って考えてみれば、本当に好きなように歌い、踊りやパフォーマンスを行い、アイヌ料理店をやることにつなげられたと思っています。祖母もそうですが、私には民族の誇りというのがもともとあったのでしょう。

祖母が倒れたその日に、私は病院に会いに行ったのですが、祖母はベッドで寝ながら、私の手をとり「民族の誇りを持って生きていくと、ここで発表してください」と急に言い始めました。私も、「え、ここで?」と思ったのですが、おばあちゃんの手を握って、「テルは民族の誇りを持って生きていくから大丈夫だよ」と言ったら、おばあちゃんはにっこりと笑いました。私は、「もう危ないかもしれない」と思ったので、そこから三カ月くらい毎日のように病院に行きました。おばあちゃんの知識だったり、アイヌに関することを、私のほうからどんどん聞かないと、「大切な一つの大きな図書館みたいな知識がなくなってしまう」と思ったので、いろいろ聞きました。そして、アイヌのこととか、刺繍のことを話していると、「こんなところでアイヌって言うんじゃない」っておばあちゃんに言われたことにショックを受けました。それまではそんなこと言ったことなかったのに、やはり根底にそういう意識があったんでしょうね。「ウタリと言いなさい」って。ウタリというのは「仲間」という意味です。「アイヌと言うんじゃない」っていうのを聞いてびっくりしました。

それと、お友達のアイヌのおばあちゃんが会いに来たときに、二人でこそこそ耳元でお話をしているのがアイヌ語だったんですね。それがまたショックで、「おばあちゃん、アイヌ語喋れたの？」と聞いたら、「あんたのおばあちゃんいくつだと思ってるの」って。その当時八五歳で、今から約一〇年くらい前に亡くなったので、生きてたら九五歳くらいなんですけど、「そっか。アイヌで生まれて、アイヌで育ってるのに、アイヌ語を知らないわけないんだ。だけど、これだけ活動をしてきたおばあちゃんが、アイヌ語を私たちに話せなかった、伝えられなかった」というショックがまたあって……。

それでまたいろいろ聞き出したら、祖母の生まれたところが、択捉《えとろふ》だったことがわかりました。その当時、「ソ連の兵隊が鉄砲持ってやってきて、鶏が騒いで怖かった」とか、半分うわ言のように昔話をしてきたんですね。それで、「あそこの人が親戚だった」「これがひいおばあちゃんの名前で」など、いろんなことがわかったりしました。あと北海道大学に私のひいおばあさんのレコードがあることがわかったので、問い合わせをして、家族で録音しに行きました。

ひいおばあさんたちが録った音を、私たちが伝承できたことを嬉しく思い、妹とその音源を聞きながら、何度も涙を流し「これをどんどん伝えていかなければいけない」という思いが強くなりました。

ＮＨＫから、「子孫に了解を得る」ということで連絡が来ましたが、ＮＨＫでは今、この音源をクリアにする作業をしているようです。私たちはもちろん協力していますし、それがこれから子どもたちに伝わればいいなと思っています。

私は、東京に子どもの頃に出てきているので、北海道を離れたくて来たわけではないのですが、ここで今活動していることの意味などを考えさせられます。東京・関東のアイヌはニセモノ扱いされることがすごく多く、アイヌが東京で活動することのたいへんさが出てきています。在日コリアンの人も、沖縄の人もそうだと思いますが、東京・関東にいるアイヌ人というのは、どこのイベントに行っても、「あ、北海道から来たんですか」と聞かれて、「いや東京です」と言うと、相手のトーンが下がってしまうというか、そういうことがとても多いです。海外だと、「日本から来たアイヌ民族です」って言うとまた違うんですけど……。日本国内だと、「北海道の方ですか」、「いや、こっちに住んでるんですよ」と言うと、なんかちょっと偽物アイヌ的な空気があるんですよね。私たちは、ずっとそれが当たり前だったので、自分たちもそれを了解しながらやってきたんですが、「それじゃいけない」という思いがあるのです。日本人が外国に行ったからって日本人であるのと同じように、「どこにいたってアイヌはアイヌ」ということを伝えていきたいなという思いもありますし、北海道のアイヌの人たちを頼らずに、私たちができることはしないといけない、という思いもあります。

「ああ、やっぱりアイヌ＝北海道なんだな」というすごく辛い状況があります。

▼未組織当事者へのメッセージ

最近の出来事ですが、ハルコロの店の前で酔っ払ったおじさんが、こちらを見てるんですね。顔を見たらウタリだったんですよ。アイヌの人だったんですね。私が、「おじさん、ウタリ?」って聞いたら、近寄って来たので、「まだ店開いてないんだけど、今度来てよ」と言いました。すると、一〇分くらいずっと私の手を握ってニコニコしながら、涙ぐみながらほとんど何を喋ってるかわからなかったんですが、そのおじさんが先週もいらっしゃったんですね。そのときも、ずっと私の手を握りながら、ずっと喋ってて。上の歯もほとんどなかったかな。身なりは綺麗な格好をしてましたが、「おじさんもたいへんだったんだろうね、苦労したんだろうね、おじさんの苦労なんか全然わかんないけど、こうやって一緒にご飯食べたり、飲んだりしようよ」って言いながら手を見ると、指も二本なかったんですね。肘から上は刺青がいっぱい入ってて、そのときはおじさんに電話が入って、「俺、明日当番でどうのこうの」って言うから、「おじさん、事務所近いの、どこなの」と聞いたら、笑いながら……、なんて言うんだろう、半べそかいて、ニコニコしながら、握手しながら撫でてきました。そして、最後はハグしながら、「おじさんまた来てね、あんまり飲みすぎちゃダメだよ」って言いながら……。

七年間ハルコロをやってて、こんな経験なかなかなかったので、私はそういう対応をしちゃうんですが、アイヌのなかでも、「そんな人、気持ち悪い」「酔っ払ってそんなところに出入りしてる人なんてヤダヤダ」という人もいるんですよね。そういう人の気持ちもわかるんですよ。アイヌだからこそのたいへんさというのがあるので。身内にそういう人がいると、「そういうふうにしているから人にも嫌がられるんだし、ホントやだ」って。私は、指八本しかなく、歯もないし、何言ってるかわからないおじさんと、ハグして……。ほかの人にはできないけど、私にはできるっていうんじゃないですけど、すごいお店は忙しかったんですが、私ずっとおじさんと一対一でいて、貴重な経験をして、これからここが（ハルコロが）そういう貴重な場にもなればいいなと思いながら、やっています。

おばあちゃんと母がなくなって、おばあちゃんや母の体験と私がつながりながら、子どもたちにも伝えたいと思っています。今の状況を取りあえず話しました。

3 朴金優綺さんの報告／在日朝鮮人

▼大村《おおむら》優綺《ゆうき》から朴《パク》金《キム》優綺《ウギ》へ

アンニョンハシムニカ、こんにちは。朴金優綺と申します。私は、一九八四年に岡山県で生まれました。母方の祖父母も父方の祖父母も、朝鮮半島が日本の植民地支配を受けていたときに、日本に来ました。私はその孫なので、母方から数えても父方からも数えても、在日朝鮮人三世になります。二〇一〇年より、在日朝鮮人の権利擁護と生活向上を目指す団体である「在日本朝鮮人人権協会」の専従職員として勤めています。

同じく二〇一〇年より、東京の小平市にある朝鮮大学校に講師として勤めており、現在はジェンダー論などの科目を担当しています。

また、二〇一五年から、歌手としてライブ活動も行っています。ジャンルとしてはジャズやR&B、ソウルなどを好んで歌っています。

現在、私の両親は岡山県に住んでおり、二十数年にわたり朝鮮料理屋を営んでいます。一世にあたる母方の祖母と父方の祖父もまだ健在で、岡山県で暮らしています。

最初に私の名前のことについて少しお話しします。私は朝鮮の幼稚園ではなく、日本の保育園に入園しました。私の母は、おそらく私を日本人として育てたかったのだと思いますが、物心ついた頃から私は「大村優綺（おおむら ゆうき）」という通称名で呼ばれていました。今でも、両親や親類は私を「ゆうき」と呼びます。「優綺（ゆうき）」という名は自分の名前ですが、「大村」という名字は、日本が

朴金優綺さん（在日本朝鮮人人権協会）

朝鮮植民地支配期に行った創氏改名政策に基づいて、強制的に付けさせられた日本の氏です。日本は朝鮮植民地支配政策のなかで、朝鮮人の言語や文化、名前さえも奪ったのです。在日朝鮮人の通称名はこうした日本の植民地支配政策にルーツがあり、私の通称名であった「大村」は、こうした経緯のもと、祖父のときから使われてきたものです。

その後、地域の民族団体活動家が、私の両親を熱心に説得したことにより、両親は私を朝鮮学校に送ることになりました。そのため、朝鮮学校の初級部（日本の学校で言う小学校）に入学したときから、私は「金優綺（キムウギ）」と呼ばれるようになりました。入学式の日、朝鮮語で先生から「金優綺さん」と呼ばれた際、自分が呼ばれたとはわからず、ほかのみんなのように「はい」と返事をして立つことができなくて、すごく恥ずかしい思いをして大泣きしたことが今でも忘れられません。それから私はずっと「金優綺」という名前を名乗って生きてきたわけですが、現在は「朴金優綺」と名乗っています。

これは、二〇一七年八月に『ふぇみん』という新聞から、「お母さんに関するエッセイを書いてほしい」と依頼されたことがきっかけでした。実は、三年ほど前に、母と父の姓を両方名乗っている韓国のフェミニストに出会って以来、「私も母と父の姓を名乗りたい。それを実践するにはいろいろと壁があるだろうなぁ」と悩み続け、なかなか実践に踏み切れていませんでした。そんなところに母に関するエッセイの依頼があったので、ちょうどよい機会だと思い、これを契機として、母の姓である「朴」も一緒に名乗ろうと決めたわけです。

▼中学生のときに突然受けた民族差別

私が人権運動に携わることになった一番のきっかけは、やはり朝鮮学校での経験だったと思います。私は、小学校から大学まで一六年の間、朝鮮学校で民族教育を受けることができました。現在、朝鮮学校は全国に六〇校以上あり、およそ六〇〇〇名の在日朝鮮人の子どもたちが通っています。先ほどもお話ししたとおり、朝鮮人は、日本の朝鮮の植民地支配によっていろいろなものを奪われてきたため、一九四五年八月に日本が敗戦し、朝鮮が解放されたそのときから、在日朝鮮人たちは、日本によって奪われた名前、言葉、文化、アイデンティティなどを取り戻すための努力を始めました。朝鮮の解放／日本の敗戦直後から、在日朝鮮人の子どもたちに朝鮮の言葉や文化を教えるための「国語（朝鮮語）講習所」を日本各地に作ったのですが、これが現在の朝鮮学校のルーツです。この「国語講習所」は、その後、普通教育として求められる教科を備えた学校へと発展し、今では幼稚園から大学までの教育機関を擁しています。私は、小中時代、岡山の朝鮮学校に通っていました。

私が、在日朝鮮人であるというアイデンティティについて考えるきっかけになったのは、中学二年生のときに経験したできごとでした。一九九八年のことでしたが、当時朝鮮学校の女子生徒は、チマチョゴリという、朝鮮の民族衣装をかたどった制服で通学していました。私もチマチョゴリの制服を着て、自転車で四〇分くらいかけて通学していたのですが、あるときに、横断歩道の信号待ちをしていたら、ものすごく強い視線を感じました。その視線の方を見たところ、おそらく五〇〜六〇代の日本人の女性だと思われる方が、嫌悪感にまみれた目でこちらを睨んでいました。おそらくたった数秒の出来事だったと思うのですが、とても怖くなって、すぐに信号を渡って学校に走っていきました。

その後、「どうして私があんなふうに見られたのか」「なにか私が悪いことをしたのだろうか」と、とても悩みましたが、そのうちチマチョゴリを着ていたことが原因なのだろうと思うようになりました。そして、「チマチョゴリを着ることがそんなに悪いことなのだろうか」「朝鮮学校に通うということがそんなに悪いことなのだろうか」「朝鮮人ってそんなに悪い存在なのだろうか」ということを真剣に考えるようになりました。

この体験を学校の先生に話したところ、先生から「その体験をもとに文章を書いて、「少年の主張岡山県大会」に出てみたら？」と言われたので、アドバイスに従って文章を書きました。そのような怖い体験はあったけど、私はこれからも堂々とチマチョゴリを着て通学したい、という主張をしたところ、大会で優秀賞を受賞した記憶があります。

▼日本軍「慰安婦」問題（日本軍性奴隷制問題）との出会い

その後私は、広島の朝鮮高校を経て、東京の小平市にある朝鮮大学校に入学することになりました。ずっと朝鮮学校に通っていたので、それまで日本人の友達はほとんどいませんでしたが、大学では日本人の友人がたくさんできました。というのは、朝鮮大学校の学生と日本の大学に通う日本人大学生とのネットワークである「朝日・日朝大学友好ネットワーク」が二〇〇五年に発足し、私もその一員として交流を行っていたからです。

二〇〇五年の朝鮮大学校の学園祭で、初めて、この「ネットワーク」の主催で「歴史認識の共有」をテーマとしたシンポジウムを開催することになりました。シンポジウムではいくつかのテーマについてグループごとに研究内容を発表することになっており、私は日本の中学校の歴史教科書における、日本軍「慰安婦」問題の記述に関するテーマを担当することになりました。当時は、一九九〇年代後半から続けられてきた日本軍「慰安婦」問題バッシングによって、日本の中学の歴史教科書から日本軍「慰安婦」問題の記述がどんどん削除されていた時期でした。ですので、私のグループでは、日本軍「慰安婦」問題に関する記述を教科書に記載するべきかどうかについて、日本の大学生と議論することになったのです。

もちろん私は「記載するべきだ」という意見を述べましたが、同じグループのある日本の大学生が、「優綺みたいな意見の人もいるけど、日本軍「慰安婦」は公娼・売春婦だったと主張する人たちもいるよね。だから、両方の主張を併記したらいいんじゃないのかな」と主張したのです。恥ずかしながら、私はもともと勉強が嫌いで、歴史についても全く関心のない学生だったので、彼の主張に対して、感情的には反論したかったのですが、たしかな知識でもって反論することができませんでした。

なので、彼にきちんと反論して納得してもらうために、自分もちゃんと勉強しなければならないと思い、本や論文を読んだり、被害者の証言を読んだりしました。その過程で、韓国で行われている「水曜デモ」の存在も初めて知りました。そこで、この「水曜デモ」の映像を、先ほど述べた日本の大学生と一緒に見て、「今でも毎週水曜日、実際に日本軍「慰安婦」制度の被害を受けた女性たちが、こんなふうに声をあげて闘っています。彼女たちの声に、あなたはどう応答しますか?」と私は問いかけました。それがきっかけで、彼もその後いろいろと考えを深めてくれ、一〇年以上経った今でも交流を続けています。

これが私の、日本軍「慰安婦」問題（日本軍性奴隷制問題）との出会いでしたが、いかに自分が歴史を知らないのかがよくわかりました。朝鮮学校で教育を受けたため、あたかも歴史を知っているかのように思っていましたが、実は全然知らなかったことに気づき、たいへん反省しました。

その後、大学を卒業する年の二〇〇七年に、縁あって国連の人権理事会に学生ボランティアとして参加し、英語での発言の機会をいただきました。二つのテーマをもって発言する機会をいただいたのですが、一つは日本軍「慰安婦」問題について、「日本政府はいまだ被害者に対して公的な謝罪や賠償を行っていないため、ただちに被害者の権利を救済するべきだ」という主旨の発言をさせていただきました。

一方、当時は第一次安倍政権の時代で、朝鮮総聯の関係諸団体に執拗なまでに強制捜査が行われた状況にありました。これは在日朝鮮人を狙い撃ちにしたあからさまな人種差別行為だったわけですが、このことをもう一つのテーマとして人権理事会で報告させていただきました。報告後は、いろいろな国の方々から、「あなたの発言、とてもよかったよ。これからもがんばってね」と声をかけていただきました。そのときに初めて、「抑圧され、差別されているマイノリティの声を、こんなふうに世界に届ける手段があるんだ」ということを知りました。これをきっかけに、「マイノリティの声を世界に届ける仕事があるのであれば、したいなぁ」と思うようになりました。

▼「在特会」の朝鮮大学校襲撃を経験して

朝鮮大学校卒業後、私は、お茶の水女子大学大学院の修士課程に進学すると同時に、朝鮮大学校の研究院にも進学したので、朝鮮大学校の構内にある学生寮に住んでいました。大学院在籍時の二〇〇八年一一月、「在特会」が朝鮮大学校を襲撃した事件に遭遇しました。

その事件が起きたとき、私は朝鮮大学校の校門に最も近い寮で勉強していました。ちょうどその日は、朝鮮大学校の学園祭で、在特会の人々は「俺たちはここで焼肉を食べるために来たんだからなかに入れろ」などと叫んでいました。「在特会」元会長の桜井誠氏をはじめとした十数名の人々が押し寄せてきて、次第に「朝鮮人を東京湾に叩き込め」などといったヘイトスピーチを叫び始めました。私はとても驚いて、「こんなことが許されていいのか」と思い、本当に心臓が凍りつく経験をしました。小平署の警察官もたくさん来てはいましたが、特になにもしていないように見えました。むしろ朝鮮大学校の先生たちが必死で対応している状況を、私は寮のベランダから眺めながら、「この人たちが本当に構内に入ってきたらどうしよう」と心配するばかりでした。研究院の仲間たちと、もしこの人たちが構内に入ってきたら、どのような対応をするべきかを話し合っていたことを覚えています。結局彼らはあきらめて帰りましたが、あからさまなヘイトスピーチを耳にした初めての経験でした。

そして、この事件の一年後、今度は京都朝鮮第一初級学校で、同じ「在特会」による朝鮮学校襲撃事件が起きました。大人の私でもあんなに怖い思いをしたのに、京都の朝鮮学校にいた一〇〇人以上の幼い児童・生徒たちは、どんなに恐ろしい思いをしたのだろうと考えると、本当に心が痛みました。そして、「今、自分にはなにができるのだろう」ということを真剣に考えるようになりました。

このような経験をベースに、大学院卒業後はマイノリティの声を世界に届ける仕事に就きたいと思っていたのですが、幸運なことに在日本朝鮮人人権協会（人権協会）の事務局員として採用され、二〇一〇年から働き始めることとなりました。

▼朝鮮高校における「高校無償化」の闘い――国連に対する取り組み

さて、次に闘いの切実な経験についてですが、二〇一〇年四月から、公立高校に通う生徒の授業料を無償化し、私立高校の生徒には就学支援金を支給するいわゆる「高校無償化」制度が始まりましたが、外国人学校のなかで唯一、朝鮮高校だけが同制度から除外され続けています。これはあからさまな民族差別問題でして、私は人権協会で働き始めたのと同時に、これまで八年ほどにわたって、この問題を解決するために取り組んできました。この闘いについて、印象深い経験をいくつかご紹介したいと思います。

一つ目は、二〇一四年に開かれた国連・人種差別撤廃委員会による日本審査で、委員たちにロビイングをしたことです。朝鮮高校が「高校無償化」制度から除外された二〇一〇年当時、東京朝鮮高校の二年生だった女子生徒と一緒に、審査が開かれるスイス・ジュネーブに行き、人種差別撤廃委員会の一八人の委員に向けて必死にロビイングを行いました。日本政府は、朝鮮高校を除外した事実を「差別ではない」と否定するため、私たちが、この問題はあからさまな民族差別問題であることを訴えなければならないのです。委員たちに向けて懸命に情報提供を行った結果、日本政府による「高校無償化」制度からの朝鮮学校の除外は、在日朝鮮人の子どもたちの教育権の侵害であるから、同制度を朝鮮学校に適用するように求める勧告が出されました。この勧告を国連のウェブサイトで目にした瞬間、それまでの緊張とプレッシャーから解放されたのと嬉しいのとで、ぼろ泣きしたことを覚えていますが、このとき「私たちマイノリティの声はちゃんと伝わるんだ」と改めて思いました。日本政府による在日朝鮮人への人権侵害の実態を、国際基準に照らしながら訴える必要性と有効性を実感しました。

二つ目にご紹介するのは、二〇一七年一一月に開催された「第一〇回国連マイノリティフォーラム」に、日本の市民社会からは初のパネリストとして参加した経験です。「国連マイノリティフォーラム」とは、国連人権理事会によって年に一度、マイノリティ問題に関する国連特別報告者主導のもと、スイス・ジュネーブの国連欧州本部で二日間にわたって開催されているフォーラムです。世界中から民族的・宗教的・言語的マイノリティを中心とするマイノリティの人々が集い、それぞれが直面している課題および課題克服のための実践、当該政府への勧告案を報告・共有する場となっていて、マイノリティやNGOだけではなく、各国政府、関連国際機関、国連の専門家（条約機関の委員など）、大学・研究機関なども参加し、参加者間の対話と協力、ネットワーク作りが目指されています。

私がフォーラムに参加した二〇一七年という年は、マイノリティの権利と国家の義務を規定した「民族的、宗教的及び言語的マイノリティに属する者の権利に関する宣言」の採択から二五周年を迎え、フォーラム開催一〇周年を迎える節目の年でもあり、世界中から四〇〇を超える参加者が集っていました。

フォーラムには四つパネルがありまして、一つ目の「マイノリティの若者をエンパワーするためのインクルーシブな教育」というパネルで、私は、日本政府による朝鮮学校差別と、それに対する在日朝鮮人の若者らによる抵抗運動について報告をしてきました。

報告の内容としては、先ほどもご説明した「高校無償化」問題を解決するために、在日朝鮮人の学生たちが裁判闘争をしていることや、毎週金曜日、文部科学省の前で午後四時から五時の間スタンディング・デモを行っていること（「金曜行動」）、朝鮮学校と日本学校の生徒たちがともにアートプロジェクトを行うことで相互理解を広げるための取り組みを行っていることなどについても報告しました。報告後、「あなたの報告にとても共感する。私たちもフランスで似た課題に直面している。あなたたちのように運動を展開していくために、私たちにはなにができるのかを教えてほしい」と、フランス・ブルターニュ地方でブルトン語を話す言語的マイノリティの権利運動を行っているNGOの方々が話しかけてきてくれました。人権条約機関やUPR（国連人権理事会の普遍的定期審査）など、主に国連人権保障システムの活用方法について経験に基づいて話すととても喜んでくれて、「帰って仲間たちと、あなたのインタビュー映像を何度も観て勉強します」と言ってくれました。在日朝鮮人の人権活動家らが一九九〇年代以降、国際人権の枠組みを使って在日朝鮮人の権利擁護運動を行いながら培ってきた知識、経験、教訓が、今や他のマイノリティコミュニティの運動の参照ともなりうる力を蓄えていることを実感した瞬間でもありました。日本政府による度重なる弾圧にもかかわらず、在日朝鮮人らが七〇年以上にわたって継続してきた朝鮮学校維持のための運動が、マイノリティの権利保障の観点から見ても国際的な意義を有していることを意味すると言っても過言ではないのかなと思います。

▼新たな取り組み

二〇一五年からは、歌手としてライブ活動もちょこちょこ行っています。普段の人権活動のなかでは、なかなか出会わないような人とライブでは出会うことができるので、その機会を利用して、黒人への差別や抑圧をテーマに表現している歌を在日朝鮮人の状況と重ね合わせて歌ったりしています。ライブ活動を通じても、在日朝鮮人の存在についてもっと知ってもらい、在日朝鮮人が直面している課題や歴史に目を向けてもらいたいなと思っています。

今私は、人権協会の「性差別撤廃部会」の担当事務局として、性差別問題にも取り組んでいます。社会には様々な差別がありますが、そのなかでも性差別は、まだまだ克服されていない課題が非常に多いのではないかと思っています。在日朝鮮人コミュニティのなかでも性差別や性暴力は当然たくさんあります。したがって、人種差別だけではなく、性差別、あるいは他の属性に基づく差別についても問題化し、解決するための取り組みを行っていかなければ、いつまでたっても豊かなコミュニティを作ることはできないと思います。そうした問題意識を持って、学習会やアンケート調査、デモ、出張授業、女性やセクシュアル・マイノリティのための居場所づくりなど、様々な取り組みを行っています。

▼両親には「自分の実践を通じて理解してもらいたい」

最後に、私の生き方についての家族の反応ですが、おそらく両親は私に、もっと違う人生を生きて欲しかったのだと思います。日本人として日本の名前を名乗り、一所懸命に勉強していい大学に入り、大企業に就職して……という人生を歩んでほしかったのだと思いますが、私はそうした親の期待とは全く違う人生を歩んできました。ですので、両親は私の進路選択について一貫して肯定的ではなかったように思われます。ただ、それで激怒するとか怒鳴るというようなことはありませんでした。

私はこうした親に対して、「自分の実践を通じて理解してもらわなければならない」という思いで、がんばってきた部分もあります。最近は、私がSNSに自分の活動の状況をアップすると、両親が逐一「いいね！」ボタンを押すようになりました(笑)。以前に比べて少しは、私の活動を理解してくれているんじゃないかな、と期待しています。

ただ、親類のなかには私が活動家として人生を歩んでいることに嫌悪感を示す人もいて、「いまだにそんなことしているのか。いつの時代なんだ」などと言われたりもします。「もうおばさんやないか、結婚もせんとなにしとんや」と、帰省するたびに親戚に言われるので、正直帰省したくありません(苦笑)。でももう少ししたらお正月なので帰らないといけないですね……(苦笑)。

未組織当事者については、絶対にあなたは一人ではないし、あなたのせいではないし、あなたと出会えるその日のために私は活動家としてがんばりたいと思っている、ということをお伝えしたいです。

4 青木初子さんの報告／沖縄

▼復帰前の沖縄の状況

私は一九四七年に、沖縄北部にある本部《もとぶ》というところで生まれました。高校に入学してからは、名護というところに引っ越し、今もそこに実家があります。

母は、今から四年ぐらい前に、数え歳で一〇〇歳のときに亡くなりました。沖縄には戒名がないので、私の母の位牌(トートーメー)には、生きていたときの名前が書かれています。

少し母のことについて触れたいのですが、母はもともと「マカテー」という名前でした。みなさんは、マカテーという名前をあまり聞かないと思いますが、昔の沖縄ではよく女の子につけられていました。母は一六歳のときに大阪の紡績工場に出稼ぎに行きましたが、そのとき面と向かって罵倒されるようなひどい差別を受けました。当時、露骨な沖縄差別があったので、行政指導のもと、「改姓改名運動」(韓国では「創氏改名」)という名前を変える運動が進められました。たとえば、「ナカンダカリさん」は仲村さんとか、「シマブクロさん」は島さんというふうに名前を変えられます。母も名前を「マカテー」から「やすこ」に変えさせられました。

私は、東京オリンピックの二年後となる一九六六年に、パスポートを持って日本にやって来ました。ちょうどその時代は、沖縄では復帰運動が盛んでした。沖縄が日本に復帰すれば、基地は本土並みに整理縮小されなくなるものと思っていましたが、一九六八年に屋良朝苗《やらちょうびょう》が沖縄行政主席(今で言う知事)になる頃、「どうも返還の中身が怪しい。今のまま基地があるのではないか」という復帰の中身が問題になり、日本復帰反対運動も展開されるという状況になりました。私も普通の学生のように、佐藤訪米阻止や復帰反対のデモに参加したりしていました。しかし危惧していたとおり、一九七二年の復帰後も、実際には米軍占領時とほぼ変わらず、民意は踏みにじられてしまいました。

また復帰運動とは別に、一九八二年に、鹿児島の人を沖縄の青年が殺してしまうという事件を新聞報道で知りました。私は「そこには差別があったのではないか」と直感し、その青年の支援運動を始めました。それをきっかけとして、その当時東京で沖縄の運動に取り組んでいた、一坪反戦地主の仲間と知り合うというチャンスに恵まれました。

▼「種火を守る闘い」に共鳴して

その後、品川区の現業職である用務に採用されたので、その仕事や組合運動、加えて部落解放同盟品川支部員として解放運動に取り組むようになり、しばらく沖縄の運動から遠ざかっていましたが、帰省する際には辺野古に寄って、ヘリポート建設に反対する闘いにコミットしていました。当時、「命を守る会」というのができていましたが、今、カヌー隊が使っている小屋の近くに命を守る会の小屋があり、そこに寄ったりして、いろんな話を聞かせてもらいました。また私の友人で、ヘリ基地協議会の事務局長をやっている中村善幸さんとはしばしばお会いして話をしていました。

ちょうど当時は、名護市長選で、基地移設反対派の玉城義和さんが負け、沖縄県知事選でも大田昌秀さんが負けてしまったときでした。そんなときに私は、中村善幸さんに「沖縄の闘いもたいへんですね。これからどうするのですか」と問いかけました。すると中村さんは、「ぼくたちは種火を守る闘いをしているんだ。いつの日か沖縄の人たちが立ち上がって、その炎が燃え広がるときのために」と言ったのです。それを聞いた私は、選挙で一喜一憂している自分が恥ずかしくなった思い出があります。この言葉をきっかけに、私は「沖縄での闘いを東京で発信しないといけない」と思い立ち、「ユンタクおばさん」というホームページを立ち上げました。

その後ヘリポート建設は、一度断念されて、闘争がいったんおさまった時期がありました。しかし二〇〇六年には、今のV字案をベースとする新基地建設

青木初子さん(沖縄のたたかいと連帯する東京南部の会)

計画が日米で合意されてしまいました。そこで私は、これを阻止しなければと思い立ち、銀座や有楽町の駅前で「辺野古の基地建設反対」という看板を掲げてのスタンディングを始めました。そのとき、部落解放同盟墨田支部の北川京子さんが、「青木さん！　そんなにコソコソ隠れるようにやっていないで、私たちの前でもちゃんとアピールしなければだめじゃない」と背中を後押ししてくれたことも手伝い、部落解放同盟関東女性集会の場で初めて発言する機会を得ました。これをきっかけとして私は、様々な人の前で発言するようになり、自分の闘いへのスタンスも次第に変わってくるようになりました。

▼一貫して沖縄を踏みにじってきた日本政府

一方、現在の名護市長である渡具知《とぐち》武豊《たけとよ》さんが私の親戚であることを見てもわかるとおり、私の実家は、自民党支持者で基地賛成派です。だから、帰省したときに、部落解放運動や沖縄の基地反対闘争などの話をしたりすると、「あなたはあなたで、東京で好き勝手なことをやっていなさい。ただ、名護に住んでいたらそういうわけにはいかないんだよ。基地は誰でも反対だ。しかし、生活をするために、基地に賛成するのも仕方のないことなんだ」と私の兄によく言われます。実際にうちの兄は、中学までしか出ておらず、丁稚奉公を経て、なんとか自転車屋を開いて生活をしてます。そして、そこで暮らしていくためには、地域の有力者と手をつなぎながら、生きてきた経過があるのです。

私が言いたいのは、日本政府の沖縄に対するやり方は、これまで一貫して、全く沖縄の人々の声を聞いたことがありません。一八七九年から一九〇三年までの沖縄は、琉球の古い制度を残し急激な改革は避けるという「旧慣温存政策」が採られ、民主的な改革がなされませんでした。その後、大日本帝国憲法のもと、一九二五年までは、高額税金者にしか選挙権がなかったので、沖縄からは当然、国会議員を選出することはできませんでした。敗戦後に施行された平和憲法に関しても、沖縄は米軍の統治下で、その制定には全く関与できず、当然ながらサンフランシスコ条約についても沖縄はノータッチでした。

しかし、サンフランシスコ条約が締結されるときに、沖縄では署名活動が起きました。そして戦後の混乱のなかでも島民の七〇%以上もの署名を集め、「日本政府にサンフランシスコ条約で沖縄を分離しないでほしい」という要求を出しています。しかし、これも一顧だにされませんでした。

その後の沖縄返還に関しても、屋良朝苗が日本の羽田空港に降り立ったときに、沖縄返還特別委員会では緊急決議をしてしまう。つまり、屋良さんが沖縄県の返還に対する要望書を持ってくるということを知っていながら、委員会で強行採決をしたんです。屋良さんはそれを聞いて、唖然としたそうです。最近でも、オスプレイ配備反対・普天間基地の無条件返還・県内移設反対の建白書を持って上京した沖縄県全市町村の意思を無視しました。沖縄の民意は全く踏みにじられてきたというのが沖縄の歴史なんです。

▼「沖縄のアイデンティティ」への回帰

しかし最近は、沖縄のアイデンティティを見直し、沖縄の文化を尊重しようという新しい広がりができてきています。琉球新報のアンケートによれば、八七%の人たちが「沖縄の文化に誇りを持つ」と考えているそうです。ウチナーグチ(方言)は沖縄の文化です。ウチナーグチを大事にして、いろんな意味で、自分たちのアイデンティティを示していきたいというのが、今の沖縄の運動を支えています。そんなふうに沖縄が変わってきたと思います。以前だったら、「日本が一番」「日本を真似しなくてはいけない」「くしゃみまで日本の真似しろ」と言われた時代もありました。徹底した皇民化政策です。しかし今では、「独立してもいいのではないか」という声も広がっているのです。

沖縄のヘリポート建設阻止の闘いのなかで、大阪府警の機動隊が沖縄の人に向かって「土人」「シナ人」という発言をしました。沖縄に対する明らかな差別発言ですが、政府は「これは差別ではない」という閣議決定まで出すに至りました。「国連の人権理事会の勧告も、勧告は守らないでいい」と閣議決定するというのが、今の日本の現状ですが、沖縄は辺野古の新基地阻止を訴えて非暴力不服従の闘いを継続しています。「地獄と化した沖縄戦のような戦(イクサ）は二度とごめんだ」という思いが共通していると思います。

▼沖縄の軍事植民地化と差別政策を許さない

今、南西諸島である与那国、宮古、石垣においても、自衛隊基地が作られています。基地が作られれば、大勢の自衛隊員が配備され、住民登録もなされるので、地元選挙では反対派が負けてしまう結果を招いてしまいます。もう村の共同体が破壊されてしまうのです。

このような、沖縄の選挙に対する国家権力による介入や、利権やお金のばら撒きによる介入が、圧倒的な勢いで行われていることを、みなさんには知っていただきたいと思います。

今、辺野古の基地建設の座り込みには、本土からも多くの人たちが来て支えてくださっているので感謝していますが、米軍基地が圧倒的に集中している沖縄の現状を知っていただき、さらに多くの人に関心を持って欲しいと思います。そして、沖縄の独自の文化を認め、沖縄への軍事植民地化・差別政策をなくして欲しいというのが私の切なる思いです。

部落解放同盟の呼びかけにより設立した、日本で初の人権ＮＧＯである反差別国際運動（ＩＭＡＤＲ：The International Movement Against All Forms of Discrimination and Racism）が、今の沖縄の運動を側面から支えていることに感謝しています。翁長雄志さんや山城博治さんの国連でのスピーチの実現について、反差別国際運動の支援があったということに、あらためて部落解放運動のすばらしさを確認し、部落解放運動をやっていることに誇りを感じています。

第2部

登壇者・当事者の質問と討論

吉田　第2部は、それぞれのカテゴリーの当事者が討論をします。まずは登壇者同士で、その後、登壇者以外の当事者から、意見や質問をいただきたいと思っています。

◆都連青年部の現状

岸本　今、部落解放同盟東京都連合会（都連）の青年部ではなかなか人が集まらないので、交流の場所や機会を増やそうと毎月学習交流会を行っています。また、青年部通信を作って、青年部の活動に来られない人たちにも、青年部がどういった取り組みをしているかを知ってもらおうとしています。せっかくなのでみなさんにも青年部通信を勝手に送りつけていますが、これをぜひご覧いただき、一緒にできる取り組みがあれば、お声がけいただければと思います。ホームページにも載せるなど、実際に活動に参加していない方たちにも、こういった情報を発信することで、どんどん参加をしてもらえればいいなと考えております。

で、せっかくマイクを握らせていただいたので、みなさんに質問させていただければと思います。今、部落出身者の場合、東京の被差別部落の地域で生まれ育ったとしても、自分が被差別部落にルーツがあることを知らずにいる人が多いです。それでも、なんとなく雰囲気を感じ取って、調べてみたら、自分は部落にルーツがあるんだと気づく人もいるかもしれません。どちらにしても、解放同盟とつながれていない人が多くいます。で、アイヌの方とかも首都圏に多くいると思うんですが、どれくらいいて、実際に何割くらいの方が組織で活動しているのかということをお聞きできればと思うのですが、よろしくお願いします。

◆北海道のアイヌ、首都圏のアイヌ

宇佐　二〇〇六年の調査によると、北海道のアイヌは約二万三七八二人です。北海道外に在住するアイヌも多く、一九八八年の調査では東京在住アイヌ人口が二七〇〇人と推計され、一九八九年の東京在住ウタリ実態調査報告書では、東京周辺だけでも北海道在住アイヌの一割を超えると推測されており、首都圏在住のアイヌは一万人を超えるとされています。これは手を上げたり、身内が報告している人数なので、その倍以上はいるのではないでしょうか。先住民として認める権利が決議されてから一五年くらい経っていますが、そこからまただいぶ増えているとは思います。ただ、実際に活動したりアイヌとして表現している人たちというのは、北海道では多いとは思うのですが、道外では一〇〇人いるかいないかの状況です。

私のように活動している者の身内にも、全く活動してない人たちがたくさんいます。新たな活動家が増えないなかで、おじいさんやおばあさんたちが亡くなっていくことを考えると、今後さらに減少することが見込まれます。

普通に日本人として暮らしているので、「自分はアイヌだ」と言う必要もないと考える人や、別にアイヌであるという誇りを持たずに、そのまま日本人と同化しているのを好んでいる人たちもたくさんいます。私は、あえてそういう方々に対しては、アイヌとしての活動を強制はしていません。しかし、アイヌ文化が素晴らしいというところをどんどん広めていって、徐々に若い子たちが関心を持ってくれたらいいなという思いでやっています。

◆日本に一〇〇万人弱いる在日コリアン

吉田　せっかくなので、優綺さん、在日朝鮮人についても教えていただけますか。

朴金　在日本朝鮮人人権協会としては、在日朝鮮人は全体でおおよそ一〇〇万人いると考えています。そのうち五〇万人弱くらいが朝鮮・韓国籍者ですね。在留資格別で言うと、特別永住者の人たちが今三〇万人ちょっとで、永住者という資格を持っている朝鮮・韓国籍者が約七万人だと思うので、それをプラスすると四〇万人くらいです。そのほか、定住者の在留資格を持つ方もいます。加えて、日本人の親と朝鮮人の親の間に生まれて、実際には二重国籍を持たれている方、いわゆるダブルの方々が、日本政府がちゃんと統計を出していないので正確な数はわからないのですが、累計で一六万人以上はいるんじゃないかと思います。さらに、一九五二年以降、日本国籍を取得した在日朝鮮人、つまり朝鮮にルーツのある日本国籍を取得した方が三六万人くらいいると思うので、それらを全部合わせると、大体一〇〇万人弱ではないかと思います。関東に限った人数はわかりません。

◆関東に来ている沖縄出身者の現状

吉田　青木さん、統計はないと思いますが、関東に来ている沖縄出身者についてわかる範囲でお教えください。

青木　沖縄の出身者がどれだけここに来ているかというのは全くわからないのですが、私は「沖縄・一坪反戦地主会関東ブロック」に入っていますが、それとは別に、沖縄県人会という組織があります。また、横浜の鶴見には沖縄県人会館というのがあります。鶴見の県人の方たちが、沖縄から出てきて一〇〇年を記念した本が出版されたという報道を読みましたが、鶴見になんで多くの沖縄の人がいるかと言うと、私も正確にはわからないのですが、実は私のおじさんはブラジルに移民しているんです。それで、横浜港からブラジルなどの海外に移民したと聞いています。つまり、横浜まで来て移民しなかったり、あるいは見送りに来た沖縄の人たちが、そのまま鶴見に住み着いたという話を聞いたことがあります。

関東の一坪反戦地主会のメンバーになっている人たちは、必ずしも沖縄の人たちばかりではありません。一九八二年くらいに、嘉手納基地の反戦地主の土地をみんなで一坪ずつ分け合って、一坪反戦地主会が生まれたという経過があります が、最初は沖縄出身の人に売っていました。しかし、本土の人から「それはおかしいんじゃないか」という声が上がったりしてからは、本土の人にも売るようになったので、必ずしも沖縄の人だけではなく、支援者の方も入っているわけです。だから、「沖縄の人がどれくらいいるか」という質問を受けても、答えられない状態です。

◆被差別部落出身者の数は五〇〇万〜六〇〇万人

吉田　では、被差別部落出身者の現況について、どなたか話してくれますか。

岸本　部落解放同盟東京都連合会には一〇支部あります。

近藤　一九三五年の中央融和事業協会の「全国部落調査」で、東京のデータは、二〇地区で七二四八人。これは全部落を含んでいません。

吉田　ちょっと補足させてください。東京の場合、大正時代の調査では、地区数が四六地区、人口が七六五八人。全国だと、昭和一〇年の「全国部落調査」で地区数は五三六七地区、人口で九九万九六八七人です。一九九三年の総務庁調査によると、全国の約六〇〇〇の部落のうち、同和地区の指定を受けていたのが七五%、四六〇〇くらいで、同和地区に住んでいる関係住民が約九〇万人です。指定されていない二五%の地区の関係住民や地区外に流出した関係住民を考えると、一〇〇万人を大きく超えると推定されます。一九九三年調査から約二五年くらい経過して、結婚差別もありますが、部落出身者と部落外の人の結婚が繰り返されているので、部落解放同盟中央本部の推定だと、部落にルーツを持つ人の数は五〇〇万人とか六〇〇万人と言われています。日本の人口が一億三〇〇〇万人ですから、三〇人か四〇人に一人の割合となり、ものすごい数になる。

近藤　部落外含めて？

吉田　地区内、地区外をひっくるめて、部落にルーツを持つ人の総数です。もちろん、推定値です。

◆連れ合いの性差別とジェンダー視点を考える

吉田　ほかに質問があればお願いします。

朴金　宇佐照代さんと岸本萌さんに質問したいです。照代さんには、一人目の夫さんに、「こういうことを言われてしんどかった」というのがあればお聞きしたいと思いました。萌さんには、夫さんが最初、無自覚に差別をしていたというのは、たとえばどういうことだったのか、聞かせていただければと思います。もう一つ、私は性差別撤廃運動をやってるんですが、都連の青年部の活動のなかで、性差別や性暴力に関して、活動のなかで話に出たりとか、ジェンダーの視点で活動していこう、ということがもしあれば、教えて欲しいです。

宇佐　今の夫も前の夫も和人(しゃも)でした。前の夫は、お付き合いしているときは、私は活動していたので、そのことはわかってましたし、なんにも言われなかったのですが、結婚した途端に、メディアに出たり、土日とかに集会に行ったり、踊りのイベントに行ったりするのを、どんどん束縛と言うか、外に出るのがダメになっていきました。しまいには、母と二人でご飯を食べに行くのもダメになって、私はそれが習慣になっちゃって、五年くらいは、外で、特に男性とは目も合わせることができず、ちょっと怖くなってしまいました。暴力を振るわれたわけではないのですが、言葉の暴力みたいな感じで、携帯も持てず、昔のクラス会などの連絡があっても、外に出られないので参加できず、最後には内緒で携帯を、弟の名義で買ってもらったりとか……。結局、外に出ることもできず、苦しくなって離婚したんですが……。

私はそのとき美容師をしていたので、土曜は仕事でしたが、ほんとうは「歌ったり踊ったりして表現したい」「権利回復のために活動したい」と思っても、週に一回できるかどうかで、それさえもできなくなると、自分のアイデンティティを否定されたような気がしてしまいました。一個人として認めてもらっていないっていうことは、単なる所有物じゃないですか。それがすごく苦しくなってしまいました。それ以外は悪い人ではなく、暴力を振るう人でもなかったのですが、そこを否定されたのがすごく辛くて、説得できずに離婚しました。

今の夫は、サイパンに十数年いて、チャモロとかカロリニアンとか、いろんな人たちとビーチで裸足になって一緒に仕事をしていました。それで、日本人とチャモロのダブルやカロリニアンとチャモロのダブルなどの人たちと交流していたのですが、その二人が離婚して、子どもがお母さんと一緒に日本にやってきて、そこで言葉が覚えられずにたいへんだったことなど、いろんなことを知ってたので、私のやってる活動も普通に理解できるし、逆に「マイノリティだからこそのチャンスがある」というふうに思ってくれているようです。

岸本　宇佐さんの話もありましたが、DVとは身体的暴力だけでなく、支配し監視することも典型的なDVだと思います。夫が無意識にしていた差別発言って、ほんとひどい言葉で、口に出すのも申しわけないんですが、インスタントカメラを昔「バカチョンカメラ」って言ったりとか、自転車を盗むことを「チョンチャリ」って言ったりとか。あと、在日朝鮮人の方が多い地域なので、その地域に対して、「あそこ行ったらキムチの匂いがしたぜ」とか、そういうひどいことを言ってるのに、その自覚がない。「だって、みんな言ってるじゃん」って。「それは差別なんだよ」って話をして……。でも「いけない言葉だよ」と言うだけでは意味がないので、「なんでいけないのか」というのをなるべく話していますが、その場に息子もいたりするので、みんなで言葉について考えたり話をするようにしてます。

あと、今の都連青年部のメンバーはほんとに少なくて、マックスで八人とか一〇人なんですけど、見栄はったかな(笑)。女性は私だけなんです。都連青年部では今、歴史を含めた解放運動について連続講座で学習しています。とりあえず、それが終わったら、みんなでなにを学びたいかを聞いて、それに取り組んでいければなと思います。

私自身としては、以前付き合っていた彼から暴力を受けたりという経験があるので、子どもの虐待を含めて、DVとか、ジェンダーの話はしていきたいと思っています。あと、複合差別の問題って、男性側も気づいてくれないといけないので、男ばかりの青年部だからこそ、そういう話をしていければなと思っています。

◆夫の姓に名前が変わることについて

宇佐　萌ちゃんも優綺さんも、みなさんに聞きたいのですが、実は、私は結婚しても活動は、宇佐という苗字でやってまして、夫の苗字にはなんの気持ちもないので、特に名乗ることもないのです。ずっと宇佐で活動してきて、急に違う苗字になったら、今までやって来たことがゼロになってしまうような気がして、私はずっと「宇佐」の姓でやっています。たまに不思議がられることがあって、「どうしたの、離婚したの？」とか言われたりします。パフォーマンスをするときも、この名前のほうが話が通じやすいし、母や祖母とのつながりについても、わかる人にはすぐにわかったりするので、この苗字なんです。

活動しているなかで、逆に苗字を変える人もいるんですよね。アイヌの名字じゃなくて、和人の名字を選ぶ人もいる。私の場合は、アイヌの人として見られるこの苗字を選んでいるんですが、その逆もあるわけです。みなさんは、そのあたりはどうでしょうか。

岸本　私は岸本という名前でやってますが、結婚して戸籍上とか通帳とかは夫側の苗字なんですね。できちゃった結婚なんで、どちらの姓を選ぶのか相談している時間もなく、「まあいいや」って感じで……。ただやっぱり夫の苗字になったときに、「消された」っていうか、自分が生きて来た「岸本萌」っていうものがなくなったようで、すごく寂しかったですし、おかしいよねって思いました。夫のお母さんに怒られたのは、「私は夫側の墓に入る気はない」と言ったときです。私はすごい母が好きなので、「私は死んだら母の墓に入る」って。「別に苗字なんてどうでもいい。私はお前んちに入ったわけではない」って言ったら、夫のお母さんは激怒で、「そんな嫁、認められん」「だから、嫁じゃない」みたいなやりとりがあって、そんな感じで仲悪いんですけど……。父と母が結婚したのも運動があってだし、うちの家族のなかにずっとあったものって運動だったんですね。私が運動するのも、私が生まれ育ったこの流れというか、受け継いできたものがあるので、やはり岸本という苗字でやっています。

吉田　青木さんはいかがですか。青木さんのところも、活動家同士の夫婦だと思うんですけど、お話しすることとかあればどうぞ。

青木　やはりうちの連れ合いも、組合運動もやってる人なんですが、どうしても女性差別はついて回る。だいたい家の仕事をするのは私だし、男性優位の社会ですよね。本当にふざけんじゃないって思っても、言ってもしょうがないので、喧嘩になるので、黙ることのほうが多いです。夫と年齢が離れてることもあって。もう七〇歳、八〇歳になって変えられないですよ。私、旧姓は棚原って言うのですが、三〇年くらい前は、沖縄問題に取り組むときには旧姓を使っていた頃もあった。男の人たちには言いたいことは山ほどあるけど。難しいのは制度としてあるのでね、なかなか気づかないですよね、男の人って。言わないといけないんだけど、言うのもしんどくなって。すみません。

◆運動しててよかったこと、しんどかったこと

吉田　登壇者同士で、ほかに、質問はありませんか。

青木　自分が運動していて、「これはよかったなあ」と思うことと、「これはしんどいなあ」と思うことがあれば教えていただきたいと思います。

朴金　運動をしててよかったと思うことはたくさんあるのですが、一つ申し上げると、昨日ちょうど人権協会の性差別撤廃部会によく参加してくれている方の結婚パーティーがあって、お祝いに行ったんです。四〇人ほど参加していて、私を呼んでくれた女性側の友人も来ていたのですが、ほとんど性差別撤廃部会で一緒に活動している方たちで、その方々は、ほとんどが大人になって、人権協会の性差別撤廃部会の運動のなかで知り合っている仲なんですね。それで、気が合う同士でご飯に行ったり、悩みを打ち明けたりとかしていて。性差別撤廃部会として、在日朝鮮人女性同士の交流会もやってるんですが、そういうなかで、セクハラの被害体験の共有とか、「もしこう言われたらどう切り返すか」というワークショップもやったりとか、映画などを一緒に見たりするなかで、この七年間くらい、ちょっとずつ育んで来た友情というか、シスターフッドのようなものが生まれている気がします。

また、そのパーティーで、新婦さんが参加者の前で、「私が性差別撤廃部会の活動に参加し始めた七、八年前が自分の人生の分岐点でした、それを組織してくれた優綺さんやほかの方に本当に感謝です」と言ってくださったんですね。それを聞いて、本当にこう、なんていうか、活動をするのはたいへんで、人権協会も男性が多いし、男性中心的な側面がかなりあるので、目の上のたんこぶみたいに見られているところもすごくあるのですが、それに負けずにやってきた甲斐があったなと思いました。

「ここで育《はぐく》んできた自分たちのつながりは負けないぞ」と。自分たちがやってきた連帯の強さというか、絶対どこにも負けないっていう自負心、誇りを感じました。昨日のことです。性差別撤廃部会に参加してくれている男性も含めて、活動してきてよかったなと思った瞬間でした。

宇佐　よかったなと思うことは、こういう出会いだったり、学校に出向き、子どもたちにアイヌ文化を教えているときだったりもするんですけど。それはつまり、少数だからこそ、自分たちの文化を勉強できたり、伝承したりすることができているんだとつくづく思います。和人などにお話ししているときは、みなさんの反応は「アイヌの人たちって、昔、酷いことされて、アイヌ語だったり文化がなくなりそうで、今一生懸命やってるんだなあ。ふーん、可哀想だなあ」という感じの目線なんじゃないかと思うんです。逆に私は、大勢の人たち（マジョリティの日本人）は、自分たちの文化については、「誰かがやるからいいや」と意識もしていないと思うんですね。だから私は、「着物を着られる人はいますか」とか、「和の文化を伝承している人はいますか」「みんなが今着ているのは洋服ですよ」「みなさんが使っている文字は、独自の文字ではなく、漢字を使っているんですよ」というふうにお話をするんです。そこから「私たちは独自の文化を伝承できる幸せがあって嬉しいです」ということが伝えられるんですね。

それと、アイヌのコミュニティのなかでも、逆差別のようなことがあります。アイヌのなかでは、私たちのような道外のアイヌは「道外、はあ?」って言われることがあるんですよ。イベントに行っても。北海道のアイヌの人たちはイベントごとに呼ばれて、交通費をもらって参加するんです。だけど私たちは、道外なので、交通費が何万円もかかるので、呼んでもらうことができません。だから私たちは、一年に一回とか二年に一回、大きなお祭りやイベントに自分のお金を使って行くわけです。それを何年もやってきたんです。

ただ、すごく参加者の多かった昨年、受付で「ちょっと道外の人はあとで」って言われ、道内の人を先にされたわけです。呼ばれている道内の人たちは順番に歌や踊りを披露してるんですよ。だけど私たちは、お金をかけて行って、着物を着て、ずっと見てるだけで……。それは当たり前のことだったんだけど、昨年行って、「道外の人はあと」って言われたときに、すごいショックでした。今私が、関東にいるアイヌとして、もっとパワーをつけなきゃなっていう思いを込めて、道内のアイヌに頼らず、やれることをやろうというふうに思ってます。

岸本　やっててよかったのは、みなさんとか、いろんな方たちと出会えること。そして勉強して、気がつけること。運動をしてなかったら、素通りしてただろうなと思います。もしかしたら、私はすごく差別をする人間だったかもしれないですしね。

「しんどいな」と思うのは、なかなか青年部に人が集まらないことですかね。次の世代につなげていくことが大切だとすごく思うので、魅力のあるものにしたいな。青年部とかもそうですし、いろんな場所を魅力あるものにしていろんな人が集まってくれればいいな、と心から思います。

吉田　じゃ、青木さん。同じ質問です。

青木　よかったのは、やはり自分の思いを共感してくれる仲間がいることが一番嬉しいことですよね。「ちょっとちょっと、沖縄、今ね」「なになに、どうしたの」って聞いてくれたり「一緒に闘いに参加しようね」って言ってくれたり、そういう仲間がいるってことはすごく心強いし、嬉しいことです。本当、単純なんですけど。
しんどいことは、なかなか運動が広がらないこと。集会をやったとしても、広がらない。この間、沖縄の辺野古の座り込みをやったとき、二人で行ったんですが、「東京から来たの？　東京には何千万人もの人がいるのに二人しかこなかったの？」って言われて、笑ったのですが。自分の住んでいるところで、まわりに理解していただくことがどんなにたいへんなことか、しみじみ思い知らされました。でも少なくても仲間がいて、一緒にやれるのは非常に嬉しいし、励みになります。

◆沖縄の尊厳を取り戻す闘い

吉田　ありがとうございました。登壇者同士の質問タイムはとりあえずいいですか。じゃあ登壇者以外の当事者で、これだけは言っておきたいとか質問とかあれば……。

岸本（**貞樹**）　岸本貞樹です。途中から来たんですが、沖縄の闘いについて、感想等々言いたいと思います。つい先日も普天間基地のすぐ脇の小学校に、落下物があって、あわや大惨事という事件がありました。やはり沖縄と言うと、基地の問題が大きく関わってくると思うのですが、さっき仰った名護市長選があって、保守派の対抗馬がご親戚ということや、今離島に基地を作って、票集めのために自衛隊を送るようなことがあって、ますます沖縄の民意が無視されるのを、僕は怖く感じています。青木さんから、沖縄の方言を大事にしたいというのがあって、国から弾圧があっても自分たちの文化を大事にしていきたいというのは、私としても応援したいと思ってます。今日は貴重なお話を伺えてよかったと思います。ありがとうございます。

青木　あまり触れてはいなかったのですが、沖縄に基地があるのは、安保条約と地位協定があるからなんですよね。それは沖縄だけに適用されるのではなくて、日本国全体に適用されるのですが、なぜか沖縄だけに基地が集中しているんです。それを沖縄への植民地主義だと私たちは言っています。「沖縄の文化を、沖縄の尊厳を取り戻すんだ」という今の闘いにつながっているんですよ。

深刻なのはレイプ事件です。米軍があれだけ大勢闊歩しているから、表に出ない性被害はものすごく多くて、座り込みをやってる人たちも米兵に抱きつかれたとか……聞きました。辺野古の座り込みで、沖縄の八〇歳の人に、「なぜだと思う？」って、私聞かれたんですよ。「なんでだろう？」って私が言ったら、「征服欲、征服力があって、米軍はここは自分たちの土地だって思っている」と言われたのです。それは深刻なんですよ。ヘリコプターが落っこちたらみんなに見えるんですけど、レイプって見えないんですよ、暗がりでやるから、堂々とはやらないから。それで、二〇歳の女性が殺されましたよね。殺されて捨てられました。そのときの、お父さんのメッセージが心を打つんです。殺された一人娘は、三〇歳になって初めてできた一人娘です。そのお父さんが「沖縄に事件事故が続くなかで、娘も被害者の一人になりました」とコメントを出したんです。「いっぱい被害事件があるなかで、娘が被害者の一人になりました。なぜ娘なのか、なぜ娘が殺されなければならなかったのか」っていうメッセージだったんですよ。もう泣けますよ。だから本当に、「基地はいらない！」「女性差別もあってはならない！」。本当にそういう被害は多いです。

普天間第二小学校に飛行機の窓枠が落っこちた前に、筒が落っこちたでしょ。緑ケ丘保育園に落ちたんですよ。それに対して「落ちた！」って騒いだら、「自作自演だろう」とかね。もうそういう右翼の抗議がすごく来てるんですよ。もう沖縄がターゲットになって、日本の右翼が、百田尚樹みたいなのがみんな来て、米軍の味方をして、沖縄の市民に対してヘイトスピーチをする、ひどいんです。長くなりました。すみません。

吉田　ほかになにか。

◆差別を乗り越えるには学校教育の作り直しが必要

尾上　障害連（障害者の生活保障を要求する連絡会議）の尾上裕亮です。話を聞いていて、日本はいかにそれぞれのアイデンティティを押しつぶしているかがわかりました。日本は平準化を好む傾向がある。それをどう乗り越えるかが、この国特有の課題と思います。どうしていくかは難しいですが、とりあえず、今の学校教育を根本から作り直すことが大切と思います。以上です。

吉田　ありがとうございます。

◆チャシアンカラの意味は？

山本　「チャシアンカラの会」の名称の意味を教えてください。

宇佐　「チャシ」は砦です。「アンカラ」は私たちが作る。つまり、チャシアンカラとは、私たちの砦というか、館を作る、ということです。今までは、政府にアイヌ文化生活館みたいなのを求める会だったのですが、それはもう無理。無理じゃないですが、自分たちで作っていかないとだめだ、ということで少しずつ動きましょう、という意味を込めた名前です。チャシが館で、アンカラが自分たちで作るという意味です。

第3部 全体討論

◆二つの質問——未組織の仲間が置かれている現状／それぞれのコミュニティをめぐる状況

吉田　では、第3部を始めます。まず、みなさんの共通理解のために、ファシリテーターの方から、四人の方たちに、二つ質問をさせていただきます。それに答えてもらうことで共通理解ができるかなと思い、あえて質問させていただきます。

一つは、四人の登壇者は、それぞれの分野で自分の状況を受け止めて、声を出して運動をやってる人たちです。けれど、それぞれの分野で、部落問題なら、祖父・祖母の代に東京に出て来た場合、自分が部落出身であることを親も知らない、あるいは親は知ってるけど子どもに言わないとか、いろんな状況に置かれている人がいると思います。以前、三〇歳代の部落出身者にインタビューしたことがあります。その三人が共通して言っていたのは、自分の子どもにはちゃんと出身であることを喋りたい。なぜならば、差別するような人間になってもらいたくないから、と。出身であることを言わなかったら、どこかで誰かを差別しちゃうかもしれない。誰もが差別される可能性とともに、差別する可能性も持っているのだと思います。

今日の第1部では、部落、在日、アイヌ、沖縄と、主体的に運動に関わっている立場から、ご報告をいただきました。たとえば、部落の場合でも、出身をカミングアウトしている人もいれば、「そっとしておいて欲しい」と言う人もいる。在日の場合も、本名を名乗って公然と運動している人もいれば、コリアンのコミュニティのなかでは朝鮮の名前を名乗るけど、日本社会に出ていくときは通称名を名乗っているとか。アイヌの場合も、先ほど、宇佐さんが触れてくれたように、和人の苗字を選択する人もいる。わかる範囲で結構ですから、未組織の仲間について、どんな状況の人がいて、どんな差別に恐怖したり、こんなことを思って生きているよ、みたいな話をしてもらえたらというのが、一つ目の質問です。

それともう一つは、コミュニティのことです。部落解放運動の場合、ずっと続いている部落コミュニティが運動の大きな基盤になってきました。ただ、とりわけ都市部では混住化がすすんで、部落コミュニティが大きく変容してきています。

在日朝鮮人の場合、本当かどうかわかりませんが、かつて在日の一世の場合は、韓国におけるどこの地域の出身であるかが大きなコミュニティの基盤だったんだけど、二世、三世、四世になっていくと、「同じ朝鮮学校の出身だよね」ということがつながりの一つの基盤になっているというのをちらっと聞きました。

アイヌの場合は、宇佐さんが話してくれたように、東京のアイヌは生活館設立の運動をしました。その背景には、北海道のコタンというアイヌの村、アイヌ・コミュニティが日本政府によって徹底的に破壊されましたから、生活館、つまり、生活の拠点・文化の拠点を求めていったのだと思います。

沖縄の場合も、戦前の大阪では、アパートとか貸家には「朝鮮人、琉球人、お断り」とかいう貼り紙があったり、露骨な差別があったことは周知のことです。一方、私の生活圏である埼玉県の大宮には、琉球出身の人がやっている飲み屋があって、そこは普通のテーブル席は一般客で、奥のカウンター席は沖縄県人会みたいになっている。奥のカウンター席は、盛り上がると、みんなで三線《さんしん》を鳴らして、ところ狭しと店内を踊りまわる。そこは埼玉における沖縄コミュニティなのかなと思います。

そんなことも頭に入れていただいて、部落、在日、アイヌ、沖縄のコミュニティに関わる現況を話していただけたらと思います。これが二つ目の質問です。

部落、在日、アイヌ、沖縄の未組織の仲間が置かれている差別の状況と、それぞれのコミュニティをめぐる状況、その二つの質問をさせていただきます。どなたからいきましょうか。

◆沖縄差別とコミュニティ

青木　沖縄差別については、私がまだ東京に出てきたばかりの一九六六年から七〇年代に、部屋を琉球・沖縄の人に貸さないという貼り紙があるというのは新聞に載っていました。私は沖縄返還前に、パスポートを持って日本に来た一人ですが、その頃、沖縄からも集団就職でたくさんの子が日本にやってきていました。まだその頃は「金の卵」と言われていた時代だったのです。そうして集団就職で日本にきた沖縄の子のパスポートを取り上げて、沖縄に帰れない状況が作られていました。日本にいる分にはパスポートがいらないけれども、沖縄に帰るにはまだパスポートがいるときだったので、パスポートを取り上げて、中学校を卒業して働きに来た子どもたちを束縛したというニュースも聞きました。

その頃、私の友達が、今の目黒駅の近くのアパートに間借りしていたんです。三人の男の人ですが、彼らは「電車なんかに乗るとわざと方言を使うんだ」と言っていました。電車に乗ってる人たちは方言がわからないので、自分たちを外国の人かと思っているようで、そんななかで日本人の悪口を言ったりしたと、私に言っていました。

私自身が日本に来たときには、「まだ沖縄って、英語ですか」とか、「性的なことでは南国の人だから情熱的でしょ」とか、そんなふうに言われたことがあります。沖縄に対する差別ですよね。それとコミュニティっていう意味では、三線が鳴ると、私もすぐカチャーシーを踊るんですが、そういう意味での文化的なつながりがある、心地よいコミュニティみたいなものが沖縄にはあります。年寄りから、若い人まで、右翼左翼関係なく、三線片手にみんな歌って踊って、みたいな。今の辺野古の闘いも「さんしんの日」には、座り込みの現場でも三線をひく。楽しくやりながらでないと運動が続かないというのが実感なので。何十年も続けるには、そういうのを取り入れながらやっていかないといけないと思いますね。なんか答えになってないかもしれないけどすみません。

吉田　いえいえ、とてもよかったです。ありがとうございました。

◆朝鮮学校に通うのは一〜二割

朴金　いくら考えても、難しい質問です。一個目は、いろんな状況の人がいるっていうことですよね。それを言えるほど、私はまだたくさんの人と知り合えてないし、私が知らない人もたくさんいるので、なんとも言えないところがありますね、もちろん代表することなんてできないし……。ただたとえば、在日朝鮮人の子どもたちのなかで、今、朝鮮学校に行ってるのは一〜二割で、あとの八〇〜九〇％くらいは日本の学校に行っていると言われています。日本の学校に通った在日朝鮮人の方々とは、ほぼつながれていないというのが課題です。なので、わからないことがたくさんあります。

でもそのなかで、出会えた人たちも少なからずいます。たとえば、反差別・人権青年交流会の第2回目の学習会で話してくださった方は、日本の学校にずっと通っておられましたが、その方は最初、日本の名前で学校に通っていたそうです。その頃は、自分が朝鮮人であることが嫌で嫌でしょうがなかったそうです。朝鮮というのは日本の学校教育のなかで、汚くて、低い存在だと思っていて、「だから自分はそうじゃない」と否定し続けてきたと。そして高校生のときに、ついに日本国籍を取得しようと思ったけれども、たまたまそのときの高校の先生が在日朝鮮人の先生で、いかに日本の「帰化」制度が差別的か、法務局の職員にどれだけ差別的なことを言われるのかというのを教えてもらったそうです。で、そのときに、やっと朝鮮の歴史について話を聞いたりするなかで、考え方が変わって、それで「帰化」を寸前でやめて、それをきっかけに、高校生のときに、朝鮮名を名乗るという決断をされました。しかし、そこから始まったのが、いじめだったというお話をしてくださいました。そういったなかで、女性差別も加わって、容姿に対する攻撃も含めて、民族差別発言や女性差別発言を受けたりした、というのを話してくださいました。

在日朝鮮人の民族団体のなかに、七〇年ほど前にできた「在日本朝鮮人留学生同盟」(留学同)という、日本の大学に通う在日朝鮮人の学生団体がありまして、今もその名前で活動してます。そこには朝鮮高校の卒業生もいるんですが、日本の学校にずっと通っていた方もいらっしゃる。そのなかで、やはりみなさん、一人ひとりいろんな経験をされています。もちろん一人ひとり全然違いますけれど、いかに自分が朝鮮という民族と出会ったのが衝撃的であったのかとか、そのなかで同じ朝鮮人の仲間と出会えたことということか、留学同が自分にどれだけ人生の転機を与えてくれたかということをみんな一様にお話しされます。そしてみなさん、「自分が一人じゃないというのがわかった」ということをお話しされますね。高校生の段階でもそうですが、大学生のときに、本名を名乗り始めたと言う方もいますし、先ほど吉田さんがおっしゃったように、朝鮮学校を卒業してても、通名を使っている方はたくさんいます。朝鮮人の前では本名を使っていても、一歩外に出れば、通称名を名乗る人もいるし、私の親も、仕事の都合もあって、通称名を使っています。本当に一人ひとり違うなと思います。

◆朝鮮語を話せない人が疎外感を感じないために

朴金　二つ目の質問が、がコミュニティの関係についてですね。私は三世で、今の一〇代は四世とか五世の子たちが育っていますが、私の活動している範囲では、朝鮮学校の卒業生同士ということもあり、たとえば、言葉とかも、朝鮮語が会話のなかに出てきたりというのはあります。アイヌの場合、北海道のアイヌが先で、北海道外のアイヌはあと、っていうのを聞いて、すごい共通する部分があるなと思いました。日本の学校に通っていて、朝鮮語をほぼ学ぶ機会が持てなかった在日朝鮮人がそのなかに一人でもいたら、そこでその人の存在を念頭に置かずに、朝鮮学校の卒業生が多いからと、朝鮮語を交えた会話をしていると、その人はすごく疎外感を感じるし、きっとその会には、次は出てきにくくなると思うんですよね。そういう思いをされた方はきっとたくさんいて、そういう点については、私も組織の活動家として、常に念頭に置かなければいけないなと思います。それは言語の問題とか、民族の問題だけじゃなくて、たとえば、この座談会のなかにも、たとえばセクシュアル・マイノリティの方がいる可能性も常に考えないといけないし、障害があってもそれが見えない人もいる、ということを常に、いろんな意味で考えないと、自分の活動家としての資質が問われます。そういう意味では、多分間違ってきたこともたくさんあるし、差別発言をしてきたこともたくさんあると思うのですが、そこはすごくセンシティブに考えないといけないと思います。

今は、朝鮮学校の数も少なくなって、朝鮮の民族教育を受けている人も少なくなってきています。これは日本政府の差別政策が非常に大きな原因ですが。そして、日本の学校に通って、自分は日本人だと思ってきたり、今も思っている人がほとんどのなかで、そんな人たちとどういうふうに出会えるかというのは私にとっても課題だと思っています。いろんな意味でのセンシティビティを持ってやっていかないといけないなと思います。

吉田　ありがとうございました。

◆アイヌ語を話せない私たち

宇佐　アイヌの活動を通して、私たちはいろいろな国の人たちと出会っています。すごくいろんな国の子たちがいます。この前会ったのは、モンゴルの学生です。日本語がすごく上手なんですね。「モンゴルの言葉も話せるんですか」と聞いたら、話せると言ってました。私はそれを聞いて、「ああいいね、私たちはアイヌ語ができないんだよね、勉強中で」って言いました。その子にしたら、モンゴルの言葉も日本語も話せるんだけど、モンゴルの言葉が話せることは当たり前であって、「いいね」と言われるとは思ってなかったので、びっくりしていました。

私たちは「羨ましいな」って思うほうが多いんですよ。いろんな国の子たちがいます。お母さんが韓国の人とか、お父さんがインドの人とか。今は、ダブルとか、ハーフとか言われていて、それぞれ父や母の国の言葉を喋れて、私たちは羨ましいなと思います。

しかし、そうした言葉を喋れない子もいます。お父さんがイギリスだけど、日本語で育ってて、英語は喋れない。

「喋れるといいのに、もったいない」って、気軽に言ったんですけど……。最近、「残念ハーフ」という言葉があって、調べてみたら、こういうことでした。つまり、ハーフだったら、「え、じゃあ英語喋れるの」と、私たちの場合だったら「じゃあ、アイヌ語喋れるの」とて言われるのですが、実際は話せないケースも多い。もちろん私たちがアイヌ語を喋れなくなった歴史的な理由というのもあります。でもみなさん、私もそうなんですが、「じゃあ、喋れるんでしょ」って思っちゃうんですよね。「お母さん、フィリピン人？　じゃあ、フィリピンの言葉喋れるの？　英語喋れるの？　いいね」って。私は羨ましいと思うからこそ言っちゃうんですけど、なにか理由があって喋れない場合、「えぇっ！　喋れないんですか！」ってなっちゃうじゃないですか。

その子たちの育ってきた環境や体験を知ったら、やはりそういうふうに思われるのが嫌に決まっています。大学生とかになって、「ハーフだから英語喋れるの当たり前だよね」とみんなに思われるのが嫌で、高校生のときに一生懸命勉強して英語が喋れるようになったという人がいます。その血の滲むような努力は、そんなふうに思われるからじゃないでしょうか。私もそれを見て、「ああそうなんだ、それが当たり前なんだ」と気づきましたが、逆に「英語しゃべれるの？」という問いかけが、その人を傷つけている場合もあるんだなという経験をしました。いろんな国の子どもたちが、今たくさんいて、私は羨ましいなと思うんですが、その子たちにとってはそうでもなかったり、というのがあるので、人それぞれだなと思いました。

＊「残念ハーフ」（編集部注）

ハーフには、とかく「語学」と「容姿」が期待されます。語学は堪能だけど、容姿はイマイチだと「語学だけハーフ」、その逆だと「顔だけハーフ」、そしてどちらも持ち合わせていないハーフは「残念ハーフ」と呼ばれたりすると聞いたことがありますが、この話に悲しい思いを抱いているハーフは、きっと私だけではないことと思います。たとえ冗談でも、「残念ハーフ」などと呼ばれて、いい気持ちがする人などいるはずがありません。もちろん、私自身もまっぴら御免です。だから、死に物狂いで語学を勉強してきました。だから、ティーンエイジャーの頃は必要以上に見た目を気にしてしまっていました。今から思えば、多くの人が抱く「ハーフ」のステレオタイプから外れることに、知らず知らずのうちに恐れを抱いていたのかもしれません。

（出典：岩澤直美 Culmony〔カルモニー〕代表。早稲田大学国際教養学部所属。「「残念ハーフ」は誰が生んだのか――みなさんは「ハーフ」と聞いて、どんなイメージを思い浮かべますか？」ハフ

ポスト、二〇一七年九月六日）

◆「和人（シャモ）みたいな顔しているのに」に込められた思い

宇佐　前にアイヌのおばさんに、どこかで一緒に茶碗かなんかを洗っているときに、シャモって言われたんですね。アイヌは日本人のことをシャモと呼ぶのですが、もともとは差別用語ではないのですが、ちょっとけなした言い方に取られることがあるんです。私には和人の血も入っているので、半シャモって言われるんですよ。慣れていますが。だからアイヌのおばさんに、「シャモみたいな顔しているのに、アイヌのことやって楽しいの？」と言われたことがありました。「いやー、もう、楽しいからやってんだよ、なに言ってんのよ」って言いました。そのおばちゃんは少し酔っ払ってて。ハグされてチューされたんですけど……。

その方の娘さんはアイヌの活動をやっていない。だから、いろんな思いがあっての言葉なんだと思います。わからなかったら「そんなひどいこと言って」ってなっちゃうんだけど、そのおばさんはおばさんなりの思いがあったのだと思います。「娘がシャモみたいな顔してたら、アイヌっていじめられなかったのに」とか。そういうこともあっての言葉だったんだなって思う。だから、冒頭で話した酔っ払いのおじちゃんもそうだけど、容姿でアイヌとわかっていじめられてきた人たちもいますし、アイヌ同士のなかでも、「あの人がシャモだったらアイヌのことを差別してたんだろうな」という目で見ちゃうこともあります。

で、またこれもお客さんの言葉なんですが、アイヌが好きで、アイヌや人権の問題に関わっている人たちが、うちの店が出したホッケを食べて、「いやあ、日本人でよかった」と言ったんですよ。「それなんか、ん？」と思ったんですよ。「それ、意味わかるんだけどね」と。私も日本人として食べて、「美味しいお米が」っていう気持ちもわかるんだけど、そこで「日本人でよかった」って……。やっぱり何人か黙ってしまって、誰もなにも言わなかったのですが、そんな経験もしました。

関東では、活動している人たちがたくさんいますが、いろいろなところの出身者が集まっています。北海道はすごく広くて、端から端までだと、東京から大阪に行くくらいの感覚です。だから、いろんな地方の方言があったり、習慣も違うのですが、関東のコミュニティは、それだからこその集まりとなっていて、いろんな地方の言葉や違った歌、踊りなども吸収できるよさがあります。したがって、大きな感謝祭イベントがあったら、いろいろなところの歌や踊りを混ぜてやれるのが、関東のいいところです。

逆に、北海道へ行くと、旭川、釧路、帯広、それぞれのことしかやらない。「ほかのところのも覚えて知ったらいいのに」と思います。

吉田　難しい質問をしたのにみなさんいいお話をしていただいて、ありがとうございます。

◆東京には部落のルーツを知らない当事者がほとんど

岸本　最後にしていただいたのに、全然頭がまとまってなくて……。私が一〇代後半くらいに、たまたま乗ったタクシーの運転手さんが同じ岸本だったんで、「あ、同じ名前じゃん」って気軽に話しかけたら、運転手さんから「どこの岸本なの、出身どこ?」と聞かれました。うちは父親が小学校くらいから大阪に住んでるんですが、もとは徳島出身なので「徳島の岸本だよ」って言ったら、「俺もそうなんだよ」と言うので、「すごいね、偶然だね」って話をしたら、「ちょっと自分の生まれについて聞いたことある?」と、引っかかる感じで質問されました。私は「あ、この人知ってるのかな」と思い、「部落ってこと?」って聞いたら、「うーん」って。「うちは被差別部落にルーツがあるよ、でもそれはみんながみんなってわけじゃないから、おじさんがそうかはわかんないけど」と言ったら、運転手さんは、「なんかずーっと気になってて、親にも聞いてみたかったけど聞けなかったんだ」と言っていました。たまたまそういう出会いが一〇年以上前にあったんですね。これだけ東京に大勢人がいるなかで、たまたま私は部落の出身者であろう人に出会ったわけなので、きっともっとたくさん、部落出身者がいるんだろうなと思いました。

たとえば、仮に親が解放同盟に属していても、あまり活動には参加していない場合、その子どもは自分が部落出身者であることを知らないケースが多いと思うんですよね。だけど家には解放同盟から書類が届くわけじゃないですか。「解放新聞がうちに送られてくるけど、なんでだろう?」と思っている人が結構いると思うんですよ。そういう人たちが、「部落解放同盟」のことをインターネットで検索すると、とても差別的なことやすごく腹が立つことばかりが書いてあるんです。そうした情報を見てしまうとより一層傷ついてしまいます。

先日誰かが言ってた話の受け売りなんですが、たとえば部落差別をしている文章を読んで、「ああ、部落のやつらって怖いなあ」「あんな奴ら、嫌だな」と思って差別する側に立ってしまった人が、実は自分も部落出身者だと気づいた場合、より傷つくと思う。傷つくっていうか、ショックはでかい。そういう人たちが一人で悩まずに、解放同盟に相談できるようにしなければいけないし、今回施行された部落差別解消推進法のなかで「相談体制の充実」がうたわれているように、きちんと相談に乗れることは、本当に大事なことだと私は思っています。

次に、コミュニティの話ですが、東京にも、部落産業の地域や、古い歴史を持つ被差別部落の地域があります。でも、自分が被差別部落にルーツがあると知って住んでる人って少ないと思うんですね。先ほどお配りした部落差別解消推進法のパンフレットのなかに、「部落差別とは」という説明があり「同和地域に住んでいる、住んでいた、生まれた、本籍を置いてるという理由で、同和地区出身者（部落出身者）と見なされた人が今日もなお差別を受けている、現代の社会問題です」と書かれているんですね。これで言うと、私は部落に住んだこともないし、今も住んでいないから違うんですよ。でも、私が部落差別をされないという保障はなくて、「実際は差別されるかもしれない」という恐怖を抱えている。ただ私自身は、恐怖や不安だけでなく、被差別部落にルーツがあることを誇りに思っている面もあるし、差別をなくそうと解放運動に携わっているわけです。でも、今、実際に被差別部落の地区に住んでいても、鳥取ループのアウティングなどに晒されている人たちは、知らないところで本人と部落を結び付けられて、知らないとこで差別を受けている可能性があるんですよね。

吉田　難しい質問をしたのに、みんな素晴らしいお話をしていただいて、ありがとうございました。

◆インターネットと人工知能における差別の問題

吉田　では、ここからフリーな議論に移りたいと思います。どなたでも手をあげてお名前を言ってお話しください。

近藤　部落解放同盟東京都連合会の近藤登志一です。座談会の雰囲気がもしかしたらちょっと飛んじゃうかもしれませんが、運動課題と言うか、運動のツールと言ってもいいのかな、インターネットの話なんですが、実は昨日、大阪の部落解放・人権研究所の公開講座に行ってきたのですが、「なるほど」と思ったことがあります。グーグルが、今のロボット開発産業に参入して、人工知能研究を加速化しているそうです。グーグルの経営理念は、「人工知能によって世界中の情報を整理し、世界中の人々がその情報にアクセスして活用できるようにする」というものだそうです。そういう人工知能社会が今ものすごいスピードで社会に浸透しようとしている。そうした状況のなかで、差別のあり方というものも、それに相当巻き込まれている。そして我々の運動も、ある程度巻き込まれているんじゃないかなと思っています。今もそうかわかりませんが、スマートフォンに音声で「○○○○は同和地区ですか」と聞いたときに、「そうです」と答えがかえってくることになるかもしれない。インターネット情報を全部分析して、きちんと整理して、こちらの質問に音声で答えるというようになるのは、時間の問題だと思います。

で、同和地区情報というのは、インターネット上の情報を集めれば出てくるわけですね。それはほかの差別との関連でも課題があるんじゃないかなと。あるいはAI自身がヘイトスピーチをすることも考えられるわけです。今みたいに差別情報が多ければ、そういうふうになって来ざるを得ない。そういうときに、我々の運動としてはどうしていくのか、というのが一つの問いだったんですね。これは難しい質問かもしれませんが、インターネットという社会状況、あるいは運動の手段でもあるだろうと思うのですが、それについてどのようなとらえ方というか、感想を持っているのかなと。時間がないと思うので、一言ずつでも言っていただければと思います。

吉田　サブのファシリテーターの服部さんに指摘されたのですが、先ほどの第2部で、尾上さんから、日本ではそれぞれのアイデンティティを押しつぶして、平準化が進行していて、これを乗り越えるためには教育だよね、という問題提起をいただきましたが、進行の不手際で、尾上さんの問題提起がスルー状態になっています。尾上さんの問題提起と、今の近藤さんの問題提起と合わせて、答えられる範囲で自由にご意見をお願いします。

◆反差別を説くAIは可能か？

青木　スマホを持っている人が多いと思いますが、私は二つ折りガラケーの携帯です。AIや人工知能については、ほんとうによくわからないのですが、「ここは部落ですか」と聞いたら、「はい、そうです」と答える人工知能が出てくる可能性がある。では、どうすればいいのかと、本当に思いますよね。今、これが儲かると思ったら、差別でもどんどんやってくるわけですよね。全くわからないです。答えられないです。ただ、AIにいい情報を入れて、「これは人権に関わる情報で、それは差別につながるから答えられません、質問もよくありません」っていうような、答えをしてくれるような人工知能を開発して欲しいと思います。

◆教科書から消される沖縄戦の悲劇

青木　もう一つの教育の問題ですが、教科書問題は、沖縄にとっても、ものすごく深刻です。米軍が沖縄に上陸したときに、日本軍によって、多くの人たちがガマに入って集団自決を強要されました。赤ちゃんがうるさいからという理由で、防空壕から出されて殺されたり、沖縄ではそういうことが数限りなくあり、それが戦後も語り継がれていて、地域のおじいちゃんおばあちゃんもみんな知ってるわけなんです。しかし、二〇〇七年頃の教科書問題で、そういう情報が教科書から消されていった。南京虐殺などもそうですが、安倍政権にとって、戦争に向かうために都合の悪い情報をみんな教科書からなくしてしまう一方で、道徳という教科までできてしまう時代になっているわけです。今、沖縄では、集団自決に軍隊が関わったという歴史的事実を、教科書に復活して欲しいという運動が継続的に取り組まれています。それが実現できていない今の政治状況があるわけですが、もう、やり続ける以外にないですよね。

この間も、道徳の教科書が採択されて、部落解放同盟と区の教育委員会のあいだで、これをどういうふうに運用していくかという話し合いがあったんです。私は、人権と道徳の違いを教えてほしいと質問しました。どれが道徳で、どれが人権なのか。「みんなで人権を大切にしましょう」というのと、「道徳を大切にしましょう」というのと、私たちとどう関係かあり、どのような変化があるのか聞いたのですが、さっぱりわからない。十分な人権教育もされていないのに、道徳教育が始まるわけです。教科書問題は本当に大きな問題です。どうやって取り組んでいいかというのは、これからみんなで真剣に考えていかねばならないと思います。

吉田　ありがとうございました。

◆ヘイトスピーチへの闘いと対抗メディアの模索

朴金　ご質問とご意見、ありがとうございます。一つ目のインターネット上の差別というのは、在日朝鮮人をはじめとした、すべてのマイノリティにとって、ひどい状況になっていますよね。たとえば在日朝鮮人や被差別部落について、ネットからは正しい知識が得られないのは確実です。でも、みんなわからないことがあれば検索してしまうので、どうすればいいのか、という状況だと思います。在日本朝鮮人人権協会は、人種差別撤廃ＮＧＯネットワーク（ＥＲＤネット）の構成団体の一つですが、このＥＲＤネットは、国際人権基準を使って人種差別に取り組むことで日本の現状を変えていくことを目的としています。

先日、日本政府の省庁と交渉したときに、ＥＲＤネットとして、「ヘイトスピーチ解消法も施行されたので、インターネット上のヘイトスピーチの状況について、まず実態調査をしろ」ということを要求しました。街頭で行われているデモの回数を調べたり、外国人に対する差別調査などは、法務省が行いましたが、ネット上の問題についてはほぼ調査もしていない。「被害者から申告があれば、法務局がプロバイダーに削除要請はします。だから法務局に相談してください」という答えしか返ってこないんです。「それじゃ全然被害が救済されてないから問題なんだ」ということを言って、要求をしています。ただちになにかがどうなるわけではありませんが、そういった取り組みは行っています。

欧米などでは、ヘイト発言に関しては、フェイスブックやツイッターは、日本よりはヘイト発言に対応しています。ネット上でどのような発言があるかをチェックする体制を拡充しているようで、職員を増やしたりもしているようです。これは企業側の話ですが。SNS上でもすごいヘイト状況があるというのは、日本も欧米も変わりません。でも、日本の場合、同じ企業であっても、日本法人は全然対応できていないところがあると思います。そういう差別的なデマが一番広がりやすいSNSへの対応も考えていかなければならないと、最近思っているところです。これは課題です。

もう一つ取り組んでいることがあります。私たち人権を考える側が、ネット上で発信していくというのはとても重要ですよね。運動をやってる人たちって、ネットが苦手だったり、技術が右翼に追いついていかないという側面があると思うのですが、そこはどうにか克服していかないといけないと思っています。私たち人権協会も今作っているのが、朝鮮学校や在日朝鮮人に関するQ&Aをベースにした英語版のウェブサイトです。来年お披露目になると思うのですが……。まず、朝鮮学校に関するQ&Aを一五、六個作って、「いつできたんですか」「いまどういう課題に直面してますか」「「高校無償化」からなぜ除外されたんですか」などや、在日朝鮮人の国籍などに関するQ&Aを作っています。この二年くらい制作に取り組んできて、多分、来年にはオープンすると思います。英語だと読者数が桁違いなので、そういうこともやっていこうとしています（報告者注：当該ウェブサイト「Uri Hakkyo Stories」は次のURLで閲覧可。http://urihakkyo.org/）。

◆学校では日本の朝鮮植民地支配について教えるべき

朴金　ヘイトスピーチ解消法が施行されて、それと関連して、ちゃんとヘイトスピーチ問題に対処するようにしなさい、という通知を文科省が出していますが、学校教育現場でそれがなにか具体的に取り組まれているかというと、よくわかりません。きっと現場によって全然違うし、多分なされていないんでしょうけど、運動の観点からすると、ヘイトスピーチ解消法と、その文科省の通知というのを使って、こちら側としても、「こういう法律もできたし、こういう通知も出てるんだから、ちゃんと取り組め」と自治体に要求していくことが大事だと思っているところです。二〇〇二年に人権教育・啓発推進法ができて、文科省は「人権教育をやっています」と言ってますが、その実態がどうなのかというのはあやしいと思います。在日朝鮮人については、拉致問題ばかり強調されたり、逆に在日朝鮮人への偏見を煽るような内容もあると聞いたことがあります。

そうではなくて、日本の朝鮮植民地支配についてちゃんと教えることなどが重要なのに、教科書にはそうした歴史についてほとんど触れられていません。私自身、ジャズをやっている若い人たちに「在日朝鮮人です」と自己紹介しても、ほとんどの方がぽかんとするんですね。「日本が朝鮮を植民地支配していたということすら、ほぼ知らないんだろうな」という感触を得ています。どこから話せばいいのかな……というのはいつも悩みます。でもそういう話をちゃんとしていかないといけないなと思ってます。

二つ目の質問ですが、実際にやっていることとしては、最近、日本の大学で教えている教員に呼んでいただいて、ゲストスピーカーとして、お話をさせていただくことが多くあります。テーマは、朝鮮学校のことだったり、最近だったら、複合差別のことだったり、いろんなテーマをいただくのですが、先日早稲田大学で、在日朝鮮人女性に対する複合差別とその差別撤廃に関する話をしたら、受講した学生が感想文のなかで、「今まで正直言って(日本軍性奴隷制問題の克服を求める)少女像を領事館前に建てるのはさすがにないだろうと思ってたけど、今日の授業を聞いて、ちゃんとした史実に基づいて、植民地支配から勉強しないといけないと思いました」と書いてくれてたんですよ。「これはすごいことだな」と思ったのですが、ほとんどそんな感想でした。学生さんたちはすごく真摯に聞いてくれて、一年生から四年生の選択科目で四〇人くらいの参加だったんですが、こんな八〇〜九〇分のお話で、そんなふうに思ってくれたことに、すごく希望をいただきました。逆に言えば、その方たちがいかに歴史についての教育を十分に受けて来られなかったのかという表れでもあるんですが、学生さんたちは本当に素直で、ちゃんと話せば、伝わる人には伝わるんだという希望をいただきました。こちら側もそういう機会が与えられているから幸いなんですけど、あきらめずにもっと話していかないといけないなと思いました。

◆無自覚なアイヌへのヘイト

宇佐　私たちアイヌも、札幌元市議の「アイヌはもういない」発言だったり、ネット上でのヘイトがひどい状況で、すごく虚しさを感じています。アイヌのことを知らない人がネットで検索すると、「アイヌはもういない」という元市議の発言が出てきてしまう。これはすごい影響力があると思いますし、それなりにこっちが対抗しても、なかなか追いついていないのが現状です。私はネットが苦手なので、ネットが得意な人に一生懸命頼りながらやっています。

ヘイトスピーチのデモの動画を見ると、アイヌ当事者ではない知り合いの男性が「アイヌへのヘイトをやめろ」と、ヘイトデモのカウンターとして、何キロもカニ歩きで対抗していました。その姿を見て、私は身につまされる思いで、「私たちも動かないといけない」と思いを新たにしました。そんな人たちは、ネット上でも言葉を武器に闘っています。もっと私たちも前へ出て、SNSやネットで発信していかなければならないと思いました。

ヘイトスピーチに対抗する方法の一つとして、人権教育があります。一〇年前や二〇年前は、そういう授業は全くありませんでした。東京には、人権教育推進校というのがあって、私たちもここ数年、そういうところから呼ばれて話しに行くことがあります。多分、東京の学校にはアイヌの子はあまりいないと思いますが、たとえば、部落の人が授業に呼ばれて、部落差別について話をするときに、当事者の子どもが目の前にいたらたいへんだろうなと思います。でも、避けては通れないし、伝えていかなければならない。知り合いのアイヌの女の子に聞いたのですが、北海道の小学校に通っているときに、授業で「アイヌについて勉強します」と言われたとき、その一時間は逃げたくて逃げたくてしょうがなかったと言っていました。街にあるアイスクリーム屋さんの看板の「アイス」という字を見ただけでもどきっとするということも聞きました。

また、私の店での出来事なんですが、来月の一月四日に、団体の予約が入りました。サラリーマンの人たちです。「どこで(この店を)知ったんですか」「誰かの紹介ですか」と聞くと、「僕たち、毎年、干支に関する料理を食べているんです。来年戌年なんですよ」と言うんですよ。つまり、「戌(いぬ)」から発想したわけです。北海道では、アイヌを指して、「あ、イヌだ」というような差別表現がありますが、彼らもそこから発想したのでしょう。私は、「「あ、イヌだ」という言葉は、私たちアイヌに対する代表的な差別用語なので、アイヌの人たちの前で絶対にそれ言わないでください」と伝えたら、「え、僕たち全然そんなつもりなかったんだけど」と答えていました。二〇代か三〇代だったでしょうか。たとえば酉年だったら、鶏の美味しいところに行って食べるようなことをしてきたんでしょうね。「えーっ！　そこからきたか」という無自覚。アイヌに対しての知識が全くないからこそだと思うんですが、怖いなあと思いました。先ほどご紹介した、酔っ払ったアイヌのおっちゃんがそこにいたら、たいへんなことになっただろうなと思いました。だから、伝えられる立場の私たちが言っていくしかないと思います。

◆アイヌは「可哀想な人たち」なのか？

宇佐　先週、専修大学の授業で、マイノリティと人権に関するお話をさせていただき、授業後に感想文を書いてもらったんですが、「当事者が身近にいるっていうことの衝撃」という感想をいただき、「伝えることができてよかった」と思いました。来週は日本女子大学にも行くんですが、そこは大谷恭子さんという弁護士の授業に参加させてもらって、お話ししてきます。こういう授業は、大学生が自ら選んで来ているものなので、ちゃんと聞いてくれるんですよね。受講生のなかに、中国籍や在日朝鮮人の方もいて、自分のことに置き換えて聞いてくれました。一〇年前、二〇年前の学校教育とは、今はだいぶ変わってきていると思います。それでもまだまだ足りなくて広めていかないといけないと思っています。

それと、小学校は小学校で、アイヌの歴史を語っていくと、「あ、アイヌって可哀想な民族なんだ」ということになってしまうので、子どもたちには、楽しい文化から知ってもらいたいと思います。私は教師ではないので、難しいと思うのですが、自分が発信できることからやっていくしかないと思います。

もう一つ申し上げたいのですが、みなさんもそうだと思いますが、いろいろな学生や研究者から、たとえば「論文に書きたいので、インタビューさせてください」という申し入れが今まで何回かありましたが、「やっぱりやめておけばよかった」と思うことがありました。マスコミの取材もそうなんですが、「どんなひどいことがありました？」と聞いてくる。「どんなひどいことを言ってくれるんだろう」と期待しているのがわかるんですが、それが私にとって、どんどん辛くなってきています。しょうがないときは対応しますが、あとはテレビ取材や雑誌の取材もなるべく断るようにしています。ただ、「アイヌ文化をちゃんと理解して、取材してくれる」「きちんと説明できるようにしてくれる」という場合は、取材を受けるようにしています。あと、「これっきりにしないでください」「なるべく長いお付き合いをしましょうね」ということも、あわせて伝えています。

吉田　ありがとうございました。

◆企業は差別サイトには広告を出すな！

岸本　みなさんのお話、感心しながら聞かせていただきました。インターネット上の差別書き込みなどは、「本当になんとかしないと」と思っています。ネット上で差別被害にあうと、現在では法務局に相談することができます。しかし、法務局が動いてくれるにはいろいろと条件があったりして、本当に被害者に寄り添えているとは言えません。プロバイダーやプラットフォームのルールも不十分ですし、SNSなどで差別書き込みや差別投稿の違反報告をしても削除されません。差別投稿に対抗できるように私たちもネットに強くならなければなりませんが、実際苦手な人が多いです。私も苦手です。それでも、できることとして、行政にモニタリングを求めたり、差別サイトには広告を出さないように企業に求めたり、差別禁止法を国に求めたりしていくことが重要だと思います。

あと、AIのことですが、先ほど青木さんおっしゃってたように、差別的な質問されたときに、「それは差別です」というように、音声がきちんと人権教育してくれるようなシステムは、実は開発できるんじゃないかなと思いました。差別的な発言をした人に対して、啓発していくようなシステムをグーグルが作ってくれないかなと。被差別マイノリティのいろんな集まりや、人権活動をしている人たちから、声をあげていくことも大切だと思いました。

◆まずは教師への人権教育が喫緊の課題

岸本　それで、学校教育に関してですが、最初にもお話ししたように、息子が小学六年生なので、アイヌや沖縄、部落のことについては、教科書に書いてあるので、勉強したりはしているんですね。それが実際にどういう内容なのかはわからないのですが、仮に学校できちんと取り組んでくれるのであれば、しっかり学んだ子どもが自宅に帰って家族に「こんな勉強をしたんだ」と話すことで、教育を受けていない親の世代も変わるきっかけになると思っています。せっかく「小塚原の腑分けの話」（杉田玄白らが『解体新書』の翻訳のために、エタの虎松の爺さんが行った解剖に立ち会った話）をしてくれたんなら、学校で、部落差別解消推進法のパンフレットを配ってくれれば、「あ、そーなんだ」って、部落問題を広める近道になると思います。でも実際には、部落差別解消推進法に関するチラシを学校に送ってはみたものの、その後学校がどのように活用してくれているのかは、把握できていない状態です。

この間、部落解放同盟の栃木県連合会が、ある地域の小学校を全部回り、一時間の同和教育を行っているという話を聞いて、素晴らしい取り組みだと思いました。そのなかで、学校の先生に、「障害者差別解消法、ヘイトスピーチ解消法、部落差別解消推進法を知ってるか」という質問をしたら、知っている先生が二割くらいしかいないのが実態だったようです。教育者が知らないという現実。子どもたちに教える先生たち自体を変えていくというか、そこを啓発していく必要性があると思います。

◆沖縄へのフェイクニュースを許さない――TOKYO MX『ニュース女子』の功罪

青木　ちょっと言い忘れたことがあります。沖縄で基地反対の運動をしている人たちのことを、「中国の工作員だ」というフェイクニュースがどんどん流されていたりとか、あと、みなさんはすでにご存じかもしれませんが、東京メトロポリタンテレビジョン（TOKYO MX）が放送したネット配信の『ニュース女子』という番組で、沖縄の高江のヘリパッド建設について、レポート風の映像が流されましたが、実際には、現地のレポートではなく、辺野古の座り込みをやっている人たちが救急車を止めて騒ぎを起こしているとか、テロリストみたいだとか、嘘八百を並べたようなニュースが一月に放映されたんです。それに対する抗議行動が今も続いていて、先日、一四日の日に、放送倫理・番組向上機構（BPO）の放送倫理検証委員会から、「それは問題だ」という勧告が出されました。そういうネット配信の番組で、沖縄に対する予断と偏見を助長するようなことが流されているのです。このことは、ひと言、言わないといけないなということで発言させていただきました。

◆AIは開発者の意図を超えて自己増殖する

吉田　ありがとうございます。AI・ネットと差別について、それぞれの現状や取り組みを話していただきました。

社会運動の側は、概して、AIやネットは苦手としている人が多く、一方で、ヘイトする側はネットやネット配信のテレビを巧妙に使っているという実態が浮き彫りになりました。また、優綺さんから触れていただいた人種差別撤廃NGOネットワークには、在日本朝鮮人人権協会をはじめ、八〇を超える団体や二〇人を超える個人が参加しており、反差別国際運動（IMADR）が事務局をしており、マイノリティ団体のネットワーク的な取り組みの一例です。

差別と教育については、教科書の質と内容の問題、人権教育の道徳教育化の問題、人権教育を教える教師の理解力の問題、インターネットがいい加減なことを伝えるのに対して、直接性を大事にして、当事者をちゃんと呼んで子どもや学生にメッセージを伝えていく、などが話されました。個々の教師がオールマイティであるはずがないので、個々の教師があらゆる分野に精通しているようなことはあり得ないんだから、当事者や当事者団体とチャンネルを持つことが大事、などが報告されました。

尾上さんと近藤さん、今の報告について、コメントがあればお願いします。

尾上　興味がわかなければまずは当事者団体にアクセスして聞く、という習慣ができればいいと思います。ありがとうございました。

近藤　私もＡＩの技術とか知識とか深く知っているわけではありませんが、将棋とか囲碁の試合などで、ＡＩがプロの棋士に全部勝つようになった、という話がよくテレビで流れてます。そのＡＩを作った技術者が言うには、ある一定の段階を越すと、ＡＩが自分で勝手に考え始めるので、そのあたりのメカニズムは技術者にもわからないという世界らしいです。最初は、初期情報としてコアな情報、将棋なら夥しい棋譜をインプットするのですが、それ以降はＡＩに自分たちで闘わせて、そうした勝負を何兆回も行うわけです。その段階になると、ＡＩが選択した戦術の理由は、開発した技術者にもわからない。このことが、差別―被差別の社会関係のなかに持ち込まれた場合、どのように現れてくるかはちょっとわかりませんが、それだけに「怖いな」という感覚が余計にあるんですね。だから、一つには、みなさんの言われたように、「人権情報をどう発信していくのか」というのが非常に大事だなと。あとは、法律で規制してどうにかなるのかはわかりませんが、とりあえず法規制をしないといけないのかなという気がしています。

◆情報に関わる倫理綱領や法規制が緊急の課題

関口　全国「精神病」者集団の関口明彦です。ちょっと誤解があるので言っておきたいのですが、いわゆる人工知能、ＡＩが人間の能力を超えるというのが信じられている、ＡＩが人間以上の存在になっているが、そのメカニズムがわからないということになるのですが、果たしてそうなのか。

ネットと情報に関わってお話しになられた部分で、すでにいくつかの問題点があります。グーグルやアマゾン、ヤフーなどは、全部情報を集めているわけです。共謀罪のときに来日した国連特別報告者のジョセフ・ケナタッチさんが提起したことですが、無制限な情報収集をやめさせないといけないと言っています。そして、一つは企業のなかに倫理綱領、「rules of conduct」と言いますが、行動規範ですね。それをきちんと作って、無制限な情報収集をやらせない仕組みを確立することが必要だと。僕なんかに言わせれば、そういうことを規制するような法律をきちっと作って対応するべきだと思っています。

それから、今大問題なのは、NHKなどが、日本政府に対して、「エクスキーロガー」と言う、個人を特定すればその人のインターネット活動が全部わかるソフトを貸与しています。自衛隊にまず入れたという話です。それが今後、日本の警察などに使わせていくという実態もあるわけですよ。

部落問題に関して言えば、ピタットハウス事件（顧客の要望に応え、顧客が希望する取得物件の所在地が被差別部落かどうか、江戸川区に問い合わせし発覚した典型的な土地差別調査事件）ですが、欧米の企業では先ほど申し上げた「rules of conduct」をきちっと定めていて、これに違反した社員は基本的には解雇です。それと同じような「ruled of conduct」を、日本企業にも受け入れさせていかなければならないと、僕は強く思っています。そのような企業の倫理観や行動規範を、きちっと文書化して確立すること。そしてそれに違反したら、解雇を含むペナルティがある、という形にしていかないかぎり、日本社会はたいへんなことになってしまう。

たとえば、障害者の情報がそうです。障害者総合支援法で我々はいろんな給付を受けているわけですが、給付を受けるときに、行政が調査します。そしてそれらの情報が一元的に行政に集められているわけです。すると、「どこその誰が、どういう障害を持っていて、どういうサービスを受けているか」が一目瞭然でわかるんですね。もしこれが流出して、しかも今、障害者が障害者手帳をとる際にもマイナンバーと紐付けされるような形になっているので、無制限に情報が拡散していくと、どんな形で悪用されるかわからないので、そのあたりの法規制を緊急にやらなければいけないと思っています。

吉田　ありがとうございます。ネット情報に関わる倫理綱領、行動基準、法規制が、喫緊の課題であることが、浮き彫りになったと思います。

◆自分自身のアイデンティティをどうとらえる？

吉田　ほかにご意見、ご質問はいかがでしょうか。

大西　國學院大学の大西祥恵です。話が変わってしまいますが、今日、お話しいただいた方、それぞれにご所属があると言ったらおかしいですが、今日のテーマからすると、アイデンティティがとても大事じゃないかなと思っています。たとえば、「所属を言え」と言われると、私なんかの場合は勤務している大学名を言うので、そうすると「研究してるんでしょう」という感じで理解されます。

ただ、私個人からすると、学生のときからマイノリティの問題を勉強させてもらっていて、いろいろな友達とも取り組んできたという過去もあるので、そういう意味では、属している組織と、アイデンティティを比べてみれば、アイデンティティのほうが大きいのではないかと思います。

そういうところで、みなさんそれぞれ活動する場を持ちながら、「自分はこういうところを大事にしている」というような、それぞれの活動に収まりきらないアイデンティティみたいなものがあるのではないかと思っています。今日のテーマからすると、そうした部分も大切なので、よかったらご自身のアイデンティティについてお聞かせいただければと思いました。

吉田　という質問ですが、今日は、難しい質問がいきなりふられる感じになっていますが。

◆沖縄＝琉球こそが私のアイデンティティ
――青木初子

青木　たとえば私の場合、沖縄の闘いと連帯する東京南部の会というのがあります。実はこの団体は個人加盟の団体です。入っている人たちは、結構私みたいな高齢の人で、年金暮らしの人が多い。沖縄の問題に向き合ったときに、一人で動くのもそれはそれでいいのですが、「仲間がいたらいいな」ということで、まわりに呼びかけて作りました。組織名称はいかめしいんですが、個人加盟のゆるゆるな組織なんです。やってることの一つとして、ゆんたく祭り（琉球の祭り。ゆんたくは「おしゃべり」の意）があります。ゆんたく祭りの内容というのは、拳を上げるだけではなくて、沖縄の物産の販売と、絵本の読み聞かせです。沖縄の民話にはいろいろあるんですが、子どもたちがきたら、それの読み聞かせをする。あとは、写真展。沖縄辺野古の写真展や、沖縄の海の美しさの写真展など。そして講演会なども行っており、だいたいこの四つくらいのテーマでやってきています。

今度の講演会では、大浦湾のサンゴである「チリビシのサンゴ」は何万年前に分かれたサンゴで、DNAから言うと、ここにしかないサンゴらしいんですよ。基地が作られて、そのサンゴがなくなったら、もうあとはないくらい貴重なものです。沖縄の海に潜って、それを見つけているのが安部真理子さんという日本自然協会の人ですが、その人を呼んで講演会をやりたいと思っているところです。

私が沖縄の問題で一番訴えたいのは、沖縄県は琉球王国という独立国家で独自の文化をもっていました。日本の文化とは違うものです。小さいころは学校でも地域でも「標準語励行」のステッカーがあちこちにありましたね。

だから、方言＝ウチナーグチを使うのはいけないこと・悪いことと・沖縄は劣っていると思ってきたのです。それでもウチナーグチは地域で使っていましたが……。しかし、公的な場所では日本語を使っていました。ところが、翁長雄志さんが堂々と「ウチナンチュー　ウセーティヤ　ナイビラン」（沖縄の人を馬鹿にしてはいけませんという意味）と言ったときには心が震えました。政治的な課題というだけでなく、ウチナーグチが心をわしづかみにしたのです。言葉っていうのはすごい力だと思いました。沖縄の経てきた歴史を人権の問題として差別の問題として、日本のみなさんに知ってほしいと思います。

日本が高度成長した時代のなかで、沖縄が二七年間米軍の施政権下にあるというのはどういうことか。軍事基地を作るということは公共事業なんですよ。今、いっぱい公共事業で基地を作ることによって、大成建設など大企業が儲かってるでしょう。沖縄に基地を作ることによって、沖縄から朝鮮戦争に行くことによって、沖縄からベトナム戦争に行くことによって、利益を得るのは日本の大資本ですよ。高度成長している日本の資本主義。沖縄はどういう状況に置かれてきたか。その憤りみたいなのがずっとあるので、それを知っていただきたい。なかなか広がらないというもどかしさっていうのはあるのですが、呼びかけ続けるしかないわけです。そういう思いで自分の立ち位置はウチナーの思い、ウチナーのヌチドゥタカラ（命こそ宝）の思い、日本、大和に対する憤り、アメリカ政府に対する憤りがずっとある。それをわかって欲しいというのは、無理かもしれないけど、言葉で発信しないといけない。発信し続けていくという今思いです。今、そういう思いです。

◆人種・民族を超えて：差別問題への取り組みがアイデンティティ——朴金優綺

朴金　ご質問ありがとうございます。私の所属する在日朝鮮人人権協会という団体名だけを見たら、まさに今日のテーマなのですが、人種や民族の部分だけで活動していると思われているんだろうな、というのはあります。でも、人種や民族以外の差別問題にも取り組んでいかないといけないと思っています。第1部の話ともつながるのですが、民族差別だけに対して闘うのではなくて、性差別もそうだし、性的指向やセクシュアリティに基づく差別にも取り組んでいきたいし、障害に基づく差別ということまでは協会としてまだ取り組めていませんが、しかし在日朝鮮人にも障害者がたくさんいるなかで、取り組んでいかないといけないと私は思っています。私は、人権協会に勤めて八年目になりますが、私が入るまでは、性差別問題に関する取り組みはあったのですが、小さな勉強会をクローズドで年に数回開催している感じで、その活動はあまり外には見えませんでした。

しかし二〇一三年頃から、公開で性差別問題に関する連続講座をやったり、国会前でスタンディングデモをしたり、日本軍性奴隷制問題に関しても取り組んできたりしています。私のこの七~八年間は、私のアイデンティティや、私が大事だと思うようなことも活動に組み込んでいくというか、広げていくというような時期だったと思っています。

もちろん民族・人種差別の問題はもともと取り組んでいますが、それだけではなくて、性差別に関しても取り組むということを大事に思っており、性差別撤廃部会として活動してきましたし、今後も広げていきたいと思っています。

実は私もセクシュアル・マイノリティなのですが、セクシュアル・マイノリティに関する取り組みは私が人権協会に入るまではゼロだったんですね。しかし、二〇一五年から、私がそういうアイデンティティを持つということも手伝って、在日朝鮮人のセクシュアル・マイノリティの交流会を主催しています。具体的に言えば、そんな感じです。

◆大好きな祖母、母とつながりを子どもに伝えたい——宇佐照代

宇佐　二〇年前の二〇歳そこそこのときに、初めてアイデンティティという言葉を投げかけられて、「なんじゃ、そりゃ」って思いました。私は、そんなに難しい言葉は使わないし、意味も全然わからないと。「わかりやすく説明して!」みたいなことを言いながら、質問に答えた記憶があります。

最近はアイデンティティという言葉については、ぼんやりとはわかるようになっており、少し意識してきています。基本的に自分としての思いは、「嫌われたくない」というのと、「自分が大事」「自分が可愛い」というものなんじゃないかと思います。また私は、「子どもが大事」「母が大事」「おばあちゃんやおじいちゃんが大事」という思いがつながってきています。ということは、私が正しいと思うことを私はしたい。つまり、母や祖母たちを大事にする気持ちを、子どもたちに見せるということが、私としてはすごく大事なことです。

私は、アイヌの代表でもなんでもないので、自分の考えと体験したことしかお話しできません。だけど、母やおばあちゃんがしたことというのは、同じ人にはなれないにし

ても、とても尊敬できるところがいっぱいありまして、身内にはすごく厳しかったおばあちゃんですが、まわりの人にはすごく優しくておおらかなおばあちゃんでした。

私のおばあちゃんは、亡くなるまで、体が本当に大きくて太ってたんですが、アイヌのおばあちゃんってみんな貫禄《かんろく》があるように見えるんです。おおらかで面白いおばあちゃんであって、厳しいおばあちゃんでした。

母も人の悪口は絶対に言わず、なにかされても我慢してて、文句も言わず。私が警察に捕まったときとか、悪いことしたときもなにも言わず、なにも怒らず、それが逆に怖くて、「まあまあ、そんな落ち込まないで」って言いながらね、やっぱり耐えてくれている母を見て、だんだん私は母に褒められることをしたくなってきたんですよ。

ずっと、母やおばあちゃんたちに褒められたいっていうふうに育ってるんですよ。母が亡くなったときには、私、なにをして生きていけばいいんだろうと考えて、今までもう、母を喜ばせるために生きてきたような感じだったんですよ。母は子どもが嫌いなんですよ。私も子どもがあんまり好きじゃないんですけど。だから余計に、喜んでもらえることをすることがすごく快感だったんですけど。だからこそ、ルーツをたどって、おじいちゃんおばあちゃん、お母さんたちがしてきたことというのを、自分が認識することがすごく自分のためになって、喜びなんですよね。それを子どもたちにも伝えて、子どもが真似できるようなことをしたいというのと、自分が選んだ、ほとんどライフワークみたいになってることを、見せて、子どもが自分で選ぶんでしょうけど、良かれと思ったことをして、つなげていきたいなあと思っています。

私、姉が二人いるんですけど、弟と妹もいまして、弟と妹は小さい頃からいろいろアイヌのことをやったりもしてるんですが、やり始めた頃には、中学生、高校生だった姉たちはあまり関わらずに、多分外でいろいろ公演するのが苦手だったり、人前に出るのが反抗期もあってやらなかったんですけど、最近少し、一緒にやってくれるようになったんですね。あまり無理強いもしないんですけど、なんか姉ももちろんいろんなことがあって、私とアイヌのことを一緒にやるのが、姉の子どももそうなんですけど、一緒にやってくれるようになって、そうやってどんどん広まっていって、これを亡くなった母が見たら喜んだだろうねえって……。

昨日も一緒に歌や踊りの練習しながら言ったんですけど、来年は今までやってなかった姉たちが一緒に活動してくれるというのがすごく嬉しくて、どんどんそれが広まっていくといいなと思っています。これが私のアイデンティティっていう感じかなあ。基本なんですけど。こうやってたくさんの人と触れて、よかれと思うことがうまく伝わればいいなと思って活動しています。

◆解放運動は私の一部――岸本萌

岸本　今、ずっと考えてたんですが、私が生まれたときというか、お腹にいるときから、母は集会に行ったり、支部の会議に行ったりとか、ずっと解放運動をしていたと思うんですよね。子守唄に解放歌や「差別裁判打ち砕こう」とかを歌ってたんじゃないかっていうくらい、私は解放同盟の歌などを聞くと血がざわざわってするし、水平社宣言を読めばぐっとくるときもあります。そういう意味で、部落解放運動は岸本萌の一部というか、大きなことであり続けています。私という人間が作られていく、成長していく過程で、部落と言うか、母と言うか、家族と言うか、解放運動や青年部と言うか、それらを全部ひっくるめて家だったので、解放運動は私の人生の結構大きなものですね。

一〇代の頃って、友だちと恋愛について朝まで語れるじゃないですか。私の場合、全然同和教育などがなかった地域なのに、差別について、無理矢理、友達に朝まで付き合わせて話すような感じだったので、解放同盟というより、解放運動が私の一部ですね。もちろん逃げたくなって考えないようにしているときもいっぱいありましたけど、でも絶対逃げられない、どこまで行ってもずっとあって、ふとしたときに考える、自分の物差しの部分での運動でしたね。こんな感じです。

◆「健康じゃなければいけないのか?」

太田　一言だけ、宇佐さんのお話のなかで、アイヌ料理店での「日本人でよかった」というお客さんの反応があったというのは、なんとなくわからないではないのですが、私なんかも、ある場面で、ある人たちが「健康でよかったね」っていう話をされると、なんとなくカチンとして、「健康じゃなければいけないのか」ということを感じることがあります。でも、自分でも、たまに口にすることがあるくせに、そう思っちゃうんですね。尾上裕亮さんはパソコンに打ち込んで、それを音声に変えて、発言するわけですが、私も言語障害がありますし、障害者は、スピードを求められると、言いたいことが言えなくて悔しい思いを常にしている。それはある意味、しょうがないことかもしれないけど、差別とはなにかというと、自分の持っているしょうがない部分と、まわりの価値観がぶつかり合って、不利益を生じるときに差別が生じると思いました。

吉田　太田さんから、「日本人でよかった」発言や「健康でよかったね」発言の差別性、私の司会・進行に関わるのですが、スピードを求められると、障害者はなかなか発言がしづらいとか、大事なご指摘をいただきました。今日、司会をさせていただいて、そのあたりのことに無自覚で、いきなりふっちゃって、すみませんでした。私、トレーニングができていないことを痛感させられました。

終了予定の時間が来たのですが、せっかくの機会なので、もうちょっと発言を求めていきたいと思うのですが……。

◆当事者の自立的なコミュニティは可能なのか?

柳橋 アカーの柳橋晃俊です。今日はいろんなお話をありがとうございます。ちょっと毛色の変わった質問をさせていただくので、お答えいただければありがたいです。私は、動くゲイとレズビアンの会(アカー)で二五年くらい活動しているんですが、その間に、たびたびセパレーティズム(男女分離主義)というか、「異性愛者に頼るのはやめよう」「同性愛者だけでやっていこう」というほうがいいのではないかと思うことがたびたびあるんですね。人口的に言えば、日本にはゲイとレズビアンが数百万人いて、某経済誌によると市場としての経済規模が二兆円ある。であれば、自分たちで、自分たちが望む社会を作って、それでもどうしても足りない部分だけ、国や自治体に求めるなりしていいんじゃないかと思ったりもしています。

最近、同性婚などが話題になっていますが、私のような歳だとちょっと考えてしまいますが、二〇代とかで、本当に同性婚を望むのであれば、五年間ぐらい語学とスキルを磨いて、オランダでもカナダでも行っちゃったほうがいいんじゃないかな、と思います。「そのほうが手っ取り早いし、得たいものが得られるよ」という気になることもあるんですね。なので、そういう点で、たとえば沖縄の独立運動なんか、結局、沖縄のコミュニティの自立性を求める運動でしょうし、チャシアンカラの会の名前も、自分たちの砦を作るというお話ですよね。被差別部落や、在日だって、自分たちの経済圏を持っている場合もありますよね。そのあたり、日本にいて、社会になにかを望むほうが適切なのか。それとも、ちょっとは自分たちで見極めて自立したほうがいいのではないか。どういうようなコミュニティの構想しているのかとか、そのあたりをお話しいただければと思います。

吉田 同性愛者のコミュニティの可能性を考えるか、それとも、既存の社会との共存共栄みたいなことを求めるのか、そのあたりをどう考えるのか、というご趣旨でいいでしょうか。みなさんに、お聞きしますか?

柳橋 お答えいただける方で……。

吉田　反差別運動というのは、マジョリティとマイノリティの共存共生みたいなことを求めてやってきたわけですけど、そういう方向ではなくて、同性愛者のコミュニティを作って、二兆円規模の経済力を持っているのなら、社会的に自立するっていう選択肢もある。そのあたり、それぞれ、どう考えていますかということでよろしいでしょうか。どなたからいきましょうか。

◆広がる沖縄独立論

青木　よくわからないのですが、沖縄で言えば、特に最近、沖縄独立論が広がってきているんですよね。普通の暮らしのなかで、じゃあ、独立すればどうなのかって思いが湧いてきています。もし投票するなら、まだ圧倒的多数ってわけにはいかないんですが、ある一定程度の人数の人が独立したほうがいいと思っています。独立しなければ、いつまで経っても、日米の植民地化にされたままではないか、という危機意識を持つ人たちもいます。そういう声が結構あって、そういう学会（琉球民族独立総合研究学会）もあって、ただ、まだ大きな力にはなってないと思いますが。独立するには、私個人的には、まだハードルが高いと思っています。

ただ、私の考えは甘いと言う人もいます。独立して、沖縄あるいは琉球になった場合に、小さな沖縄として、米軍基地を追い出して、沖縄のまわりにはいっぱい海洋資源があるので、それを活用すればいいんじゃないかという意見もありますが、私の場合はまだクエスチョンマークですね。

吉田　国家と社会の折り合いのつけ方の話でもあるんですけど……。

青木　沖縄には、独立論とは別に、自治州として、自治権を獲得するみたいな構想もあります。私としては、それはありかなあと思うんですけど、独立ではなくて、香港みたいな感じです。

◆自力でビル（砦）を建てる野望も

宇佐　私も、チャシアンカラも、まだ数年しか経ってないのですが、関東に五〇〇〇人以上、北海道に二万五〇〇〇人以上と言われているアイヌで、活動している人たちは一〇〇人もいないなかで、自分たちの組織だけで運営というのはやはりまだまだ人も足りないし、みんな手弁当でやっているので苦しい状況ですね。だからこそ、地味に一年に一回イベントをやって、いろんな方に協力してもらって、来年もニュージーランドのマオリの人たちとの交流をするんですが、そういう活動を通じていろんな知識を教えてもらいながら、スピードは遅いのですが、進めていく感じですかね。

オリンピックがあるからこそ、政府は少し動いているんですけど、本当は、政府に頼らずやりたいところなんですが、なかなか自分たちだけでは動けないですね。二〇年くらい前に、アイヌ文化振興法という「アイヌの文化は振興していいですよ」という法律ができたんですけど、まだまだ広まらないところもあります。

先ほども言ったように、差別で苦しんでいる人たちが急に公共施設に行って、なにか相談できるかと言ったら、そういうわけでもないし……。アイヌであること自体も隠している人たちが、そんなところに行って相談できるわけがないです。だからこうやって小さいながらも、食べたり飲んだりしながら、ものを言わずに目で会話をしながら、泣いているおじちゃんの手を握ってていうことができるのも、私が微力ながらできることなのかなって思っています。本当はもっともっと、どうせ借金するなら借金して、ビルでも建ててと思っているんです。そんな野望を持っています。

吉田　アイヌにも、アイヌ共和国構想みたいなのがあります。アイヌの場合は、歴史的には国家形成をしないできたし、沖縄の場合は、琉球王朝という国家を形成して来た歴史もある。難しい問題です。コミュニティづくりの歴史には、大正時代の武者小路実篤の「新しき村」とか、戦後の「ヤマギシ会」とか、共同体運動の取り組みは連綿とありますが……。

◆同性愛者の国を作る——クイア・ネーションという運動

柳橋　具体的に例をあげると、アメリカでは、クイア・ネーションという運動があります。「同性愛者の権利が守られるような、同性愛者の国を作ろう」という運動です。実現していないんですが……。そこまでいかなくても、先ほど沖縄で自治を広げていくというお話もございましたが、じゃあ、自治っていうなら、自分たちが必要なものはなんなのかっていうのを、当事者として考えて、当事者のなかで解決できる問題は解決しちゃおうと思っているのです。

私は法律相談関係を担当していましたが、じゃあ、「同性愛者同士の問題は、同性愛者のなかで解決しましょう」「裁判所とか使って、差別的な発言されるよりも、私たちの間で問題解決して、それで当事者同士の問題解決ができればそれでいいじゃないか」というのも考えたんですね。じゃあ、どのレベルまで自分たちでできるのかというのがあるので、そのあたり、国づくりまでできたらすごいですが、そこまでいかなくても、自分たちができる範囲で、自分たちで解決して、「それには外部の声はいらないよ」という考え方もあってもいいのかと思っています。

◆複合差別の問題も視野に入れるべき

朴金　ご質問ありがとうございます。在日朝鮮人の場合は、朝鮮半島が分断されていて、それぞれの祖国ないし母国があるので、沖縄のような独立とか自治とかという話にはならず、少し位相が違うのかなと思うのが一点です。あとは、同じセクシュアル・マイノリティと言っても非常に多様だと思いますし、そのなかで、今日話されたように、アイヌのなかにもセクシュアル・マイノリティはいて、琉球・沖縄のなかにも、在日朝鮮人にも、部落にもいるというなかで、同じセクシュアル・マイノリティだからと言って、人種・民族なり、障害といった差異を見ないようにできるのかと言ったら、それはしてはいけないと思うんですよね。被差別者であるからこそ、違う属性に基づく差別や偏見や、その側面でのマジョリティとマイノリティの立場の違い、というものを消去してはならないし、そうやって消去してしまうと、また違う問題が出てくると思うんですよね。

　これはずっと議論されてきていることですが、それこそ複合差別の側面、同じ女性と言っても、朝鮮人と日本人では立場性が違うとかいうことを考えないといけないと思いますし、セクシュアル・マイノリティと言っても、たとえば同じ同性愛者と言っても、男性同士のパートナーであれば、収入が二倍、つまりダブルインカムの場合が多く、そうではない場合が多いレズビアンカップルとは経済格差が生じるなかで、同じセクシュアル・マイノリティであっても、経済的な側面だけを見てもギャップが生じてしまうわけです。その問題をどう考えていくべきかというのもあります。

　二兆円の市場規模があるとか言われていますが、それは資本の論理であって、企業側がどれだけそこのコミュニティを食い物にするかという、そういう発想に基づいていると思うので、そこに乗っかってしまうのは、私は懐疑的に見ています。やはり抑圧・差別を受ける立場であるからこそ、もっとセンシティブに、いろんな違いを見つめて緊張感を保ちながら、関係を作っていくというのが大事じゃないかなと思っています。

吉田　ほかにいかがでしょうか。

◆マジョリティはマイノリティとの連帯が可能なのか

服部　おそらく今の柳橋さんとのご質問ともかぶるかなと

思うのですが、前回の障害者の座談会のことで言うと、障害のある人と、それ以外の人との間で、どう共感を広めていくかという話になりましたが、今回のお話では、自分たちのコミュニティ、グループ、組織のなかにも多様性があって、その多様性を内部の人々がお互いどのように見つめていって、かつそれを了解した上でつながりあっていくことの難しさみたいな課題が出たんだと思うんです。

自分が被差別当事者であっても、他の差別性を理解することって非常に難しいことです。私自身は、生まれたときから日本生まれの日本人だというふうに、自分を疑問に思わないで育ってきましたから、差別問題の勉強をずっとしていても、それぞれの差別には歴史性があって、なおかつ今もなお差別が起きていることについて、知った気にはなれないんです。私としては、異なる民族の人とも、琉球の人とも、アイヌの人とも、大和の人間としてつながっていけたらと思うし、そういう支配者側の立場に立つ人間が連帯したいと思ったときに、マイノリティの人たちがどれくらい信じてくれるのか、とても不安に思うことがある。それこそ、日本が捨てられちゃってもしょうがないよね、と思うんです。

吉田　さて、終了の時間になりつつあるんですが、どうしても発言したいという方がいらっしゃいましたら、お願いします。

堀　部落解放同盟練馬支部の堀です。質問だけ簡潔に。在日と日本人、沖縄とヤマトと言った場合、それぞれどういうふうに接していけばいいのかなと、実践例とかが聞ければと思います。というのも、私は部落出身者ではなくて、初めから解放同盟に入ってなにかをやろうと思っていたわけでもなく、たまたま練馬支部に入って、ましては支部長になるなんて夢にも思っていませんでした。練馬支部員から「支部長になってくれ」と頼まれて、支部長を引き受けました。今、支部員の子どもさんが部落解放運動にすごく反対してて、なんで差別されるのに、人の前でわざわざ部落だって言って歩く必要があるのって、ものすごい反対してるんです。部落外の俺がそそのかして、自分の地位を保つためにやってんだろう、みたいに言われて、夜の九時から朝の九時まで問いつめられたこともありました。言葉を尽くしても、なかなかわかってもらえなくて、こういうケースの場合、にどう接したらいいのか、正直言って、答えが出ていません。それをちょっと……。自分の問題意識だけで申し訳ないのですが……。

吉田　ありがとうございました。最後に、服部さんの問題提起と、堀さんの問題提起を踏まえていただいて、四人の登壇者の方々からまとめのコメントをお願いします。

◆マジョリティとマイノリティの連帯が闘いを支える

青木　まず、服部さんのお話ですが、それはもう、ありがたいですよ。私の場合で言うと、日本のなかに、沖縄のことについて理解を深めて、一緒に抗っていきたい、闘っていきたい、というところに立ちたいという人が一人でも多くいるということは本当に嬉しいことです。実際、辺野古でがんばっている人のなかには、日本から来て座り込んでいる人がいっぱいいるんですよ。だから、そういう意味では、そういう人たちも含めて、今の辺野古の闘いがあるのです。それは本当にありがたいです。

堀さんの問題提起は、すごく難しいですよね。私は時間が必要だと思います。子どもって反抗したりするじゃないですか、絶対に。私は部落差別と闘うことは正しいことなので、正しいって言ったら変ですが、あるべき姿だと思うので、必ずわかってくれる時期がくると思います。今はそうかもしれないけど、今はちょっと遠くの方からみて、そっとしながらその時をまつ。その人はいくつ？　え？五〇歳の女性が反対してるわけ？

堀　家族全部で反対してる。

青木　あの、ちょっとそれは、五〇歳とは……。中学生くらいかと思って、すみません、難しい。

朴金　本当、難しい。

◆「可哀想な人たちにやってあげる」の差別性

吉田　次は、宇佐さん、お願いできますか。

宇佐　先ほどもお話しましたが、学生さんの論文のための聞き取りとかは、本当に何回かは嫌な思いをしています。「またか」っていうことがよくあるのです。このあいだもお断りしました。私の話を聞きたかったり、私と話したかったら、ハルコロにご飯を食べにきて、合間に聞いて、というくらいにしてほしい。その仲介してくれた人に、「その子の論文のために、何日間か何時間かなにかお話をして、その子が論文を作って学校で発表して、その後その論文はどうなるわけ？」と聞くと、「いや別に。学校の先生に見せるだけ」だと言う。そこから発展してなにかあるんだったらまだしも、なかなかそういうこともなく、前にもでき上がった論文見たら結構、「うわ、こんな内容になるんだ」っていうことがあって、ちょっとひどかった。私たちはなるべく本音で話して、お伝えしたいんですけど、「わざわざ時間を作って、私たちにはなんの利益があるの？」って思います。

それと、「可哀想な人たちに対して、やってあげてる感」

「可哀想な人たちに対してやってやってる感」というのが途中からわかるようになってきて……。それがすごく嫌なのです。そんなだったら、別にお付き合いしなければいいわけですし、そういう方もなんだろうな、可哀想な人たちと思われて、なんて言うんでしたっけ、そういうの？　わかんないけど、偽善者なのかなあというケースがすごく多い。そういう人がいると、本音では付き合えなくなるので、難しいと思いますよね。私たちがそれなりにがんばっている姿を見たら、ついてきてくれるんじゃないかなっていうふうに思っていますし、思いたいですよね。

◆マイノリティ同士の共通点が連帯を作る

吉田　ありがとうございます。次は、萌さん、お願いします。

岸本　今日、みなさんとお話しさせてもらって、やはりすごく共通点があって「ああ、そうだよね」という部分と、同じマイノリティと言っても「えー、そうなのか」という部分もあり、いろんな立場によってそれぞれいろんなことがあるんだなと思いました。そんななかでも、共通点があるからこそ、手をつなぎやすいというか、連帯しやすいんだと思うし、それぞれ小さいけれど、みんなの声を合わせれば大きな声になると思うので、連帯していくことが大事だと思います。

それとともに、やはり、一〇〇人いたら一〇〇人の考え方があると思うので、出自を隠して生きていきたいという人に対して、「いや、言うべきだよ」というのはすごい押し付けだと思うので、その人に自然に寄り添っていくしかないのかなと思います。その人のいろいろな経緯とかもあるのだろうから、その人の経緯をきちんと聞いて、理解して、寄り添っていくのがいいと思うし、そういったいろんな人の考えを共有できる人間になりたいなってすごく思いました。

◆「自分はなぜマジョリティたり得るのか？」を考えてほしい

吉田　次は、優綺さん、お願いします。

朴金　すみません、考える時間をいただいたのに、グチャグチャになると思いますが、私、ゲスト講師などで呼ばれたときに、「マイノリティを可哀想な存在だと思わないでください」って最後に言うんですね。そうじゃなくて、「自分がある側面ではなぜマジョリティたり得ているのか、というところを考えてください」と言っています。マイノリティの存在について知るということは、すなわち自分のマジョリティ性、自分が無自覚に持っている特権に気づくということだと思いますし、それが、私にとっても重要なことだと思います。カミングアウトしても、現状は変わらないし、差別されるだけだし、隠しておいたほうがいい……と、ほとんどみんなそう思うかと思います。だけれども、やっぱりマジョリティを変えないと、自分たちの状況が変わらないというところで、みなさん活動されたり、研究されたり、日常生活のなかで苦しんだり、ちょっと小さなカミングアウトを勇気を持ってしてみたりとか、そういう日常を紡いでおられると思うんですよね。なので、私は、少なくとも、活動家をやっている身として、自分のプロフィールに見合うようなことをやらなきゃって、いつも自分を奮い立たせているつもりではあります。だから、服部さんのおっしゃった支配者側に立つ人間がどれだけ信じてもらえるのか、というのはすごく難しい問いだなと思いますし、それは私にとっても、私がマジョリティである側面についてては本当にそう思うし、それは常に、努力をするしかないのかなと思います。

私の場合は、やはり「すぐ信じられる」ってことはないですね、自分の民族とかの側面では……。だからこそ、この場がすごく貴重だし、マイノリティ同士がつながったり、マイノリティとマジョリティが交わり合ったり、萌さんがおっしゃったマイノリティ同士が連帯するというのも、すごく大事だと思います。そのなかで、お互いの差異も見つめながら、お互いの立場を認識しながら、緊張感を持ちながら、どう手をつないでいくかっていうことを考えないといけないないとも思います。ありがとうございます。

吉田　ありがとうございます。第1回座談会に続いて、本日の第2回目も、七時間を超えるような座談会に、毎回二〇人を超える人が集まっていただいています。四人の登壇者含めて、ご参加のみなさんにいろんなコメントいただいて、本当にありがとうございました。あらためて、四人の登壇者にお礼の拍手をお願いします。

第3回

座談会

ジェンダー／戸籍／DV被害

問題

第1部 当事者からの報告

【登壇者】
柳橋晃俊さん(動くゲイとレズビアンの会〔アカー〕)
田中須美子さん(なくそう戸籍と婚外子差別・交流会)
大塚健祐さん(レインボー・アクション)
吉祥眞佐緒さん(エープラス)

【司会】
服部あさ子(専修大学)

1 柳橋晃俊さんの報告/ゲイ

▼中学三年生のときに自認

動くゲイとレズビアンの会(OCCUR:アカー)の柳橋晃俊です。一九六三年に北海道で生まれました。そして一九九二年にアカーに入会。アカーでは、主に人権・アドボカシー分野の活動に関わってきました。現在は電話相談と、そのほかの相談サービスや法律サービスの活動を主に担当しています。

運動に入ったきっかけは、アカーが一九九二年に刊行した『ゲイ・リポート　coming out!——同性愛者は公言する』という書籍を読んだことがきっかけです。アカーは、府中青年の家の利用をめぐって、一九九一年から東京都と裁判（以下、「府中青年の家裁判（注）」）を闘っていたことは知っていましたが、裁判が起こされたときは、「ああ、日本にもやっとこういう団体ができたんだ」くらいの感覚でした。その後、裁判については、特に意識していなかったのですが、この本を読み、私がアカーに参加するようになってから、この裁判にも深くコミットすることとなりました。以下で、その話をしたいと思います。

私が、男性に関して明確な恋愛感情を抱いたのは中学校三年のときでした。それから、中学、高校、大学に通うあいだも、好きな同性はいましたが、まわりに対して特に隠すということはしていませんでした。男性のほかに女性にも恋愛感情を抱いていたので、自分はバイセクシュアルだと思っていました。

中学校から高校にかけて、「自分が男性同性愛者ではないか」と意識するなかで、様々な文献を調べてみました。しかし、一九七〇年代の日本では、同性愛者を肯定的に評価する文章はほとんど見当たりませんでしたし、辞典類には、「異常性欲」「性的倒錯」「治療がなかなか難しい」程度の説明しか出ていませんでした。いろいろな文献を読んで、私が最終的に下した結論は、「心理学と精神分析の本が言っていることは嘘だ」ということでした。「こんなインチキなロジックに俺は引っかからないぞ」と理論武装して、周囲の友人に対して、「俺は○○君が好きなんだよ」と話をし、「お前は変態だ」「なんかおかしくない？」と言われたら、それを全部、論理と事実によって論破してきました。論破された相手はその後、私に対しては、二度とそういうことを言ってこなくなるので、学校生活における差別やいじめに関しては、ほとんどありませんでした。

▼アカーとの出会いと「府中青年の家裁判」へのコミットメント

その後の一九九二年頃、私は、異性愛の男性に恋愛感情を持ち、基本的には

柳橋晃俊さん（動くゲイとレズビアンの会〔アカー〕）

片想いなので、「自分はなんなんだろう」と深く悩んだときに、先に紹介した『ゲイ・リポート』という本に出会ったわけです。そしてそれを読んで、「やはり自分のアイデンティティの立て方にどこか無理があったのではないかと感じ、一度当事者の団体に関わってみようと思い立ち、本を読んだ感想を書いた手紙を送ってコンタクトをとりました。

すると、数カ月後にアカーの方から、「そういうことなら事務所に来ませんか」という手紙が来たので、一九九二年の年末にアカーの事務所を訪問し、面会しました。私自身は、当時まだ大学院に所属していて、憲法の研究に携わっていたので、「裁判にも興味があります」という話をし、翌年の九三年から、アカーの活動に関わるようになりました。

当時アカーでは、「府中青年の家裁判」に取り組んでいました。裁判は一九九三年にほぼ結審するという最終段階に入っていたので、基本的な理論の組み立てについては、すでにアカーの人たちが弁護士と一緒に構築していました。ちなみに、アカーには、裁判を中心に扱う「裁判闘争本部会」という部会があり、ここが「府中青年の家裁判」への対応を行っていたのですが、最終段階で、最終準備書面が必要となり、せっかくなので、「最終準備書面のたたき台を私に書かせてほしい」と言ったら、「それじゃお願いします」という話になり、私が担当することとなりました。

それで私は、裁判記録をざっと全部読み、憲法から始まって、「○○法の何条に違反」などと下案を作っていたのですが、同性愛者に対して向けられる東京都からの議論が、どうも自分に向けられている議論として、次々に心に引っかかってくるという経験をしました。東京都からの文章を読み、それに対する反論を自分で書いているときに、自分でも信じられないくらい、ボロボロと涙がこぼれてきました。涙でワープロの画面がかすむので、目を拭いてキーボードを打ち、また泣いて目を拭く、ということを繰り返して文章を作りました。それまで私は、自分なりに恋愛関係もうまくやってきた（やり過ごしてきた）し、自分が何か問題を抱えているという意識は持っていませんでした。しかし、最終準備書面を書いているときに、自分が自分のことをどれだけ抑圧してきたのかということを初めて自覚したわけです。そしてこの経験が、自己受容する転機になったと思います。

▼自己受容に至った様々な経験

次に私が、自己受容するに至った経験として、「ライフヒストリー・セッション」があげられます。同性愛者自身は、自分が育ってきた状況や、自分がどういう思いを抱えてきたかということに関して、他人に話す機会がなかなかありません。そこでアカーでは、自分が今まで同性愛者としてどう考え、どう生きてきて、そしてどのように思っているのか、ということについて話をする「ライフヒストリー・セッション」を行っていました。

個別のテーマを設定して短い時間で話す場合もあれば、長い時間をかけて、生まれてから現在に至るまでのライフヒストリーを話すケースもあります。ライフヒストリーを行うときは、「相手に対して批判をしない」「話の腰を折らない」という約束事があり、一方で質問をするときも、いきなり質問するのではなく、「自分の場合はこうだったけれど、このときあなたはこのように思っていたのですか」というように自分の場合も話しながら質問をするというような約束事もありました。私はこの「ライフヒストリー・セッション」を通して、「そのとき自分はどのように思っていたのか」を振り返ることができたのは、自分にとって非常に大きなことでした。

それから私は、一九九四年に、ニューヨークで開催された、ストーンウォール事件の二五周年を記念したパレード「1994@NY」に参加したことも、自己受容につながりました。ストーンウォール事件とは、一九六九年六月二八日、ニューヨークのゲイバー「ストーンウォール」に、警官が強制的な踏み込み捜査を行ったことに対する大規模な抗議行動のことで、同性愛者が初めて警察に立ち向かった出来事と言われています。で、この事件の二五周年を記念して、「1994@NY」が開催され、全米だけでなくヨーロッパや中南米をはじめとした世界各国から、レズビアン、ゲイ、トランスセクシュアルが来て、大きなパレードが催されました。そしてパレードのほかに、いろいろなワークセッションが行われたのですが、そこに参加すると、まわりはみんなレズビアン、ゲイ、トランスセクシュアルなので、今まで気にしていた「枠組み」というものが全くないのです。何を話しても、ストレートに通じる。むしろ、ここに異性愛者が混じっていたらかえって居心地の悪さを感じるのではないかとも思いました。「ああなるほど。自分が居心地のいい感覚って、こういうことなんだな」ということを実感しました。

このようにアカーの運動に参加してから、一九九三〜九四年頃に「自分はゲイなんだ」というゲイアイデンティティを確立することになりました。「このようなアイデンティティに揺らぎはないのか」と言われれば、必ずしもそうではない部分があるのですが、「自分は何を考えているのか」「自分は何をしたいのか」と迷ったときに、自分が立ち返るべきところがそこにあることを、そのときに経験したのだと思っています。

▼「HIV／AIDS問題」への関わり

闘い等の切実な経験として、まず「HIV／AIDS問題」があげられます。一九八一年に、アメリカで初めてエイズ（AIDS）患者が見つかりました。「基本的にはゲイ男性に多くある病気だ」ということで「Gay cancer（ゲイのガン）」という呼び方をされたり、「血友病」「ホモセクシュアル」「ハイチ人」「ヘロイン常習者」に多い病気だということで、「4H（それぞれの頭文字）」などとも言われていた病気です。

最初の段階では、原因も不明、治療方法もなく、感染からの数年後には必ず死ぬ病気として恐れられていました。日本でも一九八五年に、アメリカ在住であったゲイのアーティストが、たまたま日本に帰国していた時期にAIDSと診断され、第一号患者として報道されました。

その後、一九八七年前後に、女性セックスワーカーの感染者が見つかったということで大騒ぎになり、HIV感染者を閉じ込めようという、社会防衛的な法律案が検討されました。そのとき、私はまだアカーの存在も知らなかったのですが、「それはさすがにおかしい」と思い、抗議デモがあれば参加し、研修会があれば行って学習したりしていました。

その後、AIDSの原因はウイルス（HIV）だということがわかり、感染を防ぐ方法も次第にわかってきました。治療方法自体はまだ見つかっておらず、対症療法しかできないのですが、基本的には感染力が弱いし、感染経路もほぼ決まっているし、「そこまで大騒ぎするほどの話ではないのではないか」と考えていました。むしろ課題は、苦しんでいる感染者をどうやってフォローできるのか、ということにあり、どうして差別をされなければならないのか理解に苦しんでいました。

当時アカーは、裁判をはじめとするいわゆるアドボカシー系の活動と、ＨＩＶ／ＡＩＤＳ問題に関する活動の二つを活動の柱にしていたので、私もアカーのエイズ問題の活動に関わりながら、「なんでこんな大問題になっているのかわからない」という話をしていました。

▼被差別当事者から出てきたＨＩＶ差別

実際問題として、公衆衛生の立場から、「病気を蔓延させないようにしたい」という感覚が出てくるのはわかるのですが、私が一番疑問に思ったのは、当事者であるゲイの男性のなかから、「感染者を排除しよう」という意見が結構出てきたことです。「あなただって感染する可能性がある当事者ではないのか。なんで排除ができるのか」と、非常に疑問に思いました。

一般的な理屈で言えば、治療方法自体は基本的にないので、「ＨＩＶに感染したら自分はどうなるんだろう」という感覚は持つだろうし、同性愛者として差別されているから、「これ以上重荷を背負わさないでくれ」という感覚も当然あるだろうし、被差別当事者であれば、自分の問題を解決するのに非常に大きな労力を使っているので、ほかのところまで気が回らないということはわからないわけではありません。しかし、私が相談業務をやっているなかで、「ＨＩＶに感染させられたから訴えたい」という相談があり、「どんなことがあったのですか」と聞くと、感染経路にはまるような行為はないわけです。しかし、「感染者のくせにセックスするのは許せない。殺人未遂だ」というような訴えを聞いてしまった結果、私はその人を理屈で説得したり、自分のなかで理屈で納得しようとすることが、全くできなくなってしまいました。逆に、私が感情的に対応した場合、「お前のような奴がいるから同性愛者は差別されているんだ」というところまで言ってしまいそうで、問題が完全に泥沼にはまってしまいました。

むしろ異性愛者や疫学系の人たちが言っていることに対しては、理屈として反論もできるのですが、同性愛の当事者のなかからそうした差別が出てくることについては、自分のなかでも引っかかっていたところです。

▼「性的指向概念」は差別を助長する？——ゲイスタディーズでの経験

次に紹介したいのが、「ゲイ（クィア）スタディーズ」の問題です。九〇年代の半ばに、ポストモダンの方法論を使った「ゲイスタディーズ」という事象分析の手法が出てきました。研究している人たちは、現状をいかに批判的な目でとらえるかという視点に加えて、現代の問題から排除されていることに対して当事者がどういう分析をするのか、というものでした。アカーの会員であり、アメリカでゲイスタディーズの研究をされているゲイの方がいらして、ちょうどいい機会だということで、連続の学習会を行いました。分析手法としてはものすごく優れている部分があり、「これは面白い」と思いました。ただ、ちょうど一九九七年にアカーの裁判が結審して、同性愛については性的指向の概念でとらえることがほぼ一般的な理解になっていたのですが、そこで、ポストモダン系の人たちから、「性的指向という概念を持ち出すことによって、差別を助長するのではないか？」という意見が出てきました。私は、「それは逆じゃないのか？」と思いました。つまり、今までは「異性愛対同性愛」として、「正常対異常」という二項対立があったものを、性的指向という概念を入れることによって、性的指向というのは、異性愛と同性愛、あるいは無性愛などいくつも概念が広がりを見せると同時に、これらの概念は価値として同じものだと考える枠組みなのだから、「性的指向は差別を助長する」という批判は方向性が違うのではないかと思ったわけです。これまで、同性愛などセクシュアリティの問題に関わってきた当事者が、やっと新しい人権課題として取り上げられるようになった段階で、わざわざそういうピントの外れた批判をするのかというところに、私は引っかかりを覚えました。

▼当事者間のトラブル相談の経験から

三番目は、「法的に存在しない同性愛者の問題」ということで、「当事者間トラブルと背景にある差別問題のからまり」について、お話ししたいと思います。

アカーでは一九九九年から、主に同性愛者とＨＩＶ感染者向けに、電話による法律相談を始めました。当初は、会社や学校で受けた差別の相談や、ゲイバッシングの相談などを想定していました。ちなみに、ゲイバッシングとは、同性愛者に対する暴力や脅迫、恐喝、嫌がらせなどのことを言います。一九九九〜二〇〇〇年には、同性愛者が恋愛やセックスをするために集まる公園において、最終的に強盗殺人にまで至った、同性愛者に対する連続暴行事件がありました。そういうバッシングの問題に関しても、相談を受けたいというニーズがあり、相談のホットラインを設けたのです。最初はそういう相談ができる場所がなかったということで、結構な件数の相談電話がかかってきたのですが、相談のおよそ九割は当事者間のトラブル問題でした。しかも、「〇〇をしないと、お前が同性愛者だとバラす」などのような、脅しや脅迫を受けているとの相談がほとんどでした。当事者だからこそ、「自分の弱みが相手の弱み」だということをわかった上で、そういう形で脅しをかけてくるわけです。「なんでそこまでやるか」という疑問が、私の頭のなかに引っかかり、「当事者で、仲間意識とか、共同体意識とかないの？」と思わざるを得ませんでした。そして、そこが引っかかると、「当事者の間でそんなにバラバラだったら、なんでこういう活動をしないといけないの？」という、私のなかでの運動への動機づけが、みるみる低下してしまう事態になってしまいました。その動機づけの部分を、どうやって立て直し、あるいはやり過ごしたりするのかが、私の場合は、とても重要な闘いであったといえるでしょう。

先ほどのゲイバッシングの話について補足すると、先に説明した殺人事件にまで発展したゲイバッシングの数年後に、別の傷害事件があったのですが、このときは当事者の間から、「そんなところに行くほうが悪い」「そこで犯罪にあったのは自己責任」という意見が出てきて、「お前らなに考えてるんだ」と思うくらい、当事者の意識自体がずいぶんと変わってきていると実感しました。これは多分、当時起こったイラクの人質事件における「自己責任論」の流れだったのではないかと思っています。

家族との関係とカミングアウト

私の家族やコミュニティの反応ですが、私は家族へのカミングアウトは、母親を除き、一通りすませています。私が家族にカミングアウトしようと思ったのは、アカーに入ってからなのですが、実はそれを思い立ったときは、母親はすでに末期ガンの状態で、余命数カ月の宣告を受けていました。「さすがにここでカミングアウトしてそれが受け入れられなかった場合、私が母親の死期を早めたのではないか、という自責の念に駆られるだろうな」と思い、結局母親にはカミングアウトできませんでした。

その後、父親や兄、弟、妹にはカミングアウトしましたが、反応は様々でした。でも基本的には、高校を卒業した後はずっと東京で一人暮らしで、家族とは日常的に交流しているわけではないので、今のところ何の問題も起こっていません。ただ今後、自分が年をとったり、何かの事情で自立的な生活ができなくなったときに、家族の関係を選ぶのか、同性愛者との関係を選ぶのか、という問題は、もしかすると出てくるかもしれません。

職場でもカミングアウトはしています。ただ、新しく入ってくる人にいちいち言う必要もないので、そのへんは言ってはいませんが、特にそれで問題になっていることはありません。職場自体が弁護士事務所なので、人権意識はあるというか、さすがに「差別はまずいんだろうな」くらいの認識は多分あると思いますが。当時付き合ってた彼氏を、仲のよい職場の女性弁護士や同僚に紹介したこともありましたし、家族でも、妹には彼氏を紹介したこともあります。自分が知らないうちに、二人だけで飲みに行っていたこともあったので、特にカミングアウトによる被害については、私の場合はありません。

未組織当事者へのメッセージ

未組織当事者へのメッセージとしては、自分の欲求に素直に向き合ってほしいと思います。私はよく、「自分がどうなんだろう」という相談を受ける機会があります。そのようなとき、まずは自分のなかで、「自分がどういう欲求を持っているのか」「その欲求を満たすために何がしたいのか」「そのためにどうすればいいのか」という順序で考えていかないと、うまく話が進みません。ですから、そこは大事にしてください。

それから、場の空気を読むより、他者認識を意識してほしいと思っています。まずは、次の五項目を読んでみてください。

①聞き手がシスジェンダーの異性愛者であることを想定した発言や冗談を控える。
②答える側がカミングアウトするか否かを迫られるような質問をしない。
③当人への確認なく男性に「くん」、女性に「さん」をつけて呼ぶなど、相手の性別を断定する対応をしない。
④性的少数者のことを、聞き手にとってなじみのない、その場にいない存在であるかのように語らない。
⑤カミングアウトしている構成員だけがその場にいるセクシュアル・マイノリティだとは考えない。

これは、清水晶子「大学は〈大学〉を守れるか」(『世界』二〇一六年一一月号)というセクシュアリティに関する論文のなかで、「こういうことを意識するかどうか、考えてみてください」としてあげられた項目です。

私自身、これを読んだときに、「こんなことはいちいち考えていられない」と思いました。ただ、これ自体は、ポリティカルコレクトネスとしての言葉の規制の問題だけではなく、セクシュアル・マイノリティの当事者がどういう状況にいるかを、マジョリティの側が考える際に重要なポイントを表しています。「マイノリティの側はこのような重圧を常に感じているんだよ」ということを、マジョリティに意識させるためのものだと言えるでしょう。単純に、「もし自分がその人の立場だったら」というだけではなく、セクシュアル・マイノリティの当事者と向かい合っているマジョリティの人が、「一体どういう状況のなかで、セクシュアル・マイノリティの当事者は、そのように考えざるを得なくなったのか」ということを認識しなければ、人権問題の解決に向けた大きな進展はなさそうです。

であれば、セクシュアル・マイノリティ当事者としては、日本で生きていくなら空気を読まないといけない場面も多いのでしょうが、マジョリティの無頓着な部分を頭に入れて、何を伝えたいのか、あるいは、何を伝えていくべきなのか、どのような言葉を使って説明をしていけば自分たちのことをよりよく伝えていけるのか、といったことを考えていかなければならないと思います。もちろん、これ自体が非対称な関係性で、なぜ、マイノリティだけがそうしなければならないのかという問題もありますので、マジョリティにも十分考えてもらいたいことですが、それを伝える言葉を持つという意味も含めて考えられればなと思います。また、そうしたセクシュアル・マイノリティ当事者としても、他の自分以外の当事者やその他のマイノリティに関して考える上での一つの基盤になるのかなということで、どこか団体に所属してくださいというよりも、そのへんを意識してもらえればいいなというので、あげておきました。

以上です。

（注）府中青年の家裁判

アカーが、会員らの研修・交流を目的として東京都の府中青年の家を宿泊利用しようとした際に、東京都が、アカーが同性愛者の団体であり、性的指向の向き合う人が同室に宿泊することが問題であること（男女同室宿泊禁止ルールの類推適用）などを理由に宿泊利用を拒否したことを不当として争われた裁判。一九九四年に一審判決、一九九七年に二審判決が出て、いずれも東京都の宿泊拒否は違法であるとの判断が下された。

2 田中須美子さんからの報告／戸籍・婚外子差別

▼夫婦の対等な関係を志したきっかけ——子ども時代の経験

なくそう戸籍と婚外子差別・交流会の田中須美子です。婚外子差別撤廃と女性が結婚せずに出産しても差別されることのない社会の実現に向け、三〇年闘ってきました。

私は戦後すぐの生まれで、父母と父方の祖母と姉、兄の計一一人家族の末っ子に生まれ育ちました。私を除いたきょうだいは全員、戦前の家制度のもとで生まれ、みな家意識にどっぷりつかったなかで生きてきました。そのため家族のなかの、夫婦関係、嫁姑関係、親子関係、きょうだい関係どれをとってみても、すべての関係が支配―従属関係で結ばれているという、非常に息苦しい家庭のなかで育ってきました。

私の家は戦前は経済的にはまずまず裕福だったようですが、戦後は経済的に苦しくなってしまったこともあり、家意識・家制度が揺らぐという状況のなかで育ちました。戦後生まれということも影響し、「なにかこの家はおかしい」「なんでこんなに自由じゃないのか」「なにかものを言えば押さえ付けられる」「なぜ女性だけが家事をしなければいけないのか、おかしい」ということを、日々感じながら育ってきました。

私がまだ幼い頃、父はいつも「自分は、この田中家の天皇である」と言っていました。戦前の家庭は、当時の日本の国が天皇を中心に成り立っていたのと同じように、家のなかでは、父親が天皇として君臨するという形で成り立って

田中須美子さん（なくそう戸籍と婚外子差別・交流会）

いました。また、母は嫁として姑に逆らえず、どんなに悪口を言われてもただただ耐え忍んでいるその母の姿や、浮気し放題で、浮気がわかり母が責めると父が母に暴力を振るうという父と母の関係を見ながら、このような支配・被支配の夫婦関係は、絶対に自分は作らないといつしか思うようになりました。性別役割のない対等な夫婦関係を作りたい、嫁扱いをされない関係を結んでいきたいと思うようになりました。

▼ジェンダー・バイアスな日々——パートナーとの共同生活を始めて

パートナーと共同生活を送ることにしたとき、一方の姓を捨てさせられる婚姻届はせずに、お互いの名前を大切にし、性別役割のない対等な関係を作っていこうと決めました。お葬式で彼の親戚に初めて会うというときに、彼の親が、私のことをきっと「嫁」と紹介するだろうと考え、前もって、「私は嫁じゃないので「嫁」と紹介しないようにあなたの父親に必ず言ってね」と彼に伝えました。

そう言われた父親は、「なんでだ！　嫁だろう」と言うので、彼が「嫁じゃないから」と繰り返したところ、黙ってしまいました。その結果、彼の親から嫁の役割を求められることなく過ごすことができました。

一方職場では、私が非婚で共同生活を始めたことが職場の同僚たちの知るところとなり、同僚たちからは、「婚姻届を出すべきだ。子どもが可哀想だ」「そんなのは母親じゃない」と、私がまだ妊娠すらしていないのに、口々に批判されました。

また、婚外子である私の友人からは、「自分が婚外子だということを婚約相手に伝えた途端、婚約が破談になる経験をしたので、やはり婚外子では子どもが可哀想だから、婚姻届を出したほうがいい」と言われ、婚姻届を出したほうがよいのか、出さなければいけないのかと悩みどんどん追い詰められていきました。

でも自分にとって、婚姻届を出さないということはとても重要なことで、譲れない一線だと思いました。そのとき、「みながみな「子どもが可哀想」と言うのであれば、そのみんなが「子どもを差別するのはおかしい」と言っていけば、差別はなくなるのではないか」と思い至りました。それで私を批判しに来た同僚に対してそう伝えると、呆れられ、それ以降は私に批判をする人は全くいなくなりました。

▼出産、そして婚外子差別と闘う

それでほっとして、そのあと妊娠もしないできたのですが、年齢も三七歳を超えるようになったとき、「子どもを産む最後の機会だ」と思い出産を決意しました。そして無事出産を迎えたわけですが、今度は、私の子どもが婚外子ということで、住民票や戸籍の続柄欄に差別記載をされました。健康保険証に子どもを載せるために住民票をとったときに、住民票の続柄がその当時は「子」というふうに書かれていました。今は、世帯主との続柄は婚外子・婚内子・養子の区別なくみな「子」となっていますが、当時は婚外子は「子」、婚内子は「長男」「長女」、養子は「養子」と区別し記載されていました。このため、私とパートナーは、「住民票の差別記載を撤廃してほしい」と行政に要望したのですが、「行政としてそれはできない」と拒否されてしまいました。それで私たちは、市に対する異議申し立てを行いましたが却下されたため、東京都に対する審査請求を行い、三年かけて闘いました。

東京都への審査請求も却下されたとき、「子どもの差別をなくしていくには、あとはもう裁判しかない」と考えました。裁判にあたって、「婚姻届を出したくないという自分の思いを大切にしようとすると、子どもが婚外子として差別されてしまう。子どもが差別を受けないようにするためには、自分たちの思いを断念せざるを得ない。このような人権の二律背反をなぜ強いられなければならないのか」と思い、「自分の思いを大切にしながら、その結果子どもが差別されることについては闘い、差別をなくしていこう」と考え、裁判に訴えました。当時私は四〇歳でしたが、「この闘いを、女性解放の闘いとして、半生の闘いとしてがんばろう」と思いました。

裁判以前は、自分のまわりには婚姻届を出さずに子どもを産んでいる人が見当たらず、孤立感がありました。しかし、この提訴が大きく報道されることによって、事実婚の女性や、非婚のシングルマザーたちが裁判の傍聴にたくさん駆け付けてくれました。そして、毎回裁判のあとに交流会を持っていましたが、そこで非婚シングルマザーや事実婚の女性たちが多数いることがわかり、とても嬉しくなりました。

▼国連の人権規約委員会と女性差別撤廃委員会へロビイング

一九八八年に始まった裁判は、三年後の一九九一年に一審の判決が出て敗訴になりました。判決結果として、「婚姻制度にはそれなりの合理性がある」という理屈で敗訴する側面もあり、控訴審では絶対に勝ちたいと考えていたときに、「国連の自由権規約委員会では、人権の保障が当然のように言われている。人権を主張することは当たり前なんだ」ということを、裁判の代理人であった参議院議員の福島瑞穂さんから聞いて、「それならぜひ自由権規約委員会にこの問題を訴えに行こう」と決意し、一九九二年と一九九三年に訴えに行きました。訴えるなかで、「日本にそんな差別があったのか」と委員の人たちが非常に驚いていました。九二年に行ったときに、「九三年が日本審査だから、ぜひ日本審査のときにも来なさい」と言われて、九三年にも行ったのですが、その日本審査のなかでは、一三人の委員が日本政府に質問し、そのうちの一一人の委員から、婚外子差別について次々と規約違反が指摘され、法改正が求められました。審査終了後、委員の人にお礼を言って回ったのですが、その委員の一人から、「私たちができることはここまでだ。あとはどれだけあなたたちが国内で活かすかだ」と言われ、私たちは今日までそのことを実践してきました。

婚外子の問題が国連の自由権規約委員会で批判され勧告まで出たことは、日本政府に大きなインパクトを与えました。法制審議会でも急きょ婚外子差別の問題が検討課題に入るなど、その影響は大きいものがありました。

二〇〇四年の戸籍の続柄裁判の一審判決を前にして、運よく女性差別撤廃委員会の日本審査が開かれることがわかり、戸籍の続柄差別記載の問題を女性差別撤廃委員会に訴えていこうと思いました。戸籍の続柄が、婚外子への差別であると同時に、女性への差別でもあることを訴え、勧告に結び付けたいと考えました。

女性差別撤廃委員会では、委員の一人ひとりに、「戸籍では一目で婚外子だということがわかる差別記載をされているのです」と訴えたところ、「それはBadだ」と言われたり、「この問題については女性差別撤廃委員会でちゃんとわかっているから大丈夫だ」と、理解してもらうことができました。その結果、二〇〇三年に「女性に対してもたらす重大な影響について懸念する」、二〇一六年には、「婚外子の地位に関するすべての差別的な規定を廃止すること、および、法が社会的な汚名と差別から婚外子とその母親を確実に保護するようにすること」という勧告が出されました。

このように、女性差別撤廃委員会の委員たちが、婚外子に対する差別がイコール女性に対する差別でもあることを認識し、勧告を出してくれたことが、私としては非常に嬉しくて、そのことを裁判のなかでも証言していくことができました。

「非婚で子どもを産んではならない」という規範意識が強いなかで、婚外子差別は、非婚で子どもを産んだ母親に対するバッシングと、生まれてきた子どもに対する差別という、二重の差別構造があります。そのため、婚外子差別に対する闘いは、婚外子に対する差別の撤廃に向けた闘いであると同時に、女性が非婚で子どもを産むことの自由を獲得するための闘いであるということが言えます。

▼「相続差別規定は違憲」との最高裁大法廷の決定（全員一致）を勝ち取る

こうした経緯のなかで、最高裁は二〇一三年九月に「相続差別規定は違憲である」との決定をやっと出し、同年一二月に民法の相続差別規定が廃止されました。それまで法務省は、この民法の相続差別規定を最大の根拠にして、「民法の相続差別規定があるから、出生届の差別記載もあり、戸籍の続柄差別記載もある」と言い続けてきましたので、この相続差別規定が違憲として廃止されるのであれば、戸籍の続柄差別記載や出生届の差別記載、あるいはそのほかの婚外子に対する差別法制度もなくなっていくはずだと思い、私たちはとても喜びました。

しかし相続差別規定廃止をめぐって、自民党の法務部会で、「これを許せば不倫を助長し、家族が崩壊する」などという差別意識丸出しの批判が展開されました。当初法務省は、出生届の差別記載廃止の法改正の準備をしていたのですが、自民党の反対が強いということで、結局この法案は提出されず、婚外子差別法制度の廃止に関しては、相続差別規定の廃止をもって終わってしまいました。のみならず今まで婚外子差別の撤廃を主張してきた学者や弁護士のなかからも、「もう婚外子差別は相続差別規定廃止をもって終わった」という声も多く出てきてしまいました。

「これはたいへんなことだ、このままでは婚外子差別撤廃の道が閉ざされてしまう」という危機感から、もう一度婚外子差別の撤廃に向けた闘いを広げていかなければと決意を新たにしました。まずは地方議会から婚外子差別撤廃を求める意見書を国に出してもらうことで見直す動きを作り出そうと、地方議会への陳情や請願に取り組んできました。二〇一四年から現在までに、地方議会の九議会から国に対して意見書が提出されました。

▼差別意識丸出しの保守系議員

この陳情のなかで、自民党や保守系の議員から言われたことは、私たちにとっては非常な驚きでした。結婚しないで子どもを産むことへの差別意識が、非常に根強いということを、実感させられました。ある市議会の自民党の幹事長は、私たちに対して、「たとえばだよ。私が妻子持ちだということを知っていて関係を持ち、妊娠をした。その女性が子どもを堕ろすこともできたはずだ。それなのに堕ろさなかったんだから、その母親がいけない。だからその子どもが差別されてもそれはやむを得ないことだ」ということを平気で言うわけです。自分に妻子がいるにもかかわらず、ほかの女性と付き合って妊娠させてしまった男性である自分の責任は一切問わないという女性差別を、平気で公言するのです。このように、陳情や請願の際には、聞くに耐えない本音が議員から次々と出てきました。

また、障害児を育てていることを宣伝しながら議員活動を行っている女性議員がいるのですが、その人だったらきっと婚外子差別についてわかってもらえるだろうと思って説明をしに行きました。すると、彼女は、「嫡出、嫡出でない子の区別があるからこそ、男性は認知をするんです。こういう区別がなければ、自分の妻に対して言い訳ができない」と言って、出生届の差別記載については「それはしょうがないし、当然である」という態度をとっていました。その議員は本会議のなかでも、「婚外子でありながら、特段に差別を感じていなかった人たちの心をかき乱すような言葉の定義づけ（嫡出でない子は正統でない子ということ）を社会に投げかけて、差別が助長されることがないようにお願いしたい」と発言していました。

さらには、私が委員会での陳情の趣旨説明で、「なぜ自分は婚姻届を出さなかったのか」という理由を述べていたときに、「「子どもが可哀想じゃないか。ひどい母親だ」と言われました」と述べた際、陳情を審議していた委員会の委員から、「そんなのは当然だよ」というヤジが飛ばされました。その人は、議長だったのですが、そういう差別発言を委員会の場で、それも陳情の趣旨説明をしている当人に向かって飛ばすことに、本当に驚きました。その後、この議長に謝罪要求をし、本会議の冒頭に謝罪しました。最終的には、彼は議長を辞任せざるを得なくなりましたが、陳情や請願をするなかで、本当に、様々な不快な思いをさせられました。

「事実婚の人は、婚姻届が出せる立場にありながら、なんで婚姻届を出さないのか」という雰囲気がひしひしと感じられるんですね。「女性というのは、婚姻制度のなかで子どもを産まなくちゃいけない」「そこを踏み外すということはいけないことなのだ」という差別意識が蔓延しているのです。

このような差別を受けながらも、これからも陳情や請願を各議会に行い、今はまだ九議会ですが、それをどんどん増やして、婚外子差別廃止の動きを作り出していきたいと思います。

▼未組織当事者へのメッセージ

最後に、未組織当事者へのメッセージですが、結婚しないで子どもを産むこと、それは女性の選択の問題であって、責められるようなことでは全くありません。非婚で生きるかどうかの選択が尊重される社会の実現に向けてともに闘っていきましょう。婚外子についても婚外子差別の撤廃ということで、今後も闘っていきたい。様々な問題が起きたときに、何かあったら婚外子差別の電話相談を毎月一回続けていますので、そこにお電話（〇四二－五二七－七八七〇）をいただきたい（なくそう戸籍と婚外子差別・交流会のホームページに、電話相談の日程が書かれていますのでご覧ください）と思っています。

なくそう戸籍と婚外子差別・交流会のホームページは次のとおりです。「http://www.grn.janis.or.jp/~shogokun/」。

3 大塚健祐さんの報告／バイセクシュアル

▼思春期に性自認を体験

レインボー・アクションの大塚健祐です。私は、異性装でバイセクシュアルなので、「LGBT」の一部当事者になります。

私が自分のジェンダーに対して違和感を感じるようになったのは、小学校高学年のときです。当時私は、ボーイソプラノだったのですが、声変わりのために高い声が出なくなり、そのことにショックを受けたのが、最初の気づきでした。私は、性的な目覚めがわりと早く、小学三〜四年生の頃から、マスターベーションを行うようになりましたが、それに対して自分のなかでの葛藤がありました。私の母は、自分で帰依したクリスチャンで、プロテスタントのなかでも相当保守的なメソジストに所属していたので、非常に性的なものに対する抑圧が強い家庭でした。

たとえば私の兄なども、隠れて買っていた成人誌などが見つかったときには、勝手に捨てられていました。「思春期のときにそんなことされたらたまらないだろうなあ」と子どもながらに思ってその騒動を見ていました。そういう家庭で育ったので、とても自分の性的な経験についてオープンにすることはできず、一人で書籍を紐解いたりして、「自分はやっぱり性的異常者なのではないだろうか」と悶々と悩んでいました。

第二次性徴に伴って、声変わりだけでなく、陰部などに発毛したり、肌の艶がこれまでのように美しくなくなっていく過程を経験し、「本当に嫌だなあ」と思いながら成長していきました。

自分の性自認にとって決定的だったのが、一〇代半ばに観た『一九九九年の夏休み』という映画でした。この映画は、深津絵里さんのデビュー作でもある作品ですが、少女が少年の役を演じるというもので、それを観て私はものすごくショックを受けました。当初は、なぜ自分がショックを受けたのかがさっぱりわからなかったのですが、半年くらい悩み続け、「そうだ。私はこの作品の登場人物のようになりたかったんだ」ということに気がつきました。つまり、永遠に美しい少年であり、性のない世界で生きていきたいと思っていたわけです。一時期、私はトランスジェンダーを自称していましたが、今思うと、たぶん成長を拒絶していたのではないかと思います。

そんな悩みを抱えていたときに、フェミニストの上野千鶴子さんが朝日新聞の夕刊で連載していた「ミッドナイト・コール」というエッセイのなかに、蔦森樹《つたもりたつる》さんというトランスジェンダーの人が登場しまして、それを見て、「ああ、ここに導いてくれる人がいる」と、ひらめきを得て、大学に入ってからは、蔦森さんの追っかけみたいなことをしていました。結局、勘違いと言えば勘違いだったのですが。

それと並行してフェミニストにお世話になり、地域の女性センターなどにも参加させてもらいました。フェミニストの人たちはきわめて受容的に私の悩みを聞き受け入れてくれたので、それで自分の問題は解決したと当時は結構思い込んでいました。

大学でもフェミニズム研究会に所属していたのですが、その研究会がなぜか、私が会長になったときに、セクシュアルマイノリティばっかりになってしまいました。

「それじゃあ、セクシュアリティ研究会にしちゃおうか」ということで、セクシュアリティ研究会を作り、プライド・パレードなどにも参加していました。

自分としては、やはり男に生まれついたという認識がはっきりあったのと、「男は男の問題に取り組め」と上野千鶴子にも言われたので、メンズリブの活動も行いました。しかしこれは非常に私のなかでは、辛い思い出でした。今でも、男性の権利を主張している当時の仲間がいますが、「男性の権利なんて言っている場合ではないだろう」という意識が、私のなかにはあります。やはり、日本社会では女性が決定的に疎外され差別されているという現実を前提に置かない、セ

大塚健祐さん(レインボー・アクション)

クシュアリティの活動というのはあり得ないと思っています。

▼「レインボー・アクション」の創設

その後一時期、社会民主党で選挙支援の専従をしていたこともありましたが、選挙に負けたので就職し、しばらくは活動から遠ざかっていました。そして二〇〇六年に、プライド・パレードの一ボランティアとして参加したところ、あまりにボランティアの扱いがひどかったので、「今度は実行委員になって、なかから変えてやろう」と思い、翌年は実行委員になりました。それから当事者団体である「東京レインボープライド」も立ち上げましたが、結局レインボープライドからも離れて、現在のレインボー・アクションでの活動に至っています。

レインボー・アクションの創設は二〇一一年に遡ります。当時、東京都知事だった石原慎太郎が、同性愛者の人々についてひどい差別発言を行い、それに対する反対デモを組織したのですが、そのときの仲間の一部が集まって、「レインボー・アクション」が立ち上げられました。

その活動の一環として、二〇一七年に『文科省／高校「妊活」教材の嘘』(論創社)に寄稿しました。文部科学省は、二〇一五年八月に、少子化対策を盛り込んだ高校保健体育の教材『健康な生活を送るために』を発行し、全国の高校生に配布しましたが、統計やグラフに嘘や改ざんなどもあり、ほかにもいろいろとツッコミどころ満載の冊子だったので、それに対して、全面的に抗議する内容となっています。

▼運動内にもあるジェンダーバイアス

「セクシュアリティの活動をやっている」と言うと、「女性にも理解がある」という誤解されることが非常に多くあります。しかし、全くそんなことはありません。セクシュアリティの活動を行っている人はたくさんいますが、結局、運動の意思決定に関わっているのはほとんどが、「男性に生まれついた」男性です。それは私の個人的なつながりからも断言できます。すべて、密室で意思決定がされていて、新宿二丁目のゲイが集まる飲み屋などで、ごく少数の人間が意思決定して、それが全部「指令」として下ってきて、「いいからやれ」みたいな形になっています。ＬＧＢＴの運動は、民主的な体裁すら整えてないという情けない状況にあるのが現状で、それを変えられなかった一人として、私は慚愧の念にたえません。

なんでそうなってしまったかというと、やはり、彼らがお金を押さえていることが一番大きいと思います。東京オリンピック・パラリンピックに向けて、セクシュアル・マイノリティの世界に、一般の商業資本がすごい勢いで投下されています。こうした動きが始まったのは二〇一〇年のことで、それまではセクシュアル・マイノリティの運動の界隈で知られていなかった人たちが突然登場し、いろいろな団体が作られました。

それまでの団体が、厚生労働省とつながった「ＨＩＶ対策の運動」と、「メディアに対する運動」の二本柱で活動を行っていたのに対し、新しい団体の主張する「もっとコマーシャルな世界で勝負しないとダメだろう」という動きが顕著になってきました。

「ＬＧＢＴ」という単語は以前（一九九〇年代）からありましたが、それが日本で流通するようになったのは、二〇一一年以降であると、私は認識しています。そして、ＬＧＢＴに関しては、それまでは社会問題として様々なメディアが取り上げていたのが、今度は「マーケット的なものでもあるんだぞ」ということで、経済誌などに取り上げられるようになりました。これは明らかに広告代理店が動いているということです。

たとえば、電通がアンケートをとり、「日本にいる人の七％はＬＧＢＴである」という数字をはじき出しましたが、結局この数字だけが一人歩きするようになってしまいました。そして、この数字については、諸外国に比べてトランス男性の比率が異常に高いなど、非常に疑問点も多く問題です。余談になりますが、ですからレインボー・アクションではＬＧＢＴという用語をなるべく使わないようにしています。

▼家族との関係とカミングアウト

最後に、自分の話に戻りますが、自分の家族のなかでは、結局問題は解決しませんでした。母は、このテーマについては全く触れたくもないし、話したくもないというスタンスをとっています。もう高齢なので、そこまで認めさせる努力も払いたくないというのが正直な私の感想です。私の兄については、「お前は変わったやつだからしょうがないんじゃないか」という感じで、笑って放っておいてくれています。

会社ではカミングアウトをするメリットを全く感じないので、私が性的少数者であることは伏せています。ただ、私は仕事中にもＰＣなどで活動してるので、上司にはたぶんバレていると思いますが、それについては触れないでいてくれています。

プライベートな関係のなかでは、私の嗜好などは結構知られていますが、それについては誰も問題にはしていません。飲み屋などでは、私の話しを面白がって聞いてくれる人が多いので、積極的にオープンにしています。特に、親しくなりたい人たちには、後から知られるのも気まずいので、なるべく早く明かすようにしています。

性の問題というのは、本当にプライベートなことが多いので、なかなか声をあげづらいところがあると思います。どんなマイノリティにとっても、性の問題は、横断的に存在するものです。たまたま私は、声をあげることができたのですが、少しでも声をあげることができない人の力になれたらと思い、今も活動しています。

4 吉祥眞佐緒さんの報告／DV被害

▼ジェンダー・バイアスのなかで育つ

吉祥《よしざき》眞《ま》佐緒《さお》と言います。私が母のお腹に入っているときに、私の祖父が亡くなりました。祖父は、私の父にとってたいへん尊敬する存在だったので、私はその生まれ変わりだということで、お腹のなかにいるときから「正男」という名前を付けられました。当時は、超音波など、胎児の性別を判別する方法がなかったので、父は「跡取りの男の子が生まれる」「祖父の生まれ変わりだ」と信じ、とても大事に育てられました。しかし、生まれてみたら女だったということで、父親がたいそうがっかりしたそうですが、せっかく「正男」という名前を付けたのだから、字だけ変えようということで、「眞佐緒」という名前になりました。

私は物心が付く前から、「お前は女だから」「お前は男じゃないから」という育てられ方をしました。私の母も、女の子を産んでしまったことで、だいぶ親戚からいじめられたそうです。したがって、「また女の子が生まれてしまったら」という不安から、二人目の子どもを産む決意ができませんでした。そんな家庭で育ってきたので、父からは「女だから」と言われ、母からは、「女に生まれちゃったから」と言われ、私は何もしてないのに、ずっと罪悪感を背負わされて育ってきました。それゆえ小さい頃から、「男の子っぽい青い服を好んで着よう」とか、「男の子が好むプラレールやプラモデル作りで遊ぼう」など、なるべく親に気に入られたいという思いを持ちながら育ってきました。

青春時代は、恋愛もするような普通の女子として過ごしました。ちょうどあの

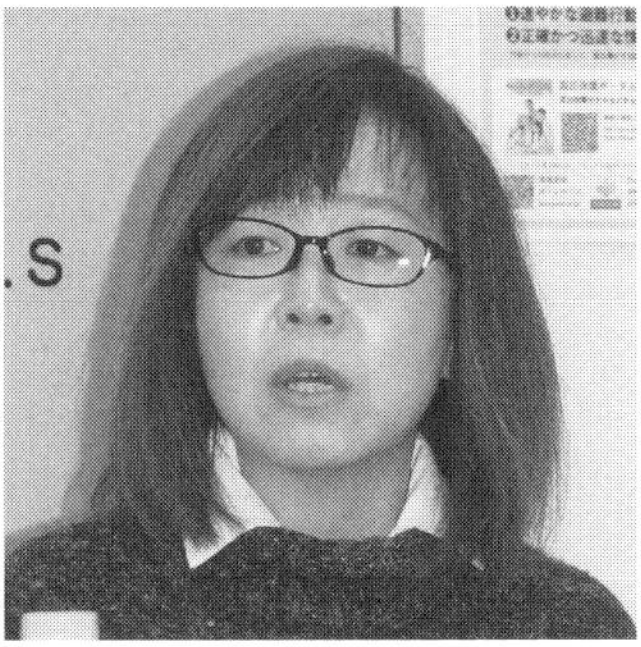

吉祥眞佐緒さん（エープラス）

頃はバブル時代だったので、女子はちょっと可愛い格好をするとすごくちやほやされ、いい思いもたくさん経験しました。したがって、女性としての「いやな経験」と「よい経験」を自分の肌で感じて、成長してきたと言えるでしょう。

▼DV被害の当事者となる

私は女子校出身なので、結婚に関しては、「良妻賢母で、子どもをちゃんと育てて、旦那さんをしっかり支え、それに従って」という教育を受けてきました。それゆえ、「結婚する相手は貧しくても堅実な人」を選んで結婚したつもりでした。しかし、どこで歯車が狂ってしまったのか、結婚した相手はかなりひどいＤＶ夫だったわけです。その当時は、ＤＶの防止教育などはありませんし、世間的にも「妻としては夫の多少の暴力は我慢しなさい」くらいの感覚でした。「旦那さんには仕事のストレスがあるから」「男性は世の中に出ると、敵が七人いるのだから」など、そういう物語をさんざん聞かされて、「だから家でそれを支えて我慢して、立派に家を守って子どもを育てて、夫も育てなさい」と言われ続けてきたわけです。

したがって、誰にも相談することもなく、「ああ、自分はこういう人生を一生送っていかないといけないんだ。それはとてもつらいことだなあ」と、孤独感にさいなまれていました。同じ屋根の下に夫や子どもなどの家族がいるにもかかわらず、「世の中には私一人しかいない」と毎日毎日孤独感に苦しめられ、知らない間に涙が流れていました。

意を決して、親に相談しても、「そんなの当たり前だ」と言われるし、すごく仲のいい友達に相談しても、「なに言ってるの。それは妻として未熟な証拠だ」「夫を自分の手のひらの上で転がしてこそ、いい妻だ」と言われたり、みんなが私の気持ちをわかってくれず、みんなは妻である私を世間一般の夫像と妻像に当てはめようとしていることについて、非常につらく感じました。

▼DV被害からの脱出の試み

しかし、二〇〇一年にDV防止法ができたとき、初めて、夫から自分のされていることや置かれている立場がDVであったということに、気づかされました。そして、自分の人生がひらけた感覚と、その反面、結婚相手を間違えて人生を失敗してしまったという後悔とで、頭をハンマーで殴られたようなショックを受けました。

私は、自分の身に起こっていることがDVだとわかった瞬間、役所や警察など、いろいろなところに電話して相談をしました。しかし、結局私の気持ちを理解してくれたり、寄り添って一緒に考えてくれたりする人たちには出会えませんでした。私が、「エープラス」の活動を行うようになったのも、そういった経験がベースとなっています。

DV被害女性たちが集まる当事者団体はいくつもあるのですが、加害者からの追跡や攻撃を避けるために、団体の情報を公開していないケースが多いので、それを探し当てて連絡をとるだけでも困難が伴います。私は一生懸命、夫の目を盗んで、そういう団体を探したり連絡をとったりしたわけですが、夫はそういうことを敏感に察知する人だったので、すぐパソコンを隠されたり、私が行動できないように、車や自転車の鍵を隠されたりしました。情報を遮断して、私を孤立させようとしたわけですが、私は、同じ悩みを持っている人とつながりたいという思いで、一生懸命いろいろなところに連絡をとりました。

施行された当時のDV防止法というのは、配偶者からの暴力の防止と被害者の保護を目的にした法律でした。つまり、被害者を守り、かつ逃がす法律なのです。しかし、私は普通の主婦だったので、そういう知識などは持ち合わせていません。とにかく相談に乗ってもらい、夫に対して「あなたはそういうことをしては、男としてみっともないからやめなさい」と叱ってもらいたい一心で、いろいろなところにアプローチしました。でも、自分の希望に沿う支援がなかなか見つからず、結局、自分が、夫と別れたり、夫から逃げる決意をしなければ、相談や支援のルートには乗れないということがわかりました。

▼警察への保護と子どもを取り返す闘い

ただ、夫はひどい人でしたが、結婚してから一〇年以上で共有してきたいろいろな思い出もありました。また、少しは優しいところもあったり、助かることもあったりしたわけです。一方で、自分が培ってきた様々な関係、たとえばご近所さん付き合いとか、子どもたちの「ママ友」の関係とか、あるいは自分自身の地域の活動などがあったので、それらを一気に遮断して、どこかに逃げたり、先の読めない人生を送ることに対しては躊躇がありました。シェルターなんてどこにあるかもわからないし、どんな部屋なのかもわからない。そして逃げたあとに、どういう人生が待っているのかということも教えてもらえません。夫に知られるとたいへんなので、すべて秘密で、何も教えてもらえない状況のなかで、「逃げなさい」と言われても、決断するのはとても難しいことでした。

したがって、最初にＤＶの相談をしたときから、夫と別れる決断をするまで四年くらいかかってしまいました。その間も家出を繰り返しては、「やっぱりダメだ」と思って実家に帰り、夫が謝って「戻ってきてくれ」と言い、また連れ戻される、ということを何回も何回も繰り返しているうちに、役所や警察の人たちは、「もう勝手にやってなさい」「呆れて相談にも乗れないからもう来るな」と言われました。「私はＤＶ被害者のなかでも劣等生なんだな」「もう相談には乗ってもらえないくらいの非行主婦なんだな」と思い、数年間はどこにも相談できなくなった時期がありました。

その後、「これは本当に殺されるかもしれない」という激しい暴力を夫から受けたときに、「さすがにここで死ぬわけにはいかない」と思い、一一〇番通報して、私だけ保護されました。その当時、子どもがまだ小さかったのですが、警察としては、「子どもはあとから連れてくればいいから」「とりあえずあなたは怪我をしているから、あなただけ保護します」と言われたので、「あとから連れてきてくれるんだな」と思い、「わかりました」と言って、私だけ警察に保護されました。しかし、「子どものことは諦めなさい」と次の日に言われて、たいへん驚き、落胆した経験があります。

それからは、子どもを取り返すための闘いと、夫と離婚するための闘いと、「夫のところに戻ったほうがいいのではないか」という自分との闘いと、世間の目との闘いが待っていました。

私には、「母親のくせに子どもを置いて自分だけ出て行ったひどい女」というレッテルを貼られました。その以前にも、友人や親しい人から、ＤＶの被害にあっているというだけで、「主婦として失格だ」というレッテルを貼られてきました。そして今度は「自分勝手な、母親としての母性のひとかけらもないひどいやつだ」というレッテルを貼られてしまいました。でも、なんとかがんばって、裁判で子どもを取り戻すことができたのです。そして、その後、私と同じような経験をしている人たちがたくさんいることがわかり、「自分の経験を無駄にはしたくない」「声をあげなければいけない」という決心をして、エープラスというＤＶ被害女性の当事者団体の活動を始めました。

▼ＤＶ被害を防止するための試み

私は、逃げたり隠れたりなどはせず、取材の依頼があれば受けますし、テレビにも出たりしています。相談は次から次にやってきます。相談は、自分の経験をベースに、ＤＶ被害者が、この先の人生を踏み出すために、なるべく豊富な情報を集めて、女性自身が自分自身の人生設計ができるような支援をしています。とにかく、「自分がしてほしかった」と思う支援をもとに行っています。

また、私が被害の渦中にあったときに、夫に対して「あなたのやっていることは間違っているんですよ」ということを面と向かって言ってくれる人の存在が欲しかったので、これに関しては、加害者プログラムを学び、ＤＶ加害者更生教育を実施するなかで取り組みを行っています。加害者自身も、自分のＤＶ行為について人生のなかで、「それは間違っている」と言われたことがない人が多いのです。「生まれて初めて、暴力はいけないことだと言われました」という五〇歳過ぎの加害者の人もいました。支援の側も、揉めないようにしたり、大事なことを言わない、あるいは自分自身で気づいてもらおうと遠回しに言うなど、はっきり指摘せずにお茶を濁してしまうことも多いのですが、やはりどんなことがあっても、「暴力はどんな理由があってもふるってはいけない」ということを、言い続ける必要があると思っています。

私自身も子どものいる母親です。子どもに関して、一般的に「暴力は連鎖する」と言われてますが、私はそうは感じてはいません。暴力のある家庭にいたからと言って、暴力を使うような人になるわけではありません。しかし、被害を受けた女性の子どもたち、特に男の子は、「お父さんが加害者だから、君は絶対加害者になるよ」と決めつけられて、小さい頃から育つ子が多いわけです。そして、小さい頃から加害者にならないように見張られて、ちょっとでも暴力的なことを行うと、「あ、これは加害者の要素あるからなんとかしなければいけない」と、とてもきつく管理しようとしたり、非行少年として扱われたり、今は発達障害として扱われたりするわけです。

女の子は女の子で、「あなたはね、お母さんの子どもだから被害者になるよ」と言われて育ちます。しかし、「なんであなたに、そんなことを言われなければならないのか」「本当はそうではないんだ」と私は思っています。ただ、暴力のハードルの低い家庭で育っていることはたしかなので、子どもたちにはちゃんとしたパートナーシップや、自分自身の人生を歩むということを選び取る方法を伝えるためにデートDV防止教育を行っています。現在は小学校、中学校、高校や大学、専門学校等に依頼され、出前講座を年間一〇〇回程度実施しています。

虐待をされた人であっても、過酷な人生を歩んでいた人であっても、自分のパートナーを大切にしている人は大勢いるので、そういう人になって欲しいなと思います。たぶん私たち以上の世代では、DVに関する無理解やジェンダー意識が染みついているので、なかなか変化は難しいかもしれませんが、子どもたちに防止教育を実施することで、子どもたちの将来となる三〇~四〇年後には社会から暴力がなくなり、対等なパートナーシップがあたりまえに築けるようになっていることを期待して活動を行っています。

▼暴力だけではないDV被害

DV被害者は、加害夫との生活や離れたあとの人生のなかですごく切実な経験をしています。たとえば、先ほども言ったように、周囲のDVに対する無理解が非常に多いことがあげられます。最近では、DVという言葉は認知されるようになってきましたが、今だにＤＶと言うと、身体への暴力を思い浮かべる方が多いと言えます。しかしＤＶはそれだけではありません。「誰に食わしてもらってると思っているんだ」「ここは誰の家だと思ってるんだ」「気に入らないなら出ていけ」など、日々、暴言を吐かれたり、怒鳴られたりしながら生活を送ることがどれだけ辛いことか。それから、同じ家に暮らしているのに無視をされる。どうして無視されないといけないのか。それがどれだけ辛いことか。

あるいは、「夫婦なんだから、夫の求めには応じるべきだ」という性的な暴力も存在します。夫婦間であってもレイプは成立するのです。あと、「俺が稼いでいるんだから、お前にはお金を自由に使わせない」などの経済的なＤＶも存在します。こうした様々なＤＶは、まだ一般的にはよく知られてはいません。だから、社会のみなさんが、こうした事実を知ってくれるだけで、私のような、周囲の無理解に苦しみ、二次被害に苦しむような人が少しでも減るはずだと思っています。

▼分断されているＤＶ被害者の現状

ただ、ＤＶ被害者が分断されているのも事実です。たとえば身体的暴力を振るわれている人とそうでない人とでは、分断されます。なぜなら法律の壁があるからです。ＤＶ防止法は、保護命令などの、身体的な暴力や生命の危険に晒されている人の保護を重視した法律の側面があるので、精神的な暴力や経済的暴力、性的暴力など、身体的暴力が一切ない人たちが、その法律で守られることはかなり困難です。したがって、そこで支援される人と支援されない人に分かれてしまうわけです（法改正によって精神的暴力の一部も対象になりました）。

そして次に、ＤＶ防止法で支援された人がその後また、生活保護等の社会的サポートが受けられるか受けられないかによって分断されてしまいます。加えて、夫から離婚費用や養育費がもらえるかもらえないかによってもまた分断されています。

このように、法律や制度が当事者を分断し、細かく細分化していることが、当事者同士の連帯を阻害していると私はとても感じています。そして支援者と言われている人たちが、とにかくDVのことについて無理解だったり、自分が当事者であるにもかかわらずそれを隠しながら支援をしたりすることによって、支援の基準が「自分」になってしまっているのも問題です。自分が被害を受けていると、自分よりひどい状況かどうかで支援するかどうかを決めてしまうケースがあるわけです。

それから弁護士や医者などに多いのですが、「そのくらいのことは我慢しろ」と加害者を擁護するようなアドバイスをするケースも見受けられます。彼らの社会的立場や役割から見て、このような行為はたいへん問題だと思います。

▼声をあげたくてもあげられない状況

こうしたことを、本当になくしていきたいと考えています。そのためには、被害者の人たちが連帯して、声をあげて、もっと社会に理解を進めていかなければならないのですが、なんと言っても、顔を出して、声を出して、名前を出すことが、加害者の追跡を招き、それが生命の危険につながってしまうので、どうしても声をあげにくい状況があるのは事実です。他方で、世間のバッシングが非常に強いという状況もあります。「女として被害を受けるなんて未熟である」と直接言う人もいますし、「家庭内の問題で税金を無駄に使っている」と言われることもあります。こういうことを言われてしまうと、当事者は心が折れてしまうんですね。自分と同じような経験を他人にはさせたくないために、声をあげようと思っていても、そうした周囲の声に負けてしまい、「私は二度と取材を受けません」「なにかに協力することはしたくありません」ということになってしまうのです。そして、「やっぱり被害経験をした自分が悪かったんだ」「自分がそういう相手を選んでしまったことが悪かったんだ」「もともと私の人生は運が悪かったんだ」というふうに、被害者の生きる力がどんどん弱ってしまうのは、支援をしていて一番悲しく感じます。

▼様々な制度の改革に着手

私たち自身は、あまり目立つことはありませんが、コツコツと活動を続けています。たとえば、住民票を移すと夫にすぐに居場所がわかってしまって生命の危険等たいへんな目にあってしまうので、ＤＶ被害者は別居や離婚しても住民票を移せない人が多いわけです。私も住民票を移さないようにすすめていますが、しかし、住民票を移せないと行政サービスが受けられないことがあったり、就職活動に支障が出たり、母子家庭に支給されるべき公的扶助が受けられなかったり、あるいは現居住地で選挙に行けないなどの不都合が生じるケースが出てきます。

こうした不利益に対しては、「ＤＶの場合は本人が申し出たら、個別に対応してほしい」という申し入れを行うことで、かなり是正されるようになってきました。近所の民生委員の人が、「住民票はないが、ちゃんとここに住んでいます」という証明書を書いてくれたり、居住地の福祉事務所長が居住実態を証明することで、児童扶養手当の受給や更新等はできるわけです。しかし、その民生委員の人たちにＤＶの理解がないと、加害者である夫に連絡してしまったり、手続きに消極的で非協力的であることがあり、それが大きなリスクとなっています。そういうことはやめてもらうように申し入れた結果、それを行政の戸籍担当部署が証明し、発行するということになったので、女性にとっては安心は環境になり、児童扶養手当の申請もしやすくなりました。

それから、女性活躍推進法が二〇一五年に施行されましたが、「活躍したいと考えているが、ＤＶ被害等で活躍できない女性たちへの支援の必要性」が、私たちの活動によって、参議院の付帯決議にも明記されました。そういうことを、もっと一般的に知ってもらいたいと思っています。そして、ＤＶ被害を受けた女性たちがちゃんと社会につながって活躍できるような仕組みができればと考えています。この付帯決議をもとに、行政や企業が支援の仕組みを整えていくよう、今後も働きかけを続けていこうと思っています。

あと、いま離婚の法手続きをすると、面会交流がデフォルトになっているのですが、ＤＶの問題があるときには考慮してもらうようなことが望まれます。

▼山積する課題を乗り越えるために

ただ、先ほど説明したように、当事者のなかでも分断があり、なかなか心を一つにして連帯することが難しいという状況があります。一緒に活動していく人たち、一緒に声をあげて社会を変えるためにがんばっていこうという人たちが、なかなか出てこないのが現状です。その原因としては、やはり日々の生活が非常に困難なことがあげられます。特にひとり親家庭の子どもは、何か問題を起こしたり、何か至らないことがあったときに、「ほら見たことか」と後ろ指をさされることも多いので、ひとり親でもちゃんと育てなければいけないという意識のプレッシャーは非常に強いです。そのほかにも、男女の賃金格差の問題もありますし、DV被害女性はどうしても心も体も傷を負っているので、普通の社会生活がなかなか送れない人も多いですし、家族を養うくらいの労働時間を確保することも難しかったりします。やっと働けても、朝から夕方までの子どもが学校や保育園に行っている時間帯で働こうとすると、だいたい月収で一〇~一二万円程度しか稼げず、貧困に陥ってしまいます。こうした問題はなかなか解消できていません。加えて言うと、昨今、子どもの問題に対する支援の輪が広がっていますが、子どもの支援者からは、児童虐待は、DV被害者である母親も父親同様に加害者であると見られてしまうケースも散見されてます。

あとは、DV被害者は、自分のケアをしっかりと行ってから社会につながらないと、結局また、やっと見つけた職場でパワハラやセクハラの被害を受けてしまう可能性も高いのです。私たちの団体に相談にきている女性たちは、そのほとんどが、職場で、パワハラやセクハラの被害にもあっています。クビにならないために一生懸命働くわけですが、そこに付け込まれてしまうのです。

生活保護を受けている家庭の場合には、福祉事務所とのコミュニケーションがうまく取れないこともありますので、女性たち自身がそのような制度や法律もちゃんと理解しないといけません。

あるいは、まだ心の傷が癒えていない状況で、新しい恋人と出会ったりすると、その人がまた加害者であったりする場合もあり得るので、それはなんとか避けたいなと考えています。そのためには、女性たち自身が自分の身に起こっていることに気づくために、被害の実態を一つでも多く、発信できればと思っています。

ただ、私などがいろいろなところに出て発言すると、たいてい「被害者のくせに」と言われてしまいます。被害者というものが、どこか、か弱くて、おとなしくて、いつも泣いているというイメージがあったりするからなのでしょうか。私は、そんなイメージをがんばって払拭できるように、ＤＶ当事者だけでなく、様々な方々とも協力し合いながら、なんとか暴力のない社会、差別のない社会を作っていきたいと考えています。

第2部

登壇者・当事者の質問と討論

服部　それでは午後の部会を始めます。午後は第2部としまして、登壇なさった四名の方から、それぞれのご経験に関して同じところや違うところが数多くありますが、ご意見ですとかご質問があればお願いします。どなたか私が話したいという方がいらっしゃればお願いします。

◆LGBTのなかにある権力性

柳橋　まず大塚さんに伺いたいのですが、先ほど「経済力を持っているゲイ男性が、物事を決めており、トランスの人やレズビアンの人は看板のように使われている」という話がありました。それに関して、昔から、「セクシュアル・マイノリティのなかでゲイ男性が権力を持っているんだから、それにもっと自覚的になるべきだ」という批判があったと思います。大塚さんが関わった運動のなかで、具体的にそういう批判が出たりはしなかったんですか。

大塚　水面下では常に話されているんですが、当事者は聞く耳を持たずという感じでした。民主的な意思決定プロセスを踏んでないので、そういう意見を出す場もないというのが実情でしたね。

柳橋　そうだとすれば、当事者にわかってもらうためにも、そういう批判運動を進める必要性は感じていますか。アメリカなどにおけるセクシュアル・マイノリティの運動の場合は、最初に白人中産階級のゲイ男性から始まって、そこから広がっていきました。そのなかで、白人ゲイ男性以外の当事者にもそれぞれの問題があるのではないかということで、民族で分かれ、ゲイ、レズビアンで分かれ、トランスで分かれるというプロセスをたどりました。しかし、それがあまりにも行き過ぎたので、今度はクイアでまとまろうというような流れのなかにあると思います。日本の場合、権力性の問題に対する批判を通して、一回それぞれのセクシュアル・マイノリティのアイデンティティの部分に力をつけていくということが、必要だと思いますか?

大塚　一概には言えないのが正直なところです。広い連帯はもちろん必要だと思いますし、そういう動きをしている人たちはたくさんいると思います。やはり、個々のアイデンティティにこだわって活動していくというグループがあってしかるべきだと思っています。あれもこれも一緒にしてしまうと、個々の具体的な問題が消されていってしまう傾向があり、そうした場合、もとからそこにいる人たちが力を持ってしまいがちです。

◆婚外子差別問題が相続差別に焦点化された過程

柳橋　次に、田中さんに質問ですが、「相続差別の規定が廃止されることで、問題がまるで終わったかのようにとらえられている」というお話がありました。実際問題として、相続問題以外にもいろんな問題があるにもかかわらず、婚外子差別の問題が相続差別の問題に焦点化されてしまったというのは、意図的にそういうわかりやすい問題を設定しようとしたのでしょうか。それとはまた別に、いろんな問題に取り組むなかで、結果的に、法的に争いが可能だった相続差別の問題に焦点が当たってしまったということなのでしょうか。

田中　婚外子の場合、財産の相続が法律婚の子(嫡出子)の二分の一と規定されて、「それはおかしい」ということで裁判が始まりました。地裁、高裁の段階ではねつけられ、とうとう一九九五年に最高裁までいき、合憲判決が出てしまいました。その後、いろんな人から裁判が起きるなかで、二〇一三年に、最高裁までいった。そこで、結局それまでの様々な、たとえば、住民票の続柄裁判がこうなったとか、戸籍の続柄裁判では、二〇〇四年の一一月以降の出生届から、長男・長女に変わったとか、そういうところから少しずつ変わっていっているんだ、ということを理由にして、「世の中の家族関係も変わってきている」という理由で最高裁は違憲だということにした。ですから、目的意識的にそこに焦点を絞ったわけではなかったということです。

私たちも、国連に訴えていくときには、「相続差別の問題もあります」「出生届の問題もあります」「住民票や戸籍の問題もあります」「寡婦控除の問題もあります」など、様々な問題点を並べて、「こういう婚外子差別の問題があるので、ぜひ勧告をお願いします」と訴えていきました。ですから、「相続の問題に焦点を当てる」という闘い方はしてきませんでした。

柳橋　なるほど。たとえば今、夫婦別姓の問題が話題になっていますが、実はこの問題も、そもそもは戸籍による結婚差別の問題自体を問うていたのが、わかりやすくするために夫婦別姓の問題に収斂していって、他の問題が見えなくなってしまったように思われます。それと同じように、婚外子差別の問題も、相続差別の問題が収束すると、一般の人の意識が離れていってしまったのかなと、ちょっと思いました。

田中　それについては、国の理由としては、相続差別規定があって、それがあるから出生届の差別については廃止できないし、戸籍の続柄についても廃止できないんだと言ってきました。すべては相続差別の問題なんだ、と国のほうは言ってきたし、学者もそういうふうに戻っていったんですね。女性差別撤廃委員会に訴えたときに、戸籍の続柄の件についても訴えたのですが、委員から質問がありました。そして、学者も弁護士もいるところで、学者が「戸籍については私たちわからないんですよね、先生わかりますか」と弁護士に聞いたら、「これは簡単なんですよ、これは相続差別がなくなれば、戸籍の問題は解決しちゃうんですよ」と言ったくらいに、弁護士の人たちも、そのように思い込んでいる状況でした。出生届の問題だけは、法務省が、それを法案として提出しようとしてダメだったというのが、報道で大きく取り上げられたので、「残るは出生届の問題だけです」というように弁護士の人が今も言っているわけです。

◆DVをジェンダーの問題として提起する困難性

柳橋　吉祥さんにいろいろ教えていただきたいことがあります。実は同性間でもDVの問題があります。いまのDV防止法では、継続的に付き合いのある恋人に近いような男女の関係なら、法的な保護が与えられるのですが、同性間の場合は、東京地裁の裁判官が「そもそも婚姻が考えられないので保護命令は出しません」とポロっと言ってしまうぐらい、認識が浅いです。吉祥さんにお聞きしたいのは、DV防止法のような制度を整えていくためには、どのようなアプローチを行えば理解が得られるとお考えでしょうか。

吉祥　DV防止法のことからお話しすると、あれは不備のたくさんある法律で、そもそも被害者保護を目的とする法律ですし、配偶者間の暴力なんですよね。したがって、婚姻関係にない交際相手の間では法律は適用されませんし、おっしゃった同性間の問題でも適用されません。アメリカではすでに、親密な関係同士の人たちのあいだで暴力が起きたら、それはDVであると定義され、法律も適用されますが、日本ではなぜか配偶者からの暴力だけなんです。だから、実際に中高生や大学生などのあいだでもDVは起きているし、同性の恋人のあいだでも力の支配に起因した暴力が起きているにもかかわらず、日本には相談窓口も保護する方策もなにもないのが現状です。子どもであっても、セクシュアル・マイノリティであっても、DV被害を受けていることには変わりないので、制度の不備を訴える方策を考えてきました。しかし、正直まだ先が見えていません。

一方で、法律を作る人たちの感覚は、「暴力を振るわれて嫌だったら、もう連絡を取らなければいい」「携帯電話の番号を変えればいい」「腕は東京から北海道までは伸びないんだから、逃げればいい」などと、総じて言えば「物理的に離れてしまえば、暴力は終結するんだ」というものです。

現代社会では、たとえ地球の裏側に住んでいたとしても、携帯電話一つで、相手を恐怖に陥れたり、いいなりにさせたりと、人をコントロールすることは簡単にできてしまいます。だからこそ法律の縛りや保護が必要なのですが、そこがまだまだ伝わっていません。

したがって、まずは被害者が声をあげられるように力をつけていくというところから、コツコツ始めていかなければならないのが現実です。

実はDV防止法は、次回の改正年度が決まっていません。「これでDVの問題は終わり」ということにされているようです。今は国会議員の人たちは、「DVの問題には触りたくない」というのが本音のようです。本来なら、加害者の処罰まで含めたDV禁止法などを作らなければ問題は解決しないと思っていますが、そんな法律を作ってしまうと、日本から男性がいなくなっちゃう(笑)かもしれないのでたいへんだなと思っています。

議員会館のロビー活動で、国会議員にDVの説明をすると、途中で「帰れ!」と怒り出す人もいる始末です。「コイツ、絶対にDVやってるな」って(笑)。警察官や裁判官、弁護士なども、DVの問題は自分の身につまされることが多いようで、「すごく聞いていて不愉快だ」とか、急に怒り出して、なにかと思ったら「自分のことを見透かされて言われているようで頭にきた」とか。

みなさん、「DVの問題は個人的な問題だ」と収めたがるんですね。そこをいじってしまうと、自分の人生や価値観をいじらなければならなくなってしまうので、「そこはなるべく避けたい」という思いがあるんでしょうね。DVの問題は、本当にいろんなことにつながるので、避けないで通っていきたいと思っています。

◆他のマイノリティとの連帯・共闘の可能性

服部　大塚さんや吉祥さんから、様々なマイノリティの連帯の可能性のお話が出てきましたが、実際にそうした連帯の可能性を模索した方や団体はいらっしゃいますか。

たとえば、アカーは、「動くゲイとレズビアンの会」と書いてあるにもかかわらず、残念ながら、レズビアンの方にはあまりお会いしたことがありませんが。

柳橋　昔から「なんでレズビアンいないの？」と言われてきましたが、一応アカーにもレズビアンの方がいらっしゃって、たとえば法務省の審議会などに呼ばれたときは、私ともう一人レズビアンの方とで参加しています。

「なぜレズビアンが表に出づらいのか」という理由の一つは、レズビアンはゲイと比べて社会的圧力が強いということがあげられます。実名で顔も晒して、社会に訴えていくのはゲイのほうがやりやすいということで、「じゃあその部分はゲイが負いましょう」ということでやってきたわけです。

大塚　まず最初に言っておきたいのですが、レインボー・アクションという団体は、実はＬＧＢＴに特化した団体ではないんです。「セクシュアル・マイノリティについてのテーマを扱っている団体」という位置づけで活動しています。しかしその点において、ジェンダーやセクシュアリティをめぐるあらゆる問題に関わってきますので、様々な社会問題にアプローチしているのが現状です。

今、ＬＧＢＴを名乗っている人たちは、同性婚の課題に注力していますが、「同性婚だけに特権的な地位を与えて、事実婚を放置していいのか」ということに問題意識を持っていない当事者が見受けられます。実際に、日本で最初にパートナーシップ条例を作った渋谷区などは、事実婚が置き去りにされているのが現状です。

特にジェンダーやセクシュアリティ関連の団体は、シングルイシューについてのみ取り組んでいる団体も多いので、重なるテーマについては共闘するケースもありますが、総合的に協力するということになると、なかなかテーマ的に重なりづらい部分や、意見の違う部分もありますので難しいかもしれませんね。

服部　ありがとうございます。なくそう戸籍と婚外子差別・交流会の場合では、戸籍や婚姻の問題をテーマにされているので、他の団体といろいろな接点があると思いますが、そのへんはいかがでしょうか。

田中　婚外子差別を闘う団体というのは、一九七〇年代から九〇年代にかけて、全国的に様々な団体がありました。しかし、高齢化の問題もあり、現在残っているのは私たちの団体くらいになってしまいました。

戸籍の問題については、私たちは、戸籍の続柄の問題に関して陳情を行っていました。それは、「そもそも戸籍の続柄欄をなくす」という陳情なんですね。そうすると、「続柄をなくしたら、性別がわからなくなるじゃないか」と言われるので、そういう場合には、「性別欄を別に作ればいい」というように対応しているのですが、ここの部分については、ＬＧＢＴの人たちのなかには、賛成できない方もいらっしゃって、少し難しいですね。

吉祥　たとえばＤＶ被害者が、加害夫から逃れてきた場合、まだ離婚が成立しない段階で新しいパートナーとのあいだに子どもができるケースがあります。ここで「三〇〇日問題」という深刻な問題が顕在化します。あと、婚外子の問題からはそれてしまうかもしれませんが、ステップファミリーに関しても、たとえば、自分の子どもではないからといって、女性の子どもを虐待する父親の問題などがあります。このように、それぞれの問題に特化した専門家に、その都度つながることができると、たいへんありがたいです。

柳橋　同性愛者のなかには、当然障害者もいるし、日本の大和民族ではない方もいるし、部落の方もいます。たとえばデフ（聴覚障害者）の方などは、同性愛当事者のなかにデフのコミュニティを作ったりしているんですね。また、二重三重のアイデンティティを持つ人の場合、「どこのアイデンティティ・コミュニティに行っても居づらい」という悩みを持つケースがあります。こういう方は、コミュニティのなかで、ほかの人たちと共通認識を持てなかったことが、居づらさにつながっているのだと思います。

　また、様々な団体同士、どこかに接点はあるはずですが、現実には自分たちのテーマで手いっぱいで、どの団体も接点をつないで運動を広げていくだけの余力がないと言えます。

　先ほど「ＬＧＢＴ団体は、同性婚にばかり取り組んで、事実婚の問題を考えてないじゃないか」とのご指摘がありましたが、様々な個別意見があるなかで、共通のコンセンサスを作ってまとまっていくこと自体がとてもたいへんなことです。また、それぞれの主張をしている人たちの力がまだまだ弱いがゆえに、自分の問題以外に接点を見つけられないという側面もあるのではないでしょうか。アメリカなどでは、「なんで結婚をしなくてはいけないんだ」というところから運動が始まっており、その後エイズの問題が出てから、「やはり結婚は必要だね」という意見が出てきたときに、「自分には必要じゃないけれども、それが必要な人がいるんだったら、その人のために結婚の制度があってもいいよね」という最低限のラインとしてまとめていったわけです。それが最終的に、「same sex marriage（同性婚）」ではなくて「marriage equality（平等な結婚）」という形で結実していきました。このように、日本でもそれぞれの団体が、共闘できるだけの余力を持てるようにしていくことが必要なのではないか、と考えています。

第3部 全体討論

◆同性パートナーシップ条例の問題点

菅原　なくそう戸籍と婚外子差別・交流会の菅原和之です。今ほど大塚さんと柳橋さんが、同性パートナーシップ条例に触れられたので関連してお話ししたいと思います。私は、同性パートナーシップ条例の施行については、「事実婚が置き去りにされている」という印象を受けました。条例ができたときには、私は「多様性が認められつつある制度に発展していけばいいな」と思いましたが、渋谷区の方で、たいへん著名なレズビアンのカップルの方が、その後パートナーシップを解消するという出来事がありました。そして「せっかく応援してくださったみなさんに申しわけない」とのコメントを見て、「このような制度が導入されると、婚姻圧力のようなものがセクシュアル・マイノリティのなかにも持ち込まれていくのではないか」「結局パートナーシップを一回結んでしまったら、なかなか離婚に踏み切れないような社会的圧力が増えてしまうのではないか」という印象を受けました。

今後この同性パートナーシップ制度は、他の自治体にも広がっていくことが予想されますが、そのときに、私たちのような「事実婚でいきたい」「家制度を離れていきたい」というような人たちが生きづらくなってしまうのではないでしょうか。同性パートナーシップをすすめようというあり方と、事実婚の運動が、共闘できないような関係になるのは、私としては好ましくないと考えていますが、みなさんはどのようにお考えでしょうか。

大塚　ご指摘の点は私も同感です。東京都の渋谷区と世田谷区で同性パートナーシップの仕組みができましたが、世田谷区の方は渋谷区と比べて、幅広い人たちをキャッチできるような仕組みになっているようです。これは、世田谷区が多くの当事者から話を聞いたのに対して、渋谷区は少人数のクローズドな集まりで、それも当事者の人数が少なかったからだと思われます。

日本の特殊性として、やはり戸籍制度が非常に大きな問題だと私は思っています。すなわち、世帯単位で管理するという、明治以来の民法のやり口を抜本的に見直していく必要があるだろうと思っています。これは、女性運動の方々がこれまで指摘してきたことです。私たちセクシュアル・マイノリティも、個人個人の単位で、アイデンティティを登録していくような仕組みに変えていかないといけないと思います。その上で、いま特権化されている男と女のカップルが持っている特権を、なるべく多くの人間が享受できるような仕組みに組み替えていく必要があるというのが個人的な考えです。

◆婚姻制度の解体——多様な選択肢の模索へ

柳橋　いくつか論点が出たと思うのですが、一つは、事実婚や、人的共同体に対して、なんらの保護もしないままでいいのかという問題です。私は個人的に、成人間の特定な関係にだけ保護を与える制度というのは、人権論上正当化できるのか、という疑問を持っています。できれば、今の形の婚姻制度を解体して、いくつかのパターンを作るのがいいのではないかと思っています。たとえば、「扶養共同体を作る人にはこういう権利と義務があります」「子どもを育てたり、誰かを扶養していく人たちにはこういう権利を与えます」など、いくつもの選択肢があり、それとは別に「国家の用意するものなんていらない」という人には、「そのまま自分の力でやってください」という選択肢も含めて、いくつかの選択肢が取れるようにするのがいいのではないか。もし、そのようにまとめることができるのであれば、同性婚や婚外子の問題とも接点が出てくるのではないかと思います。

つまり、いくつもの選択肢があることで、「この制度は自分たちには必要ないけれど、これが必要だという人たちがいる」ということが可視化され、「その制度は私の不利益になるわけではないから、それを認めましょう」「私にはこういう制度が必要です。それはあなたの不利益になるわけではないので、認めてください」というところでまとまることができれば、もう少し大きな運動につながるのではないかと思っています。

それから、渋谷区の制度ができたときに、私は一番最初に「なんの権利もないのに、結婚している夫婦のような社会的義務だけ背負わせやがってとんでもない制度だな」と感じました(笑)。ただ、ある程度こうした制度が必要だという人がいるのであれば、世田谷区方式のパートナーシップ宣言というのは、自分たちの関係性を考える上での一つの重要な契機になる可能性もあるので、「別に権利はなくてもいいから面白い制度だな」とは思いました。一方の渋谷区の制度については問題がありすぎだなというのが私の印象です。

服部 ありがとうございます。「事実婚ではなくて、婚姻圧力だ」という話は、エープラスとも何か関係がありそうですね。今、菅原さんがおっしゃった「一度パートナーシップを結んでしまうと、離れるのが難しい」というテーマは、おそらく、DVから逃げている女性と同じような状況なのかとも思いましたが、いかがでしょうか。

◆家制度はDVを再生産する

吉祥 女性が女性に対して持っている差別意識の一つに、「離婚するのは人生の失敗である」という意識があります。したがって、「離婚すると、自分は人生の落伍者になってしまう」「それは避けたいので、離婚しないで今の状況でがんばりたい」という人たちが非常に多いことが、内閣府の調査からもわかっています。また、内閣府の最新の調査では、結婚している人の三～四人に一人はDVの被害にあっていますが、そのなかで実際に加害者の夫と別れたという人は一二・六％しかいないんです。そして残りの人たちは、「別れたいけど夫が同意せずに別れられなかった」という人(四四・五％)と、「そもそも別れたいと思っていない」という人(二六・七％)が、それぞれいるわけです。そういう人たちが考えていることは、「離婚は避けたい」「どうせ相手が応じないから離婚できない」「離婚しても生きていけない」ということなのです。ですから、そういう人たちの意識を変えていく必要があると私は思っています。

あと、私はデートDVの防止教育を実施するために、小学校、中学校、高校、大学等へ出前講座に行くのですが、先日、ある自治体で中学三年生に「将来何になりたいですか」という事前調査を行いました。すると、中学三年生の女子は専業主婦と答える人が圧倒的に多いんです。それで、「将来、男性が女性を養うものですか」という質問を男女別に聞くと、男子の七八％は、「自分が結婚して一家の大黒柱として家族を養わないといけない」と思っているのです。女子は割合はもっと高くて、八八％が、「結婚したら養ってもらいたい」と考えているということがわかりました。一五歳の子どもたちが、すでに日本の家父長制に自分をすっぽり当てはめて考えているのです。これはとても危険なことです。このような考えを持っているから、DVをされても我慢するし、「DVをしてもいいんだ」という意識になってしまうわけです。

ただ一方で、DVがなかったとしても、お父さんが一家を支えてお母さんが専業主婦で、家庭のなかの夫婦関係が対等でないとか、両親は共稼ぎだけれど家事や育児はお母さんだけがやるというような親の姿を見てきた子どもたちは、結婚すること自体が怖いし、恋愛も面倒だからしたくないという草食系の人たちも出てきているのも事実です。「自分の恋愛対象は二次元でいい」という子たち(特に男子)がすごく増えていると実感します。私は、子どもたちのこうした意識を変えていかなければならないと思っています。

たとえば四〇年くらい前までは、ヨーロッパも日本と同じように男尊女卑の社会でした。「結婚したら女性の人権はない」「女性は銀行口座を作れない」など様々な制約があり、それが少子化の一因にもなっていたようですが、たとえばフランスがこうした状況を打破した契機は、事実婚を認めたことだと言われています。フランスでは、そこから急速に少子化が解消したそうです。

日本ではどうすればいいのか。やるべき課題はたくさんあると思います。いま、「パートナーシップ」が討論のテーマになっていますが、今日の登壇者の四名のなかでもそれぞれ定義が違います。まずは、そこからみんなで議論していくことが重要ではないかと思っています。

服部　先ほどからパートナーシップという言葉が出ていますが、そういう点では、早い段階で、婚姻というパートナーシップを拒否なさった田中さんにお聞きしたいと思います。支配―被支配の関係にならないパートナーシップは、どのように築くことができるのでしょうか。

◆支配―被支配の関係にならないパートナーシップとは?

田中　私の場合はそういうパートナーを選択しました。私が「女性と男性が対等で、性別役割分業も廃した関係を作っていきたい、だから婚姻届は出したくない」と言ったことに対して、彼はそれを了解し、「それでは一緒にやっていきましょう」ということになったわけです。また裁判が始まってから、私は集会などで「対等で親密な、支配や従属のない関係を作っていきましょう」「男性を変えていきましょう」と提起してきましたが、パートナーになる最初の段階で、そこが協力できないと、支配―被支配のない関係を築くことは難しいと思われます。ただ、お互いがとても愛し合っている場合、家事を全然やらない男性に、「家事をしないのなら別れる」と女性から突きつけられれば、変わらざるを得ないということもあると思います。そうした実践も大事なのではないかと思っています。

服部　フロアのみなさんいかがでしょうか。尾上さんどうぞ。

尾上　障害連の尾上裕亮です。貴重なお話をありがとうございました。日本の家族観はどうも理解できません。田中さんのお話のなかで、政治家が問題性を認識してくれない、と報告してくださったのですが、その政治家には本当に腹が立ちます。介護の分野で言えば、「介護は家族がするもの」だということが、社会的にも政治的にも強まってきているると感じています。しかも、今の自民党政権は、家族制度の推進を憲法に書き込もうとしています。このままだと、政権が思う家族像から外れると、ますます生きづらくなってしまいます。どうしたものかと考えています。

服部　ありがとうございます。男女で正式に婚姻した家族というもの以外認めない、という圧力が強まりつつあるというご意見だと思いますが、これは多分みなさん、それぞれにお考えがあると思うのですが。個人的な経験でも結構ですし、関わっている団体としてこういうのを持っているというのでも結構なので、何かご意見をお願いします。

大塚　レインボー・アクションという団体は、あまりおおっぴらには言ってないのですが、うっかり結婚してしまった経験のある人は多くて。実は私もその一人でして、うっかり昔結婚してしまいまして、別れましたけど。そういう意味では、圧力に弱い人たちが集まっていたなあと。みんな心を改めまして、別れてはいるのですが。パートナーシップを新たに築き直している人ももちろんいますし、ゲイの世界では結構多いのですが、養子縁組みをして、法律に守られた家族を作っているというケースもあります。それは、まあ、そういう法律を利用していくのもいいんじゃないかなと思います。家族の圧力、要するに親ですね、再婚しないのか、とか。ひしひしと感じるのですが、そういうのには積極的に抗っていきたいと思っています。

◆婚姻制度が差別と不平等を生み出す

服部　たとえばセクシュアル・マイノリティの方には、「相続人になる権利がない」「死を看取る権利がない」など、家族の制度に入れられないしんどさがあると思います。そうしたことをふまえて、家族的なものや婚姻制度についてはどうお考えかお聞かせください。

大塚　私の家には、常に居候がいたりするのですが、しかしその相手と性的なパートナーシップを結んでいるわけでもないし、家計を一つにしているわけでもなく、単に一緒にいるというだけです。このようなあり方は、世間ではなかなか理解してもらえないのですが、私にとっては、自然なことです。このようなやり方が、もっとありきたりなものになっていくと、みんなもう少しずつ楽になるのではないかと思っています。介護の問題などが出てきますと、また別の深刻な問題になってくると思いますが。

田中　私たちが裁判を始めたのが一九八八年ですが、その頃、シングルマザーの人たちがたくさん傍聴に駆けつけてきて証言してくれました。そのなかで、医者や助産師、看護師から、「父親がいないのに子どもを産むのはおかしい」と、堕ろすことを勧められて、泣く泣く堕ろした人たちがずいぶんといました。四〇年経った現在、非婚シングルで生きる人たちは、以前に比べて経済力を持ってきており、自分で働いてなんとか子どもを養う人も増えてきています。どんなにまわりから中絶を勧められても、「自分で産んで育てていくんだ」という決意を持って、堕ろすことについては全く考えない。そして、婚約を破談した男性に対して、認知請求をして、養育費を請求するということを、若い女性たちが行うようになりました。

このように、シングルマザーとして生きるという選択が可能になり、それを実践している人たちがたくさん出てきているという現状があります。

一方の事実婚の場合、たとえば弁護士や学者、ジャーナリストといった人たちは事実婚をスムーズに選択できます。なぜなら、そうした人たちは、どんなに親やまわりの人たちから批判をされても、毅然と言い返すだけの社会的ステータスや経済力があるからです。しかし、一般の女性たちは、結局、親との関係のなかで、「子どもが可哀想だから、婚姻届を出しなさい」と強く言われると、出さざるを得なくなってしまう状況が根強くあります。パートナーとの関係のなかでも、女性の方が事実婚を望んでいても、男性から「そんなものは必要はない」と言われると、なかなか相手の男性を説得できません。男性自身も、親から「子どもが生まれたら婚姻届を出すべきだ」と言われると、言い返せずに、結局パートナーの女性を説得して、泣く泣く婚姻届を出してしまうということが、とても多いように思えます。そのため、事実婚を選択する人たちがあまり増えてきていないというのが現状です。

それに加えて、世の中には「結婚をすべきだ」という規範力が非常に強い現実があります。たとえば、「できちゃった結婚」が非常に増えてきましたが、これなども「妊娠したんだから結婚しなさい」という「結婚の規範力」が働いていると考えられます。ですから、パートナーや親との対等な関係を作り出すことによって、こうした社会的規範を押し戻し、事実婚を貫徹していくということが、重要なのではないかと思っています。

◆相互扶助への新たな試み

柳橋　海外のＬＧＢＴの活動家からよく、「アカーはファミリーのようだ」と言われることがあります。何をもってファミリーと言っているのかよくわからない部分もあるのですが、たしかに個人の生活に対して干渉するわけではありませんが、できるかぎりの援助を与えている気はします。たとえば、地方に住んでいるセクシュアル・マイノリティの人から、「地元では孤立してしまうので、東京に出て来たい」という相談があったとします。さすがに収入の手段がなければどうしようもないのですが、そこがクリアできれば、家探しの面倒も見ますし、会員の親の介護なども何度か援助しています。しかしそれは、団体や会員に余裕があるから行っているわけではありません。むしろ、そんな余裕のある状況ではないのですが、会員の人が家族の問題を抱えていれば、団体の活動や自分の生活を続けていくために、できるかぎりの援助をしてあげたいという思いがあるからです。多分それが「ファミリーのようだ」という認識につながっている感じがしています。

したがって、「扶養」や「セクシュアル・パートナー」など、様々な家族の役割を、すべて一つのところで解決できなくてもいいのではないかと思っています。たとえば「介護についてはここに頼れる」「教育的な援助はここに頼れる」など、そういうのをいくつも持っていて、生活環境を作っていくというのも一つの方法なのではないかと思います。ですから、家族の抱えている問題のすべてを、結婚という一つの形式だけで抱え込まなくてもいいように、複数のコミュニティに足場をおける状況というのが重要なのではないかと考えています。

先ほどの田中さんのお話で、「事実婚には支配—被支配の関係がない」ということを強調されていましたが、「こんなにいいことがあるんです」「こんなに自分たちがやりたいことができるんです」という、ポジティブな情報の発信がもっとあってもいいのではないでしょうか。現状では、「これがなくてたいへん」「あれがしんどい」という話ばかりが喧伝されているようなので、「やっぱり事実婚ってたいへんなんだ」ということになってしまい、次に続こうとする人たちがなかなか出てこない気がします。

フランスでは、「ユニオンリブレ（事実婚）」の人たちが、結婚という制度をとらずに勝手に「自分たちはパートナーです」という宣言をし、「ユニオンリブレのほうが結婚よりもずっといいんだ」ということで、そうしたカップルが増えた時期がありました。そのあと、エイズの問題が起こり、自分のパートナーがバタバタ死んでいくなかで、「遺産は当然もらえない」「遺体を持っていかれて墓参りもできない」などの問題を抱えることになりました。そして「やはり結婚は必要なのではないか」という議論を経て、現在では同性間を含む結婚もあれば、パックス（フランス独自のカップル登録制度）など、いくつかの選択肢が選べるようになりました。このように、「結婚ではない別の家族のあり方が、実はこんなにいいものなんだ」という情報発信が、もう少しあってもいいのではないかと思っています。

◆事実婚のメリット

服部　田中さん、事実婚のメリットについてお話しいただけないでしょうか。

田中　第一番目として、「嫁扱いをされにくい」ということでしょうか。彼の親が、彼に対して「彼女は嫁でしょ」と聞いてきたとき、すぐに彼は「いや、嫁じゃないから。嫁っていうことで親戚に紹介しないでくれ」と答えたら、黙っちゃいました。すごいショック療法ですよね。それ以来、彼の家に行っても、全く嫁扱いはされません。「嫁なんだから、家事は当然やるべきだ」というのは全く求められない。私のほうも、一生懸命新聞を読んで、「絶対家事はしないぞ」という無言の意思表示をしていたら、「嫁じゃなくて、変な人だ」ということで、「嫁ではない認定」をされたようです。

あるとき、婚姻届を出して通称で別姓を名乗っていた人から、「夫の母親から嫁扱いされて、なんだかんだと干渉されるんだが、どうしたらいいものか」という相談をされたときには、「それは簡単よ。すぐにペーパー離婚すれば、絶対に嫁扱いされないから」とアドバイスしました。その後彼女から、「すぐにペーパー離婚を実践したら、嫁扱いされなくなりました」という報告を受けたんですね。つまり、事実婚の第一の効果は「嫁扱いをされなくなる」ということです。

それから、自分の氏は婚姻届を出すことでパートナーの氏に吸収されてしまうのですが、事実婚の場合は自分の名前を維持していくことになるので、自分がその名前の主人公であるわけです。戸籍についても、自分が筆頭者であり、パートナーの戸籍に吸収されるわけではありません。それから、パートナーがそれぞれ対等な関係を作りやすい。他人から「旦那さん」だとか、「奥さん」だと言われても、「私たちそうじゃないから」と言うと、「あれ？」となって、次からは「旦那さん」「奥さん」とは言われなくなります。その結果、対等な関係を維持し続けていけると思っています。

服部　ありがとうございます。尾上さんいかがですか。

◆障害者における結婚をめぐる状況

尾上　柳橋さんがおっしゃっているように、複数のコミュニティに頼ることが大切だと思います。あと、「大人になったら結婚して家族を作ること」が「よいこと」であるという思い込みが怖いです。

八柳　障害者インターナショナル日本会議の八柳卓史です。僕たち障害者が健常者と結婚する場合、親から、「一緒に暮らしてもいいし、同棲してもいいけど、籍だけは入れないでくれ」と言われるケースがあるんですよ。たとえば、女性が障害者の場合は、「嫁の役割を果たせないから場違いだ」とか言われるわけです。先天性の障害者の場合、特に重度障害の場合は、そういうケースが多いですね。僕の世代だと、籍を入れないで結婚する流れがあったんですが、逆に女性が重い障害の場合は大体別れてますね。逆に女性が健全者で男性が障害者という場合は、結構続いているように思われます。そういう意味で、男女差別みたいなのもあるのかなと思います。

あと、扶養者については、配偶者、直系血族、兄弟姉妹までは入れられますが、事実婚の場合、同居していても扶養者には入れられません。したがって財産を守る場合、養子縁組などを結ばなければ、直系血族や兄弟姉妹に持っていかれてしまうことになります。こうした戸籍制度自体、僕もおかしいな思ってます。それを解体する道筋を僕らなりに作っていかなければなりません。どうやったら二人で作った財産を守ることができるかということを考えていかないと。

ただ障害者の場合、配偶者として籍を入れると、総合支援法上で自己負担を求められてしまいます。逆に籍を入れてないと、それが求められない。そういったメリットを考えて籍を入れない人もいるのかなと思います。現実問題として、制度が生活を縛ってしまうケースが、実際にはかなり多いと思っています。

◆家制度に対する共通の闘いは可能か？

大西　国学院大学の大西祥恵です。今日の議論のなかで、戸籍や家族のテーマが多く出てきました。みなさんにお聞きしたいのですが、そもそも、「家を守る」「家制度を維持する」という社会や権力に対して、立場によって個別の課題はあると思うのですが、共通する部分としてどのような闘いが可能なのでしょうか。

大塚　先ほど話した内容ですが、文科省が「二二歳が一番妊娠しやすい」という捏造グラフを高校生にばらまく事件がありました。それに対して、シンポジウムを開いたり、それを糾弾する本などを出版しました。地道な活動ではありますが、政府や権力サイドの様々な情報発信についてチェックし、その都度ツッコミを入れて監視していくという取り組みが重要だと思っています。

田中　議会への陳情を行い、続柄欄廃止の戸籍改正を求めていますが、まず、続柄というのが戦前の家督相続の名残であること、そして戦後、家督相続もなくなり、相続差別もなくなったことを説明し、したがってきょうだいの序列である続柄はすでに必要ないということを主張しています。また、ＬＧＢＴにおいて、性別変更者の続柄というのもにも大きな問題があります。たとえば、戸籍上次男の男性が、女性に変更した場合、次男の「男」を「女」に変えて次女にするわけです。仮に、同じ戸籍のなかに次女がいても、あるいは長女がいなくても、すべて次女になってしまうのです。これは、性別変更者を徹底的に軽視扱いしたものです。

特別養子縁組の場合だと、先に長男がいて、特別養子縁組で、長男よりも年上の子が入ってきた場合、続柄を入れ替えるんですね。今まで長男だった人を次男にして、新しく入ってきた人を長男にするわけです。しかし、性別変更者については、そういう扱いがなされません。

こういう問題を解決するには、続柄そのものをなくしてしまえばいいと思うのですが、政府は、家制度の序列を維持するために、制度が改正されても、長男・次男という序列をなんとかして残していこうという姿勢を持っているのです。したがって、こういった問題に対しても、性同一障害の人たちと連帯・共闘ができないかと思っています。

◆家制度に対する多面的な闘い方——セクシュアル・マイノリティのケース

柳橋　すごく大きな話になってきたので、私も大風呂敷を広げることにして、ここで言う権力というものを、政府機関というレベルだけではなく、「関係性の権力」ということでとらえたいと思いますが、よろしいでしょうか。

大西　それでお願いします。

柳橋　要は家族制度を守ろうとする権力と言ったときに、まず政府や国会、裁判所が法律という形でその外形を整えてやっている部分があります。そしてそれとは別に、たとえば今の戸籍法は基本的には核家族レベルで、大家族としての「家」というのは解体されているはずなのですが、それでもやはり、「家という伝統を守りたい」という意識があります。このどちらの問題も扱うような感じでよろしいですか。

大西　はい。

柳橋　法律的な部分に関して言えば、基本的には正攻法だと思うのですが、「これだけの不都合があります」「これだけ基本原則である人権に反しています」というのを訴えていく形になると思うのですが、いろんなやり方があると思うし、世論がわーっと高まってくれれば、裁判所が考えるというのは当然あると思うんですね。たとえば同性婚の場合だと、子どもへの影響があるのではないかというのが常に保守派から出されていますが、それに対して、「これだけのデータを調べたけれども、一切影響なく、異性愛の夫婦と同じです」という事実を示して、さらにカミングアウトをすすめることによって、一般の人たちが「そういう人たちが自分のまわりや友達にもいる」という状況が増えてくると、世論に押されて、制度も変わっていく、裁判官も判断を変えていく。そういう部分はあると思います。

もう少し狡猾にやるのであれば、たとえば同性婚の代わりに養子縁組を行う人たちが大勢出てきて、それで、相続人から養子縁組無効の調停などを起こされて、それで大きな争いをするというのも一つの手だと思うんですね。あと、同性婚でも、全国に五〇カ所ある地方裁判所全部に対して、一斉に違憲訴訟を起こすことも考えられます。実際に、性同一性障害の法律を作る段階で、同時複数的に訴訟を起こしたりしています。そういうなかで「あっちでは違憲」「こっちでは合憲」というのが出てきて、議論が盛り上がるというアプローチもある。

それとは別に、家族関係のなかで、たとえば親にカミングアウトして「彼が僕のパートナーです」ということで、親とのあいだでパートナーとの関係性を認めさせる。そうした親との関係性を作り、親に「うちの嫁さん男なんだけど」というところまで意識を変えさせていくのも重要な取り組みです。

アカーでは以前、遺言執行を行ったことがあります。これは、会員の方で「全財産をアカーに遺贈します」という遺言書を書いてくれた方がいらっしゃったときのケースです。そのとき、その方は養子縁組をされていたのですが、すでにその養子の方は亡くなっていました。そうすると、相続人は親になるわけですが、幸いなことに、その方はお亡くなりになる前に、養子縁組をしていたパートナーの人と一緒に、親にカミングアウトしており、「アカーとはこういう関係にある」ということを全部話していただいていました。そのため、親とのあいだでは、遺留分の減殺請求などでは揉めずに、全部遺言どおりに遺言執行することができました。

ただ、生命保険に関しては、法人が受取人にはなれないので、そちらのほうは親にいくこととなりました。

このように、カミングアウトして「自分はこうなんだ」というのを粘り強く話すことでまわりの人の意識を変えていくことができるわけです。そういう方法もあるのではないかと思います。

◆国家による家制度の強化と侵害される ひとり親女性の権利

吉祥　ちょっと本筋から離れてしまうかもしれないのですが、今、国の男女共同参画の事業のなかで、少子化対策として婚活事業が推進されており、多くの自治体がこの婚活事業に取り組んでいます。そのなかで、親同士がお見合いして、子どもの結婚相手を見つけてくる「代理婚活」というのが、メディアにも取り上げられて話題になりました。こうした状況を見るにつけ、まだまだ家同士の結びつきが強いことがわかります。

そして、ここで問題なのは、そうした事業に国や行政がお金を出しているということです。その一方で、DV相談や女性の権利というのはどんどん縮小されているという現状があります。

そもそも国の考え方として、母子家庭やひとり親家庭に対する偏見がひどいです。国では、「離婚を阻止せよ」みたいな保守的な考え方がすごく強く、以前、離婚すると受給権が発生する児童扶養手当を削減しようという動きも出ました。私たちはこれに対する反対運動を展開し、ロビー活動などを行いましたが、国会議員からは「こういう母子の手当てを充実させちゃうと、離婚が増えるだろう」と言って怒られたりしました。この児童扶養手当の削減問題はなんとか阻止することができましたが、そもそも児童扶養手当の制度自体がかなり人権侵害の制度です。扶養手当をもらうと、一年に一回自分の現況を届け出なければなりません。それも、収入の面だけでなく、生活の面のことまでかなり踏み込んで聞かれます。たとえば、「交際相手がいるか」「もしいる場合には週に何回会っているか」などについて聞かれ、週に三日以上会っていると児童扶養手当が出なくなります。「三日という基準は何なのですか」と厚労省に聞いたところ、「週に三日くらい会うような関係だと扶養されているとこちらは判断します」と言われました。「じゃあ、二日だったら扶養されてないということですか？　三日会っていても、食事代など割り勘でそれぞれ払っている場合もあるのに、どうして三日会ってると扶養されているということになるんですか」と言うと、「それくらいの親密な間柄だったら、女として扶養されるのが当たり前だ」と言われました。厚労省はこうした決めつけをするわけです。したがって、私たちは「これ自体が人権侵害である」ということをかなり強く抗議し、その結果、現況届におけるこのようなあからさまな質問事項はなくさせました。

しかし、現況届を出しあとに、面接官による面接があるのですが、今だに口頭では「恋人いますか」「週何回会っていますか」「寝泊りしていますか」「どのくらいの援助を受けていますか」ということを根掘り葉掘り聞かれるという現状があります。「一人親家庭は異性と交際するな」「楽しいことをしちゃいかん」「その時間を子どもの養育や就労に当てろ」と言われているように思ってしまいます。こうした国のあり方や意識を変えないといけないので、児童扶養手当については、審査請求をどんどんやっていこうと考えています。「あなたの手当の金額はこうです」となったときに、「それはおかしい。不服です」とやるような計画を今立てています。そして、「母子家庭はこうあるべきである」「DV被害者はこうあるべきである」というような考え方をなくしていく必要があると思っています。

◆複合差別とヘイトスピーチ

朴金　今日は貴重なお話をどうもありがとうございます。私は、在日本朝鮮人人権協会に所属しております朴金優綺です。たとえば、在日朝鮮人のセクシュアル・マイノリティだと、在日朝鮮人のコミュニティのなかではなかなかセクシュアリティのことを言いづらかったりすることがあります。逆に、セクシュアル・マイノリティのコミュニティのなかで、勇気を出して在日朝鮮人であることをカミングアウトしてみたら、ヘイトを受けてしまうような状況があるのではないかと思っています。

そういうなかで、二〇一五年くらいから、在日朝鮮人のなかのセクシュアル・マイノリティの交流会というのをやったり、あとはセクシュアル・マイノリティに関するテーマを設けて学習会などを行っています。吉祥さんのDVのお話との関連で言うと、在日朝鮮人・外国人のための法律相談や生活相談を行うなかで、直接DVの相談があったり、あるいは離婚の相談のなかでDVの話が出てきたりということがあります。私も朝鮮人学校で、デートDVの防止教育などを行おうと、今、授業案を作成しているところです。

さて、二つ質問があるのですが、一つ目は、たとえば、在日朝鮮人や被差別部落出身者のような民族的マイノリティ／人種的マイノリティの人たちの場合、日本人配偶者や部落外配偶者と結婚するとものすごい権力関係ができ、DV被害が非常に多いという話を聞いたりします。みなさんの相談活動のなかで、このような民族的・人種的マイノリティに関する相談を受けた経験はありますでしょうか。また、受けた結果どのようなことを考えられたか、お聞かせいただければと思います。

二つ目としては、みなさんご承知のように、在日朝鮮人に対するヘイトスピーチや暴力の扇動というのが、日本社会では数多く見られます。たとえば在日朝鮮人の場合は、殺害を予告されたり、害虫に喩えてすごく侮辱されたりだとか、あとは「出て行け」と排除を扇動されたりなどします。多分、セクシュアル・マイノリティやＤＶ被害者、あるいは婚外子に向けられるヘイトスピーチにも、在日朝鮮人に向けられるヘイトスピーチとの共通性なり差異なりがあると思いますが、どうすれば手を携えてやっていけるのか、あるいは違うところをどう認識していくか、ということについて、お話をお伺いできればと思います。

大塚　今までの活動経験のなかで、留学生の方が長いあいだ、プライド・パレードのスタッフとして手を貸してくれたケースはたくさんあります。そのなかで、アジア系の外国人から「日本でひどい目にあった」という話は聞いたことがあります。具体的には就職差別みたいなことでした。聞いていた条件と全然違うとか、四月から採用のはずがいきなり「九月にしてくれ」と変更されたりとか、無茶苦茶なことがあったようです。そのときは、私は助けられなかったのですが、ほかの人が手を貸して、別の就職先を見つけて一件落着したことはありました。

あとヘイトスピーチについては、具体的には、プライド・パレードに対して、日本会議系の右派が数十人集まって抗議行動をしようとしたことがありました。

ただ、プライド・パレードのスタッフのなかにも、ヘイトスピーチをやる輩もいたりするもので、むしろそういうのを自重していかなければならないという話はしたことがあります。

◆外国人女性のＤＶ被害者は多い

吉祥　私たちのところでは、外国の方の相談は多いです。「外国人の女性と日本人の夫」というパターンもありますし、外国人同士という方もいます。あとは、外国に在留している日本人だったり、外国人と結婚して外国に住んで、向こうでＤＶを受けて日本に逃げてきたりという人もいますし、いろいろです。出身国もいろいろですが、多いのが、フィリピン、ネパール、中国などです。それからアメリカ、イタリアなども多いです。アジア人だとバカにされて、「警察もお前らのために税金は使わない」ということで、わからない英語でサインさせられています。

ＤＶの相談に警察に行っても、外国人の場合はまず「パスポートを持ってきているか」「在留カードがあるか」「在留資格は何か」「期限はいつまでか」などと聞かれます。ＤＶから逃げている場合、ビザの更新は配偶者にサインしてもらわないと期限の延長ができません。そうするとオーバーステイで捕まったりしてしまいます。そうした事態をなんとか阻止するために、外国語に堪能なスタッフを配置したり、在留資格に詳しい人などにご協力いただいています。

それから、在日朝鮮人に対するヘイトスピーチをやっている団体の人たちは、DV被害者の私たちを攻撃する人たちとだいたい同じ団体ですね。嫌がらせなどがきますが、見ると団体名が同じです。「美しい日本のために」とかいう人たちは、だいたい「男はこうあるべきだ」「女はこうあるべきだ」という人が多いので、なるべく真っ向から闘わないようにしていますね。

あとDV被害者の女性のなかにも、「そんなに嫌だったら国に帰ればいい」とか言ってしまう人がいるんですよね。「もしあなたがそうやって言われたらどうするの」と説明すると、「ああそうか。同じ立場なんだ」とわかってもらえることもあります。

DV被害女性たちのための「分かち合いの会」というサポートグループがあるんですが、そこで日常で起こっているニュースやトピックスをあげて「どうしてこうしたヘイトスピーチが今起きているのか」について、一緒に考えたりしています。多分、いろいろなマイノリティに対してヘイトスピーチする人たちは、だいたい同じなので、対策を一緒に考えたりできれば、私たちも心強いと思いました。

朴金　ありがとうございます。すごく参考になりました。

◆婚外子は「不倫の子ども」なのか？
――根深い差別の実態

田中　二〇一三年の相続差別意見決定が出る前後のときに、婚外子に対して「あれは不倫の子なんだ」というようなことが、ネットで徹底的に攻撃されました。その人の場合は両親が事実婚だったのですが、そうした事実が新聞やテレビなどで報道されても、それとは関係なく、一方的に「不倫の子だ」と決めつけられて攻撃されました。

電話相談のなかで、ある男性が、「自分はもう五十何歳ですが、父から認知を受けていませんでした。人と話をしたりすると、「お父さんは？」と聞かれて「死んだ」と答えると、「いつ死んだの？」と細かく聞かれるので「本当は知らないんだ」と言うと、「えっ、知らないの?!」ということになり「あっ！　不倫の子なんだ」というふうに接しられてきました。小さいときから、「自分はこの世にいちゃいけない存在なんだ」とずっと思ってきました。しかし、五十何歳になった今、やっと、「そんなことない」「そんなふうに自分のことを卑下しないでもいい」と思えるようになりました」と、語っておられました。

それから私は、うしろ向きの姿で取材を受けて、ニュースに出たことがありました。「本当に相続差別をなくしてほしい」という主張をしたのですが、私と同じマンションに住んでいる人に、「あ、あの人だ」ということで知られることになってしまいました。その当時、マンションの理事者会のなかで、その人と私は意見が対立していたので、「あの人は婚外子なのよ」と言いふらされて、嫌がらせを受け続け、結局そのマンションから出ていかざるを得ませんでした。こうした悲劇が、未だに繰り返されている状況があります。

そのため、私たちは会の通信を年五回出していますが、「絶対に会の封筒を使わないで」という人もいました。封筒には「なくそう戸籍と婚外子差別・交流会」書かれているので、「あの人は婚外子の家庭かもしれない」と思われてしまう、というのがその理由です。そういう人が何人かいらっしゃいます。なるだけひっそりとわからないように生きたいと思っている人がたくさんいるということです。

柳橋　アカーには、在日朝鮮人や韓国人、中国人の会員もいて、特にそれで何か問題はなかったようです。ただ、私は直接は会ったことがないのですが、青年の家での差別事件が起こったときに、実際に差別的な言葉をかけられたのが、在日の方だったようです。しかし、ご本人の都合もあり、その方を原告にして裁判はできないということで、団体が原告となって裁判が闘われました。

あと私の経験で言うと、ゲイバッシングの事件があったときに、大阪の団体から「バッシングの問題について話をしにきてくれないか」という話がきました。それを企画された方は在日の方だったんですね。その方によると、「バッシングの問題は重要なんだけど、自分が民族としていろんな形で差別の問題を扱ってきているので、同じような問題として考える必要があるのではないかと思った」とおっしゃっていました。そのへんはすごく敏感に反応されるのかなと思いました。

あと、来日した外国人のケースでは、とある中国の方は「あの国ではゲイだと知られたら生きていけないんだ。帰りたくない」とおっしゃった方もいました。びっくりしたのは、カナダの方で、「このホモ野郎」などと路上で差別語を受け、「殺されるかもしれない。ここでは暮らせない」ということで、日本にいらっしゃった人もいました。

ヘイトスピーチの話は、幸いなことにというか、まだセクシュアル・マイノリティの発言力が強くないので、在日や部落、アイヌに比べて、いわゆるヘイトスピーチという意味では数は少ないと思われます。差別表現はネットにたくさん出ていますし、渋谷区の条例が通ったときにも反対した団体があったようですが。ただ、いつなんどきどういう火の粉が飛んでくるかわからないという状況もあるので、それはなんらかの形で、対応策を考えなければいけないとは思っています。

ただ、差別主義者はどうしようもないのですが、いわゆる国粋的な保守というのは、ときと場合によっては使いようもあるのではないかなという気もしています。今日本では、同性婚が認められている外国のカップルについては、配偶者の形で在留資格を認めているんですね。最初に認められたのは、神戸アメリカ総領事館のアメリカ大使のカップルです。そのときに思ったのですが、「外国にばかりへイコラしてないで日本人のことも考えろ」というような表現で、現状への批判が出てくるのであれば、それはそれで使えるのかなということです。半分冗談ですけど。石原慎太郎さんなんかも、「アメリカでは、ゲイが合衆国の星条旗を体に巻いて愛国心を示しているんだ。それには感動した」と言うから、「じゃあ、日の丸を巻いてお前のところに行ったら、差別をやめるのかよ」とは言いたいですが(笑)。

◆世代間の連携/学校におけるジェンダー教育

近藤　部落解放同盟の近藤登志一です。今日は貴重なご意見ありがとうございました。先ほど大西さんが言われましたが、現在でも部落差別が再生産されている大きな理由の一つに、「家意識」というものがあるのは事実です。これを解体していくことが、解放運動の一つの目標にはなっているのですが、じゃあ具体的にどうやって解体していくのかというのが大きな課題だと思います。

実は、解放同盟の組織内部のなかで、ジェンダーに関することが表に出てくるのがほぼないのが現状です。実際に同盟員のなかに、セクシュアル・マイノリティの方がどれほどいらっしゃるのか。あるいは、DV被害者の相談がどれくらいあるのか。たまに各支部レベルで相談はあるようですが、そんなには多くない。実際には、相談するのが難しいんじゃないかなと思うんですね。

解放同盟全体のことを考えたときに、本当にいろんな課題に深く関わっていかないと、被害者が相談に来られる組織にはなっていかないのではないか。そうした問題意識を、今日改めて自覚できました。そして、そうした意味において、様々なマイノリティの人たちと連携を深める必要を感じています。

共通の課題ということで言うと、最終的には、単純に、差別禁止法や人権法などの包括的な法を頭に浮かべていたわけですが、今日のお話を聞いただけでも相当数の政策提案があったと思われるので、そうした個別の課題を一つひとつ積み上げていかないと、本当の意味での差別禁止法はできないという思いに至りました。

一つお伺いしたいのは、世代のことです。今日ご登壇いただいたみなさんと、二〇代の若いメンバーとでは、何か違うところはあるのかどうか、一言ずつでもお聞きしたいと思います。

岸本　部落解放同盟の岸本萌です。私もちょっと質問があります。みなさんの貴重なお話ありがとうございます。みなさんのお話を聞かせていただいて、やはり、セクシュアル・マイノリティへの差別、DVの被害、婚外子への差別、すべて男性らしさ、女性らしさの押し付けから始まっていると思いました。その男性らしさ、女性らしさの押し付けって、幼少期から始まっているように思えます。うちの息子は今小学校六年生なのですが、ちょうど一〇歳のときに、性について勉強しました。ただそのときに、男性と女性の二つの性についてしか教えないんですね。セクシュアル・マイノリティについては教えない。

今日のお話のなかで、吉祥さんは、小学校生から高校生のところに行って、デートDVの講習会で教えている、とおっしゃっていましたが、公立校にも教えに行っているのでしょうか。

吉祥　はい。行っています。

岸本　それがどのような講習会なのか、どんな団体が行っているのか、近藤さんの質問と合わせて答えていただければと思います。よろしくお願いします。

大塚　うちの団体にも、学校から要請がきたことがあり、対応が可能なメンバーでお話しさせていただきました。行政や自治体との関係が多かったのですが、企業向けにもお話ししたことがあります。セクシュアル・マイノリティの団体としてはやや高齢化が進んでいまして、四〇代後半くらいの平均年齢で、若い世代が全然いないというのが、悩みの種なので、誰か若い人がいたら紹介してください(笑)。

田中　なくそう戸籍と婚外子差別・交流会は、創立時のメンバーは年を追うごとに年齢が上がっていきます。そして、たまに三〇代、四〇代の人が会員になっていくという感じです。そういう若い人たちは、家制度を問題にするよりも、直接的には戸籍の差別や、夫婦同姓への問題意識が強いですね。家制度を対象化するというのはなかなか難しいのかな、と思っています。

柳橋　幸いに、年に何件かは問い合わせがあり、会に関わってくれる若い人たちがここ何年かで少しずつ増えているという状況です。あと「世代によって何が違うのか」というご質問ですが、アカーの基本的なコンセプトは、「安心していられる場所」なので、そういう意味では孤立していたり、カミングアウトすることに関して、様々な壁を感じているような人たちがアクセスしてくるというスタンスは変わらないと思います。インターネットの発達で、昔に比べてあちこちに出会いのツールはあるので、そういう意味では、「アカーしかない」という状況ではないので、たくさんの人がどっと来るということはないですね。

学校などへの派遣ということで言うと、高校はここ何年か、非常に理解のある先生に毎年呼んでいただいており、会員の方が話をしに行っています。あとは、さすがに小学校や中学校に呼ばれることはありません。

吉祥　私はＤＶ被害の当事者なので、自分の被害経験から活動しているわけですが、私たちの活動のベースには、フェミニズムの考え方や運動の仕方などからいろいろと教わったことが多いと言えます。こうしたフェミニストの人たちは、本当に元気がよくて、いつも圧倒されちゃうので、ああいうふうになりたいんだけどなれないみたいな。尊敬はしてるんですけど、フェミニストとは名乗りたくない、というところがあります。

下の世代の人たちをどうやって育てているのかというと、学校でデートＤＶの防止教育を行うための派遣スタッフとして養成しています。その人たちに「ＤＶとは何か」「ジェンダーとは何か」ということを学んでもらい、その人たちが全国の学校で防止教育を実施することで収入が得られるように活動しています。

毎年ちょっとずつですが、私より若い三〇代の人たちが増えてきているところです。私自身は小学校から大学までを対象に、年間一五〇校くらいの学校でプログラムを実施しています。年齢と理解度に応じたプログラムを用意しています。

◆学校での取り組み

服部　岸本さんの質問にリンクして、学校現場での講習を通じて、生徒や児童の変化や反応などがわかれば教えてください。

柳橋　アカーでは、若い人たちへの研修は、主に飯塚信吾さんが担当しているので。彼から答えていただきます。

服部　ではお願いします。

飯塚　柳橋からお話があったように、高校や大学でお話しする機会があります。とある高校では、もともと性教育が充実していて、すでに高校三年生の一年間をかけて、同性愛や性的指向について学んでいるので、授業に行く前から、知識も持っているし、偏見もない感じが見受けられます。

大学の場合は、一般教養の講座のなかでお話ししています。主な流れとしては、ジェンダーを通じて女性の権利を学んだり、ＬＧＢＴや同性愛の話もしています。なかには「男性の同性愛者はファッションの業界で働けばいい」などと言う学生さんもいますが、そうした人も、議論が活性化するなかで、「いろんな生き方があったり、多様な考え方があっていいんじゃないか」というふうに変わっていくようです。

吉祥　私たちは小学校では、主にジェンダーのことを中心に伝えるようにしています。たとえば、「男の子のランドセルは黒や紺、女の子は赤やピンクなのはどうしてなのか」ということや、将来なりたい職業として、男の子はサッカー選手やユーチューバー、女の子はお花屋さんなどが上位にきますが、どうして男女で差があるのかということを一緒に考えていくことから始めます。そして、「男らしさ、女らしさって別に悪いことじゃなくて、本当はとてもいいことなんだけど、それが相手を苦しめたり、自分で自分を苦しめることになるかもしれない」ということを考えていきます。

中学校では少し恋愛の要素を入れたり、性的な話を盛り込んでいきます。高校では、具体的に恋愛関係におけるセックスの自己決定とか、そういうことについて話していきます。大学はもっとリアルに、「結婚をどう考えるか」「収入をどうするか」など、具体的なテーマについて話していく。

事前のアンケートでは、「結婚したら男が養う」「女は養われる」という意識が高く、暴力の容認意識も非常に高いんですね。それは、親や学校の先生に、しつけと称して暴力を振るわれているのですが、それについては「自分がいうことをきかないからしょうがない」と思っている子どもはとても多いです。でも「それは違うんだよ」ということを知ってもらい、「どんな理由があっても絶対に暴力はダメだ」ということを子どもたちには学んでもらいます。

あと、「人の関係において上下をつけてはいけない」「人は誰でも対等で平等」ということを知ってもらいます。そして、「ＤＶは犯罪である」ということも教えます。そして、「自分の感情を相手のせいにしない」「お前が怒らせたとか、そういうことは絶対に言っちゃいけない」「この世の中には、暴力を振るわれていい人は一人もいない」「自分らしさを大切にすること」「何か問題が起きたときには必ず、誰かに相談する」ということを伝えています。

ですから、事後のアンケートでも「絶対に暴力は振るいません」「友達の暴力を見たら、自分も注意したり、話を聞いてあげられるようになります」「悩みがあったら絶対一人では抱え込みません」というように、子どもたちの意識が変わることがわかっています。

服部　だいぶ終盤になってきているのですが、まだ何もご発言なさっていない方もいらっしゃるのですが、岸本佐恵子さんいかがですか。

◆参加者の感想

岸本（佐）　部落解放同盟東京都連合会の岸本佐恵子です。ちょっと質問という形でまとまらないので発言していなかったので、感想になってしまいますが、私の場合、男女の役割分担とか、そういうものの押し付けとか、家族制度の押し付けとか、それは人生の初めから抵抗があって、解放運動に関わる前からの、男らしさ、女らしさへの疑問とか、そういうのがどんどん自分の人生の一番のテーマみたいなものになっていきました。それなので、「戸籍制度の解体」は懐かしい言葉ですが、戸籍制度のことやDV被害者の支援などに関わってきましたし、それに関連するところで働いていました。一時、戸籍の仕事をしてたときがあるんですよ。すると毎日毎日嬉しそうに婚姻届を持ってきて、なんの疑問も持たずに夫の氏にチェックするんですね。それで職員も職員で、たまに妻の氏のところにチェックしてくる人がいると「これ、いいんですか？」と聞いているわけです。私、頭にきたから、その質問をした人に、「あなた、そんなこと言って本当にいいんですか」っていちいち突っかかりました。そしたら、ある飲み会で、うちの係長が、私の代わりによその係の人と「どっちにチェックしたっていいんじゃない、役所が余計な指導して家制度を守るんじゃないよ」と喧嘩してくれたのが面白かった。

DVについても、私はDV被害者を支援する職場にもいましたが、なんで被害にあった人が逃げ回らないといけないのか。被害にあった人は、自分の身内とも連絡も取れずに、身を隠さなければならない。なんて不条理なんだろうとずっと思っていました。吉祥さんが、本当に細かく、いろんな取り組みをされているので、感動、感激でした。全部拍手って感じで、本当に学習会にきて欲しいと思っています。

服部　ありがとうございました。吉田勉さん、いかがでしょうか。

吉田　ひと言、言っておきたいと思ったのは、今日四人のそれぞれの報告のなかで、共通しているのは、ヘテロ家族をモデルとしていることであり、かつ家父長制的家族をモデルにしていることです。近藤さんの話にもありましたが、差別の温床の一つに家族主義があるわけですが、どこかで「家族の解体」という問題には取り組まなければならないと思いました。ただ、みなさんのいろんな報告を聞きながら思ったのですが、扶養や相続などリアルな生活のことを考えていくと、「そう簡単に家族の解体って言えないよね」っていうのがもちろんあるわけです。それでもやはり「家族からの自立」みたいな問題には向き合わなければならないと思います。

来年、天皇とかいう人が代替わりしますが、一応、戦後憲法は職業選択の自由を保障しているはずなのに、あの家だけは、職業選択の自由もないし、居住の自由もないし、天皇であることからの自由もないわけです。こういうことを認めている私たちが、日本の国家と社会のなかで、家族の問題について、もうちょっと、きちんと実践的にも思想的にも考えなくちゃいけないなと改めて、しみじみ感じながら聞いていました。発言しようかどうか迷ってたんですけど、誰か言わないといけないよなと思って、あえて発言させてもらいました。以上です。

服部　ありがとうございます。最後に、登壇者の方からご意見があればお願いいたします。

◆まとめのコメント

柳橋　私は、基本の選択肢を多様化するというのが一番重要だと考えています。つまり、「古い家族制度がいいという人は、それはそれでいいけれども、私の邪魔はしないでね」っていうところなんですね。ただ実際問題、先ほど関口さんが「My choice is my life」という話をされていましたが、やはり今の日本社会は自己責任をすごく問われます。「お前ら、家族に入らないで自由にやってるんだから、どんな不利益があっても自己責任だぜ」みたいな。多分そういうような流れってあると思うんですよ。しかし自己責任というのは、本来的には、自己選択ができるから自己責任を負うんですよね。自己選択するためには、本来は十分な情報を与えられた上で、適切な個人の価値判断ができることが必要なんです。そうであって初めて、「不利益になる自己判断をしたとしてもそれは自己責任ですね」と言えるはずなんです。しかし現状では、十分な情報が与えられているわけではないし、判断するための選択肢というのがどこまで示されているのかも疑問です。そういう意味では、「自分の選択というのがどこまで自由なのか」という話ができると面白いかなという気はしています。

そこで多分、障害者などは、ノーマライゼーションの頃から、自立した意志を表明するための支援を随分考えてきていると思うし、子どもの人権で言えば、子どもの意見表明権などがよく言われています。ただそこには、本人の自由な意見表明ができるための適切な援助も必要なわけですよ。ですから、「どうやったらコミュニケーションが取れるようになるのか」ということに関しても、もっと支援が必要ですし、同性愛者にしても、「どういう形であれば自己選択ができるようになるのか」という観点から、条件を整えていくことも必要になるのではないかと考えています。

田中　しつこく続柄のことにこだわるんですが、新聞などを見ると、必ず、関係性で「次男」とか「長男」などと書かれています。あるいは、訃報の記事などには、「喪主は長男の○○」のように書かれるんですよね。新聞が続柄を必ず記載することの一つの弊害は、次男と書いてあれば、「あ、この人は長男がいるんだ。どこにいるんだろう」とすぐに反応し、事件とは全く関係ないのに、その人のプライバシーをあからさまにすることがよくあります。「外国はどうなのか」ということでフランスの例を調べてみたら、そもそも続柄の序列というのはすでにありませんが、「きょうだい」などの関係性さえ出てこないようです。そういうことからも、続柄の問題については超えていかなくてはいけない問題だろうと思っています。

それから、自分たちの生き方の問題として家族の自立を考えた場合、対等な関係を確立するためには、「親からの自立」と「夫婦間の自立」を徹底して求めていかなければならないと思っています。

吉祥　私たちの活動を支持してくれる静岡大学の憲法学者・笹沼弘志さんが「DVは憲法一一条、一三条、一四条、一八条、二四条、二五条、二六条、二七条、二八条に反する憲法違反である」と言ってくださいました。このことを考えると、DVは、「個人の尊重」や「個人の尊厳」を踏みにじっていることがよくわかります。

私たちはよく、夫婦の関係を卵で表現しますが、女性が白身で男性が黄身だとすると、夫婦がスクランブルエッグになった場合、全体が男性の黄色に染まってしまいます。そうではなくて、「ゆで卵同士のパートナーシップでいいじゃないか」と言っています。ゆで卵なら、それぞれ一人でも立つことができるけど、二人で寄り添うことができるし、一部の部分だけ接触することもできるし、離れてある程度の距離を保って立つこともできるわけです。

「家族の解体」というと、すごく大がかりだし、敵も多そうだし、時間もかかりそうですが、「個人の尊重」や「個人の尊厳」をベースに、いろいろな家族の形があるなかで、それぞれが個人として尊重されて、その尊厳が保たれている、そういう関係を作っていきたいなと思っています。

服部　ありがとうございました。

第4回

座談会

貧困／ホームレス／階級

問題

第1部 当事者からの報告

【登壇者】
大西連さん（NPO法人自立サポートセンター・もやい）
角田仁さん（NPO法人移住者と連帯する全国ネットワーク）
向井宏一郎さん（山谷労働者福祉会館活動委員会）
油井和徳さん（NPO法人山友会）
【司会】
大西祥恵（国学院大学）

1 大西連さんの報告

▼活動を始めたきっかけ

ＮＰＯ法人自立サポートセンター・もやいという団体で活動している大西連と申します。僕自身は活動をスタートする以前、解放書店で働いている堀純さんとご縁があって、部落解放運動というか、その活動をいろいろ教えてもらう機会がありました。今、日本の貧困の問題を活動のテーマとして取り組んでいるのですが、山谷に初めて行ったのも部落の歴史を堀さんに教えてもらう流れで行ったということがあって、今日こういう形で呼んでいただけるのもご縁を感じています。

こういった活動を始めたきっかけは、二〇〇八～〇九年に年越し派遣村の報道があって、メディア等で日本の貧困の問題は見ていたのですが、たまたま友達から新宿連絡会という、今はもう炊き出しはやってないのですが、その活動に参加したという話を聞いて。当時、私は歌舞伎町でバーテンのアルバイトをしていて、職場と非常に近かったので、「まあ一回行ってみようかな」というある意味軽い気持ちで、でも自分の目で見てみたいなというのがあって、参加しました。それが二〇一〇年の二月、三月頃でした。とても寒い日で、当時は四〇〇人くらいの方が、炊き出しにいらっしゃっていて、カレーなどを出すんですが、公園がいっぱいになってるんですね。これだけたくさんの人がご飯を求めに来てるんだなというのが衝撃的でした。

新宿では、並んでいる方にお渡しするスタイルをとっていて、「お待たせしました」とか声をかけてお渡ししていくのですが、ある方にお渡しするときにその方と手が触れたんですね。そのときに、今思うと非常に恥ずかしいことなんですが、とっさに手を引っ込めたんですね、僕自身が。非常に差別的な振る舞いだと思うのですが、全く無意識だったんです。それで「あっ」と思って、そのおじさんを見たら、気づかなかったのか、慣れているのか、気にしなかったのか、僕にはわからないですけど、「いつもありがとうね」と言って去っていかれたんです。

僕としては、手を引っ込めたというのがかなり心のなかのトゲのような、イガイガのように残っていて。差別って一体何なのかと、自分自身の課題だというふうに、しかも差別する側、加害側として、結果的に関わりを持ったというのはすごく大きな経験だったと思います。そこはちゃんと自分自身向き合っていきたいということがあって、毎週参加するようになりました。

今は、もやいという団体にいて、仕事としてお給料をもらって活動しています。私は理事長なのでお給料を払う立場でもあるんですが。ある種こういっ

大西連さん（NPO法人自立サポートセンター・もやい）

た活動でお金をもらうということに葛藤もあったんです。でもそれをやろうと思ったきっかけは、東日本大震災でした。二〇一一年三月に震災が起きて、僕は東京にいたのですが、直後に東北に行かせてもらう機会があったんです。陸前高田という岩手の街に行ったときに、市役所の庁舎の屋上に登らせてもらったら海まで何もない状態で、震災前はそこからは海は見えなかったと。こういう形で多くの人が、あっという間に住まいとか生業とか、生活の基盤を失うんだなと。

実際にそういう方を支援する仕組みとか、支えるような法律とか制度とか、そういうものはできたとしてもすぐに届くわけじゃないし、人の生活って簡単に壊れてしまうものなんだなというのはすごく印象に残ってですね。もちろん野宿の方とか、そうじゃない方の支援を通じて、ちょっとしたお手伝いという形で、生活再建のために何かできればなと思っていたんですが、プラスして構造をいろいろ変えないといけないんじゃないかなとすごく感じて、こういった問題に取り組んでいきたいなと思うようになりました。

▼スタートは連帯保証人の引き受け事業

もやいは、二〇〇一年にできた団体です。私は創設メンバーではないのですが、もともとは新宿、渋谷、池袋、山谷の方とか、東京のいろんな地域で様々な活動をやっていた方たちが集まってできた団体です。創設については、二〇〇〇年に東京都が自立支援センターという、当時の台東寮と新宿寮を国に先駆けてホームレス対策として、野宿者対策として作ったときに、そこに入所した人がアパートを借りる際の連帯保証人がいないという問題がきっかけとなりました。当時は民間の保証会社ってあまりなかったものですから、保証協会も今よりも随分厳しくて。せっかく自立支援センターに入所して、仕事を見つけて、お金ができても、保証人がいないという理由でアパートに入れないという方がかなりいたので、じゃあ保証人を引き受けようということでできたのが、もやいです。

なので、連帯保証人の引き受けが事業が大きな核になっていて、これまでにのべ二四〇〇世帯くらいの引き受けをやっています。保証人なので責任は重くて、その方が滞納したり、亡くなったり、いろいろなトラブルがあったりすると、本人が負う責任を我々は同じく被ります。負担は大きいのですが、我々がそれさえ引き受ければアパートに入れる人はたくさんいるということで活動をやっています。

初めは野宿の方の保証人をやることでスタートしたんですが、ほかにもニーズを抱えている人がたくさんいました。フィリピンの方とかに多いのですが、外国から来た女性でDVを受けてシェルターに入って、そこからアパートを借りるときとか、児童養護施設出身の人だったりとか、家族がいないとか、社会的入院と言うか、精神科病院に何年もいて、本当は体調的にも出られるんだけど、大家さんがなかなか部屋を貸してくれないとか、家族が引き取りを拒否したりとか、そういう「保証人さえいればなんとかなるんだけど」という人たちから相談が来るようになって。「困ってるなら断れないよね」ということで、基本的には審査なしでお引き受けしようということになっています。

なので、もともと野宿の方を中心にやっていた相談支援なんですが、今はかなり様相が違ってきていて、三割五分くらいが女性の方で、セクシュアル・マイノリティの方も何パーセントかいらっしゃいます。年代も平均年齢四〇代半ばだったりで、そうした広い対象の方たちの相談支援や保証人提供をやっています。また、緊急連絡先の提供で、これまでだいたい三〇〇〇世帯くらいお受けしています。もちろん生活保護申請のお手伝いをするとか、そういったこともやっていて、それは年間四〇〇〇件くらいお受けしています。

事業としてやっていて、保証料を二年間で八〇〇〇円もらっています。うちは非営利でやっているので、民間の保証会社の三分の一くらい。ただ、なんでお金をとるかというと、五人集まれば四万円になって、五人のうち一人が二年のあいだ、一カ月滞納しても、みんなが支え合ったお金でなんとかなるよねって。しかし、その計算が合わずに、実際にはもっと赤字になっています。ただ、一緒に困っている状況の人たち同士で、支え合いの仕組みを作ろうということにはすごくこだわっています。

生活保護の申請なども行くのですが、基本的にはその人がご自身で申請できるようなお手伝いをします。専門家やソーシャルワーカーというのは我々は使っていなくて、基本的に、専門知識のある隣人的な役割でやっているというのが特徴です。一八年間そうやってきましたし、多分これからもそうやっていくんじゃないかなと思います。それ以外にも居場所づくりの活動とか、いろいろな活動をやっていて、コーヒーの焙煎をしたりとか、農業をやったり、カフェをやったりといろんな活動をやっています。

困りごとを抱えている人は多分、我々が出会えていないだけでもっともっとたくさんいて、そういう人たちに何が届けられるだろうかと考えると、二つのアプローチがあると思っています。一つは、同じような活動をやっている団体と連携したり、ウィンドウを広げたり、地方でやってる人たちと民間のネットワークづくりをすること。多分それだけでは難しい部分があって、支援を必要としている人が使える制度があまりにもないという問題に対して、どうコミットできるのか、ということもすごく考えていて、したがって二つには政策提言の活動というのも力を入れています。今日はそういうヒントもいただけたらなと思っています。

▼不動産仲介免許の取得

二〇一八年五月に、もやいとして不動産仲介免許を取得したんですね。これは、認定NPO法人では全国で初めての取得でした。東京都から「NPOがそんなのやるの、ふざけんな」みたいに言われたりして、逆に東京都にこっちが怒ったりして、なんとか取れたんですけど。それまでに見えてきた課題として、アパートに入りたいけれど、物件が見つからない人がたくさんいることがありました。

ご本人から了解は得ているのですが、ある四〇代の女性が親御さんからの暴力とか精神障害とかもあって、生活保護を利用して実家から出てアパートで生活を送りたいという相談がありました。ご本人だけだと不安だったり、外に出るのも勇気がいるので難しいという話で、じゃあアパート探しをお手伝いしようってなったんですけど、物件自体を探すのも本当にたいへんで、煩悩の数と同じなんですが、一〇八軒くらいリストアップしないと物件は見つかりませんでした。理由は生活保護がそもそもNGだとか、女性の一人暮らしでNGだったり、精神障害があるってことでNGだったりとか、そういうことで、本当に見つけるのがたいへんでした。ここは明らかに、入居差別の問題ですよね。

こういったものをどう変えていったらいいのか。そもそも民間だけじゃなくて、公的なもので何かできないのかなとか。そういったことも含めてやらないといけないテーマが本当に多くて、やっぱりそれだけいろんな方のたいへんな状況とか、差別の問題とか、社会的に排除されている状況っていうのにかなり直面していて、そういった点についてみなさんと意見交換できたらなと思っています。

2 角田仁さん報告

▼家族滞在の生徒たちの在留資格

角田　ＮＰＯ法人移住者と連帯する全国ネットワークの角田仁です。よろしくお願いします。今、政府が、五〇万人の外国人労働者を受け入れると言っています。この人たちは労働者として受け入れるのですが、しかしながら、そこで家族や子どもたちのことが果たしてどれだけ語られているのかというと疑問です。すでに日本は、外国人登録者数が二五〇万人に上っていて、東京も五一万人を突破しています。私たちはこの方々がコンビニやサービス業、居酒屋だったり、そういうところで働いている姿をときどき見ます。製造業、あるいは建設業等で働いている外国人労働者の方々がたくさんいることも知られているとおりです。今日は私のほうから、学校現場ではどのような課題があるのかということを問題提起したいと思います。

最初に、在留資格について述べたいと思います。私たちはビザと言いますけど、在留資格がないと日本に住むことはできません。いろいろな在留資格があって、このなかに家族滞在という在留資格がありますが、これは日本で就労できない資格になっています。この家族滞在の人たちは、日本では現在一六万人にのぼり、そのうちの半分近くが子ども、若者と言われています。その子どもたちは、就労ができない。ここに日本の差別構造があることがわかってきました。

生徒たちは在留カードというのを持っていて、いつも身に付けなければなりません。そのカードには在留資格が記載されています。私は高校現場で生徒たちの在留カードを見る機会がありますが、家族滞在の在留カードは就労不可となっています。ただし、カードの裏に「二八時間までなら許可」というようなスタンプが押されている生徒もいます。就労が禁止されている生徒たちですが、実は許可されるとアルバイトだけできるという生徒たちがたくさんいることがわかりました。私の高校でも、二〇人くらいがこのような在留資格の生徒たちです。

この生徒たちが進路を決める際に、就職するのか、進学するのか。就職する場合には、進路部というところを通して就職活動をして、面接練習、履歴書書き、九月一六日の選考開始ということで、この時期から会社訪問をして、会社の試験を受けていきます。ところが、「君は家族滞在だから日本では仕事に就けない」「アルバイトしかできない」「進路活動には乗せられない」ということになったら、生徒たちはびっくりしてしまいますね。

親たち、保護者たちはいろんな職業で働いています。たとえば、小学校低学年で日本に来て、日本語が話せるようになって、日本人と同じように学校に通って、日本の小学校、中学校の卒業証書をもらい、そして高校の卒業証書をもらって、しかし就職ができない、ということに直面した場合、生徒はどのようなことを思うでしょうか。

私たちは、高校を出たら就職か進学をするのは当たり前だと思っています。ところが、「就職できない」と聞いたなら、自分だったらどのように思うのか。傷つきはしないか。あるいは、高校を卒業しても就職できないなら一体なんのために高校を卒業するのであろうか。そういう疑問に、十代の若者たちは直面することになるわけです。これはやはり日本の社会の差別構造、つまりたくさんの外国人労働者を受け入れておきながら、その家族や子どもたちの進路や仕事や人生設計について考えていなかった。それによって、家族滞在の生徒たちの進路が閉ざされているということを、私は生徒たちから学びました。そのままにしておくことはできませんので、この家族滞在の生徒たちにどのように進路保障をしていくかということが問われているわけです。

▼就労が可能な在留資格への変更

去年(二〇一七年)、二人の家族滞在の生徒と私は出会いました。生徒が就職するためには、在留資格を変更することになります。ところが、この変更は簡単にはできないのです。そのことで「移住者と連帯する全国ネットワーク(移

角田仁さん(NPO法人移住者と連帯する全国ネットワーク)

住連)」をはじめ、様々な働きかけがありまして、ようやく二〇一七年二月と二〇一八年二月に法務省の入国管理局(入管)が法務省、文部科学省、都道府県教育委員会、学校現場に通知を出すことになりました。これは文科省の通知が各都道府県の教育長宛ての文書、法務省入管の通知が外国籍を有する高校生の方宛の文書です。

私は三〇年近く高校の教員をしておりますが、入管から高校生宛に出された通知、文書というのは初めて見ます。これは家族滞在で来た生徒たちが、条件を満たしたならば定住者へ在留資格を変更するというものでした。この在留資格に変更することによって、高校を卒業したときに企業の内定をとって四月からは正式な社員として、アルバイトではない形で就労ができるようになりました。ただし、こういう通知を全国の高校の教員がどれだけ見るのでしょうか。全国の七万人、八万人と言われている家族滞在の子ども、若者たちにどれだけこの通知が届くのかについては、なかなか厳しいと私は実感しています。

就職を希望したある中国の生徒ですが、この三月下旬にようやく入管から在留資格の変更が認められました。手続きもたいへんでした。難しい入管の行政用語の日本語で、在留資格の変更は、中国の生徒にとって、親御さんは日本語がほとんどできませんし、本当に難しかったです。支援者、あるいは行政書士、弁護士の助言や支援があって初めて、この生徒は在留資格の変更ができました。そして、二〇一八年四月から会社に勤めております。

▼進学を選択する際のハードル――奨学金の問題

もう一人、今度は進学のケースを紹介したいと思います。フィリピンの生徒ですが、ホテルのフロントで働きたいという夢を持っていました。高校三年になって、「先生、ホテルで働きたいから、専門学校に行きたい」という相談を受けました。ところが、彼女はお家にお金がない。フィリピン人の両親と住んでいて。その結果、「じゃあ奨学金を借りようじゃないか」と。今日本では、二人に一人が奨学金を借りています。驚くべき授業料の高騰によって、多くの若者たちが苦しんでいるということはみなさんご存知のとおりです。ですから奨学金を紹介するということは正直、私も躊躇しました。しかしながら、本人はどうしても行きたいということだったので、日本学生支援機構の要項を見ました。国籍条項は、在日コリアンの子どもたちを支援した教員たちによって撤廃されたはずだったんですが、家族滞在の生徒については、除外するという条項があることがわかりました。

日本学生支援機構に問い合わせたのですが、家族滞在の生徒は資格がないということで、申請を認めてもらうことができませんでした。このままでは進学できないということで、いろいろ探したところ、国の教育ローンがあることがわかりました。そちらは在留資格の制限の条項がなかったため申請し、一カ月ほどで通りました。国の教育ローンによって彼女は短大に進学して、いまは二年生で就職活動をしています。ホテルの仕事の内定が取れて、二〇一九年四月に在留資格を無事変更できれば、日本で仕事ができることになると思います。

すでに日本政府は、子どもの権利条約を批准しております。すべての子どもの教育は保障される。それは国籍には関係ありません。そして、職業訓練を受ける権利があるというのが子どもの権利条約に書かれています。最近では、移住労働者の権利宣言というのもあります。世界中で移民、難民の問題が大きな焦点になっています。日本でも二五〇万人の移住者が働いていて、その家族、子どもたちがいます。残念ながら、日本政府は移住労働者の権利宣言を批准していません。この移住労働者の権利宣言には、移住労働者の家族や子どもたちを差別しないで国内の人と同様に処遇しなさい、と書かれています。もしこの権利宣言を日本政府が採択したならば、私が毎日出会っている家族滞在の生徒たちが安心して就職もできますし、職業訓練を受ける機会、それから、奨学金が得られる可能性があると思います。

学校現場の一教員として、外国人労働者の家族や子どもたちの権利をしっかり確立するような政策、方策、そして私たちの考え方も変えていくことが今、求められていると思います。私はこういう子どもたちや家族から学んで、高校の教員として毎日を過ごしております。

3 向井宏一郎さん報告

▼今日の話のキーワード

向井　はじめまして、向井宏一郎と申します。よろしくお願いします。僕は今、日雇い労働者として働いていて、週に四、五日、現場に出て土工、鳶《とび》として働いてます。野宿者や日雇い労働者の運動など、山谷に関わり始めたのは一九九六年くらいなので、およそ二〇年前です。社会運動に関心があるなかで関わったので、なぜ活動をするのかと聞かれれば、「左翼だからです」と言ってお茶を濁してます。セルフヒストリーとか、すごく大事だとは思うんですけど、思想的なものをきちんと整理する、そういう努力もちょっとはしたほうがいいんじゃないかと思います。あまり関係ないけれど、リベラルとラディカルの区別もはっきりしなくなってきちゃってるご時世なので。というかラディカルってなかったことにされてる感じですよね。

外国人労働者も、今働いている現場に結構います。感じるのは、国籍によってだいぶ違っていて、たとえば中国人は監督として入っていたり、下請けの会社として丸ごと仕事を請けてたりしています。僕らと同じように土工として働く人はほとんど見ないですね。技能実習生という形で、ベトナム人の若い子たちがすごい真面目な感じで働いている。

当事者運動というのも大事なキーワードだと思います。当事者運動というのは、野宿者や日雇労働者を救済の対象にするのではなく、彼らが自身の直面する問題を解決する主体となるってことだと思っています。実際の運動現場では、当時者運動を目指せば目指すほど、内部矛盾の問題に向き合わざるを得ない。内部矛盾というのは、野宿者のなかでの矛盾、暴力性、支配、差別、上下関係など。あと、ヤクザとの関係なんかも考えなくてはいけません。あと、「当事者運動の〝当事者〟と〝運動〟のどちらに力点を置くのか？」という問題。野宿している人が常に運動を志向するとは限らないわけですから。そして、「そもそも当事者とは誰なのか?」という問題もあります。野宿者運動の場合には、外で寝てれば当事者と言えば当事者なわけですし、また、「誰もが失業し家を失って野宿になる可能性がある」という意味では、「他人事ではない」という意味で誰もが当事者である、という言い方もされますが、つまり野宿者運動では、障害者運動や部落解放運動などと比べると、当事者とそれ以外の境界がそれほどハッキリしていません。運動形成のダイナミズムを見ていく、野宿者運動での主体の形成ということを分析するなかで、「当事者」という言葉の必要性が出てくるんじゃないかと今は考えています。

それからキーワードと言うか、野宿者運動のなかでは、反排除という方向と、施策要求という方向、これらがはっきり分かれる局面もあると思っています。たとえば民族差別や部落差別の問題の場合には、「民族や部落を解消(解体)して、普通の市民になりましょう」という方向性は、あるにはあるけどハッキリと批判されてきた経緯がありますよね。障害者や性的マイノリティの場合には、そもそも解消のしようがない質として存在しているわけですし。けれども、野宿者や日雇い労働者の場合には、「野宿状態がいいのかどうか?」「貧困状態がいいのかどうか?」というと、普通に考えていいとは言えない。かと言って「生活保護をとって、野宿を脱出しましょう」というのだけだと、あまりに皮相的にすぎるじゃないですか。「みんなで資本家になりましょう」っていうのと同じくらい皮相的。下層底辺の労働者が今この社会でいかに必要とされ作り出されているのか、という視点がなければだめです。要するに階級的な視点ってことだと思うのですが。そういうわけで生活保護の制度について、僕らは非常に重要だと考えつつ、一定距離をとっているというところがありまして、これについての経緯などを、ちょっと材料として提供したいかなと。

あと寄せ場についてです。だいたい一〇〇年くらい前には東京に十数カ所の寄せ場があったんですが、それが現在、東京で残っているのは多分二カ所だけです。その他はすべて跡形もなく再開発の対象となり、そこに住んでいる人も

向井宏一郎さん(山谷労働者福祉会館活動委員会)

寄せ場のことについては忌み嫌う、決して語ろうとしない。そこで働いていたのは建築、土木、港湾労働という最下層の労働者で、差別と抑圧があり、それへの直接の抵抗としての暴動が起こったりしていた。これらと関連する形で、尊厳という言葉もキーワードとしてあげたいと思います。

自前で生活を作り上げていく闘争と施策要求闘争

高度経済成長、石油ショックなどの景気変動の影響を直接受けながら、寄せ場は九〇年代バブルの崩壊を迎えるわけですが、その時点でドヤから日雇い労働者が大量に路上に叩き出されて、周辺地域で野宿化していく。そのときには、寄せ場労働者に対して生活保護および社会政策の適用というものはほぼなくて、したがって四〇代、五〇代の労働者が大量に地域の公園でテントを構えた。

新宿西口のダンボール村もだいたい同じ時期なんですが、あの頃は寄せ場および日雇い労働者、建築労働者とホームレスとの切断みたいなものが強調されていたと思うんですね。「土方ばっかりじゃないんだよ、会社員もいるんだ」みたいな感じで。僕から見るとそれはちょっと強調しすぎじゃないかと思います。

サラリーマンは、誰もいない路上にいきなり身を横たえるということはできないと思います。建築労働者って、仕事のなかで、普通に路上や公園に寝転んで仮眠をとるんですよ。昼休みとかみんなグーグー寝てる。それの延長で、自分の身を横たえることで、駅頭や公園で居住を実際に獲得していったんじゃないかなと思っています。そういう意味で、野宿は、行政の支援を受けないで、自前で生活を作り上げていくオリジナルな闘争の形式と見ることができるかなと思います。これはなによりも労働問題や社会構造の問題を、直接的に暴露、提起していくという意味で、なにものにも勝る破壊力を持っていると思いませんか。みなさんの家の前でいきなり人が寝ているとしたら、考えざるを得ませんよね。「あ、なんかまずいことが起きてるんだな」って。

新宿西口のダンボール村は新宿連絡会が中心になって担ったのですが、数百人規模の野宿当事者が運動に結集しました。たとえばメーデーのデモに五〇〇人くらいの野宿者が参加するというような形です。まあ人数だけ見て意味あるのかという指摘は当然あると思いますが。それで、ちょっと面白いなと思ったのは、この頃新宿連絡会は自立支援センター開設要求を主な課題の一つとして掲げていて、つまり「仕事と屋根をよこせ」という要求です。この要求は、この時点では反排除という意味と施策の要求の両方の意味を持っていて、この二つがあまり分離していなかった。つまり、「まともな施策がないなかで排除するなんてとんでもない！」ってことですね。「じゃあ、一応の施策があれば排除してもいいってことなのか？」とか、そういう段階にはまだなっていない。

同時にこの時期、山谷の城北労働・福祉センターを占拠する闘争があり、このなかで共同炊事といって、野宿の仲間が行列を作らずに、みんなで作業してみんなで食べるという、そういったものが始まっていく。僕たち自身、今共同炊事をやっていて、実際自分と同じ現場で働いてる仲間がたまに飯を食いに来たりします。そういう人に「ありがとう」とかちょっと言ってもらいたくないじゃないですか。一緒に働いてて、同じ仕事をしている仲間が、仕事にあぶれて飯を食いに来る。それはかなり辛いものがありますよ。

それで、二〇〇〇年代になって、僕は自立支援センターに、そこに入っている人の面会や生活保護の相談みたいな感じで、二年くらい日曜日に行ってました。そのときの立場は基本的に、「自立支援センターは全否定」っていう感じで。自殺者がいたり、仕事が見つからない仲間に、無理やりひどい仕事を紹介したりという話も多かったし、なにより生活保護を取らせないための施設として機能していたというのが大きかった。ただ、一九九〇年代後半には、自立支援センター開設要求というのを掲げてデモをやったりしていたので、自立支援センターに対する評価が数年で一八〇度変わったことをどう整理するのかというのは、仲間内で話をしたりしていました。結論は忘れましたけど。誤りだったと言えるのかどうかというのはちょっと微妙かなと思ったりします。

都心の主要な公園のほぼすべてに野宿の小屋ができて、数千人の人が公園で暮らすという状況が一〇年くらい続くんですね。その間、東京都および行政は、散発的な排除をするだけで無策だったと言えます。その後二〇〇五年前後に地域生活移行支援事業というのが始まりまして、これは東京都が初めて公園から野宿のテントをなくすために体系的に行った事業なんですね。それまで生活保護も適用されない、まともな施策がないというところに、一カ月三〇〇〇円でいいので家賃を払えと。その代わりアパートに入れてやるから、必ず小屋は潰せと。小屋があったところには絶対に野宿者を入れるなと。そういう事業です。野宿の小屋は、これでほぼなくなったと言っても過言ではない。そのなかで、都および区の職員が、これに乗っかる形で、かなり暴力的な排除をしてくることがあって、それに対して仲間と一緒に現場に寝泊まりしながら闘うというのをやったのが僕らの取り組みになります。

二〇〇七年の秋、僕らは生活保護の集団申請をやりました。これはバブルの崩壊以前から、寄せ場の労働者に対して、貧困理由での保護を行わないというのがずっと続いていて、病気で働けないという診断書を取る、もしくは六五歳以上の高齢者の場合のみ生活保護を出します、という運用だったんですね。なので、生活保護をいかに取るかっていうと、自分の病気がいかにひどいか、もしくは自分がいかに年寄りか、そういう感じで窓口と交渉するしかなかった。それってよくないことじゃないですか。それで僕らは数年間、毎週生活保護申請に同行して、「生活保護をまともに出せ」ということを言っていくわけですが、生活保護の申請書すら出させないと。出させようとしたら一〇人くらいの職員に囲まれて暴力的に外まで押し出されたりしました。

僕たちは半年くらい準備して、一〇〇人くらいに呼びかけて、役所のそばの河川敷で野宿して、生活保護を要求することにしました。生活保護が出なければ、そのまま野宿を続けて問題を暴露するぞっていう、そういうことを宣言して、日曜の夜から泊まり込みをして、月曜に集団で窓口に行ったんですね。そしたら向こうは事前にその動きを察知して、貧困を理由に全員の生活保護の申請書を受け取る、それから全員が生活保護の開始決定が出るという、そういう感じになりました。ちょうど派遣村の一年前で、派遣村についても、生活保護の集団申請をもっと大規模にやるとこうなるのかなという感じで見ていたというのがあります。

その当時は、僕らの窓口以外は貧困理由での生活保護が取れなかったので、何百人もの人が僕らの窓口を通して取るということになったんですが、派遣村以降それが広がっていくなかで、結構いろんな矛盾も出てきます。たとえば、区によって福祉事務所の対応が違うので、窓口が緩い役所と硬い役所、具体的にはドヤで生活保護を取れるか、いったん施設に入れられるか、などの違いが出てきます。普通だったら「あそこの役所は緩いから行きなよ」って言うじゃないですか。だけど、僕らは「緩いところに行くんだったら応援しないよ、必要ないでしょ」と。「地元で一番硬いところをこじ開けないと意味ないだろう」って言って。ところが、他の団体は、「あそこは緩いしドヤに入れる」ということで窓口が緩い区に集中したりするんですね。そうすると矛盾がガーッと起こって、その条件がよかった区が、悪い条件の区に合わせることになっちゃうとか、そういうことがあったりして、結構難しい問題でした。当事者の意向とは全く正反対のことをやってると批判もされましたしね。

▼強制排除と尊厳

現在は荒川、堅川での強制排除の動きを経て、二〇二〇年に開催される予定のオリンピック関連の強制排除というのが前面に出てきていて、具体的には明治公園の国立競技場ですね、そこで暮らす人たちが強制排除されるということがあって、それから渋谷の宮下公園でやはり再開発、すなわちオリンピックのためにホテルを作るという話になっています。公園はショッピングモールの部分の屋上部分に乗っけるという計画なんです。

きつい排除で、ガードマンを入れていきなり暮らしてた人を叩き出して封鎖するのですが、そのときに役所は、いきなり施策なしの排除というのはしないんですよ。排除の対象となる人向けの施策をきちんと行う。そこでは当然、生活保護が使われるわけですが、一般野宿者に対する生活保護よりも数段条件がいいものが準備されることが多いです。これは、できれば対象の公園に残る人をゼロにしたい、それができなくても「まともな施策がないなかで排除するなんて酷い！」という抗議を封じる、そういった目的の施策です。こういった施策の委託を受けるのがＮＰＯの人たちだったりして、ちょっと困っちゃいます。もちろん「施策があるんだったら排除とは言わないんじゃない？」という意見もあるでしょうし、「通常の生活保護よりいい条件になるんだったらいいんじゃないの？」とか。そうやって地ならしをして、公園に残った人に対しては「違法行為を行っているので封鎖しました」などという悪宣伝を行って強制排除する。これにどう対応するかというのは結構厳しいところで、一般の人からすると、「施策があるならわざわざ野宿しなくてもいいのでは？」みたいな、そういうのってあるじゃないですか。

そこを考えるときに、やはり僕自身は下層の労働の問題と結び付けて考えるというのはすごい大事だと思っています。ここで尊厳という言葉につなげたいんですけど、たとえば駅で寝ている人がですね、駅員さんから毎晩「ここで寝ちゃ困るんだけど」って言われている。あるとき「駅が綺麗になるから、役所のほうも本腰を入れて施策を準備したからそっちに行ってください」というふうに言われるとしますよね。「じゃあいいかな」と思って行く人もいると思うけど、「やっぱ違うだろ、今までのは何だったんだよ」って思う人もいる。普通の市民的な目線から見ると、野宿から脱却できるならそのほうがいいんじゃないって思うかもしれないけど、そうじゃなくて「いや、今までのはなんだったんだよ」っていう、「ちょっとそんな話には乗れませんよ」という、それが尊厳じゃないかと思います。これは、一見すると、ただ意地を張ってるだけというか、論理的じゃないし、頑固で硬直した態度に見えるかもしれないです。でも、問題の本質を非常に遠くまで見通してると思いますね。

こういう態度や考え方は、権利という言葉ではうまく言い表せないんじゃないかと思うんですよね。権利っていうとどうしても制度化されることとセットになる。制度化は大事なことだとは思うけど、射程が短いでしょ。制度を成り立たせている、より大きな枠組み（国家とか階級とか）については不問にするしかないわけで。下層の問題について「制度からこぼれ落ちてる」ってことが問題とされることが多いんですけど、「制度化のごまかしからこぼれ落ちてる」っていう面もあると思います。そこは大事なところですよ。だから、権利でもないし、社会正義っていうのともちょっと違う。なんと言うか、尊厳としか言いようがないノリというか。論理的じゃないんだけど、なにかその人にとって最も大事なものが奪われようとしている、そしてそれを守る。小手先でごまかされるんじゃなくてね。そういう意味での尊厳という言葉です。

4 油井和徳さん報告

▼活動を始めたきっかけ

油井　山友会の油井和徳です。よろしくお願いします。僕は運動という形でやっているという自覚はなくて、大学でもともと福祉の勉強をしていたのですが、障害を抱えた方の支援の現場だったりとか、高齢者の方の支援の現場は経験することがあったのですが、路上生活や貧困状態にある方の支援の現場とはなかなか接点がありませんでした。NPOインターンシップの候補先に今の職場があったので、どんな方たちなのかなという単純な興味で参加させていただいたわけですね。で、炊き出しに行っておにぎりを渡したりということをするんですが、僕は結構気が小さいもので、「おにぎりが足りなくて怒られたらどうしようかな」と考えてたんですが、渡したら「ありがとう」って言われて、ハッとしてしまったんですよ。「ありがとう」って言われると思ってなくて、「もしかすると、この人たちのことを同じ人間として見てなかったのかもしれないな」というふうに感じたりして。

やはり一番モチベーションになってることは、一括りにホームレスとか路上生活者と言っても、やはり一人ひとり様々な人生を歩んできているわけで、その一人ひとりのことを深く理解したいということです。様々な人生や背景があって、そうした状況に置かれている方がいるということを知ったからには目を背けてはいけないと考えて、勤めることにさせていただいて今に至っています。

▼始まりは無料の診療所

我々がどんなことをやっているのかですが、山友会の始まりは一九八四年頃で

油井和徳さん(NPO法人山友会)

す。その頃山谷には、住民票がなく公的医療保険制度に加入できない、医療費がないなどで病院に行くことができない人が多かったんですね。そうした人のために、有志のお医者さんだったり、当時はクリスチャンの方が多かったんですが、そうした人たちが集まって、無料の診療所を始めたのが活動のきっかけになっています。無料の診療所と言っても、手術をしたり入院をしたりできるわけじゃないので、専門的な治療につなげないといけない場合には、生活相談の取り組みによって、生活保護制度をはじめとする福祉制度の利用を支援しています。

待っていてもみなさんが来てくれるわけではないので、アウトリーチや炊き出しも行っています。アウトリーチというのは、「こちらから出向いて」ということですね。テント生活されている方とか、野宿されている方のところにお伺いして、おにぎりとかお弁当をお渡ししながら、「私たちは山友会と言って、こんなことをやってるんです」というということを言っていくんです。「声をかけてくれるな」という方もたくさんいらっしゃるので、ちょっとずつ嫌われない程度に関係づくりをしていって、「実は具合悪いんだ」みたいなことをお話ししてくださったら、「じゃあ診療所にぜひ来てくださいね」とお話するというようなことをしています。

山谷地域はドヤと呼ばれる簡易宿泊所が密集していて、そこに路上生活を経験された方などで生活保護を受けている方がお住まいなのですが、家族との縁が途絶えてしまった方がとても多いんですね。それと多分、今、山谷地域のドヤが一三〇軒くらいあって、そこに四〇〇〇人くらいの方が宿泊していると言われてますが、そのうちの六割近くの方が六五歳以上の方で、九割近くの方が生活保護を受けているというような状況になっています。

路上で暮らしている方で昨日まで顔合わせて話していた方が、翌朝には冷たくなって路上で亡くなっているというのをたくさん見てきました。路上で亡くならなければならなくなってしまう方を無くしていきたいという思いもありますが、一番大切にしたいと思っていることは、出会ってきた方々がたいへんなときとか、苦しいときとか、悩んでいるときに、助けを求められるようなつながりとコミュニティを作っていきたいということです。

最近では高齢化の問題が深刻になってきて、認知症になったり、介護が必要になったりしたら、住み慣れた山谷の地から離れないといけない方が徐々に出てきています。一〇年近く前から関わり始め、認知症になってからもドヤで暮らしていた方が、介護保険制度を利用してヘルパーさんや訪問看護師さんに来てもらったりして生活を支えていたのですが、ほかの宿泊者の方からの苦情がひどくなってしまったりとか、便でお部屋を汚してしまうということが続いて、そこにいるのが難しくなって、結局、精神病院に入院しなきゃいけなくなって、そこで亡くなってしまった方がいらっしゃいました。こうした問題をなんとかしたいということで、二〇〇九年から宿泊支援といって、ドヤを借り上げてリフォームさせてもらい、職員が二四時間はりついて、世話人付きの共同住宅みたいなことを始めました。

一方で、高齢化の大きな流れはなかなか止まらなくて、ずっと山谷の街で暮らしてきた方が、地方の有料老人ホームなどの高齢者施設に行かなければならないということが起こっています。これはなぜかと言うと、都内の特別養護老人ホームは待機者がいっぱいで入れない。有料老人ホームとかサービス付き高齢者向け住居などが増えてきたけれど、料金が高くて入れない。しかし、地方の高齢者施設は生活保護受給者の方でも利用できるような料金設定のところが多いので、ドヤやアパートでの生活が難しくなったら、地方の施設に移っていくということが起きています。

活動を通して関わってきた方のなかでは、社会的に孤立し孤独な思いを抱いている方が多いと思っています。やはり、孤立していった過程のなかで、「自分なんて誰からも必要とされてないし、なんの役にも立たないんだ」「生きていてもしょうがないんだ」と、自暴自棄になってしまう方もいるわけですよね。なかにはアルコール依存のような状態になってしまう方もいるわけですが、こうした背景を考えれば、そういった方にただお酒をやめるように諭してもしょうがないわけです。だけど、そういった方が自分の役割や生きがいを見つけたりとか、居場所を感じられる場があることで変わっていくこともあります。とは言え、生きがいや居場所って人に与えられるものでもないはずなので、「一緒に考えていきませんか」ということで、いろんな活動をしながらつながりができていった人たちに集まっていただいて、どんなのをやっていくのかを一緒に考えながら形にしていく「居場所・生きがいづくりプロジェクト」という取り組みも行っています。

▼共同墓地の運営

共同墓地の運営ですが、亡くなったあと身寄りのない方が多いので、いわゆる無縁仏になる人が多いわけですよね。先ほど高齢化の話をしましたが、「つながり」と言っておきながら、亡くなったらどこに行ったかわからなくなってしまう状況があったので、お墓を二〇一五年に建てさせていただきました。

お墓は、血縁だけじゃなくて信仰みたいなのもセットになっていますが、そのどれにもとらわれない形のお墓です。一応、浄土宗の寺に建てさせてもらいましたが、「どんな信仰を持っていてもかまいませんよ。むしろ信仰がなくても構いません」という、僕らとつながりがあるということだけをただ一つの条件とするお墓を運営しています。最近、孤独死される方が増えています。ご病気を抱えながら、ご高齢で一人暮らしをする方が増えているので、「最近顔を見ないなあ」と思って部屋に行ってみると、亡くなっているという方がいたりして、これは切実な問題です。人の死を身近に感じさせられています。

当事者との関わりと聞かれてパッと出てこなかったんですが、ときには友だちのような感じなのかもしれないですし、家族のような感じなのかもしれないし、仲間のような感じなのかもしれないと思っています。僕も一〇年くらいやらせていただいてますけれども、一人ひとりの存在が大切になってきているという感覚は持っています。先ほどの尊厳の話に近いのかもしれないですが、支援とは言いますが、指導とか強制とかをするのではなくて、、同じ生活者として関わってみようとしています。

一人ひとりの病気や障害、路上生活であるとか、そういうことだけでわかった気にならないで、一人ひとりのことを理解しようとし続けることなんだと思うんですよね。本人がどんなことを問題としていて、どんなことを感じているのかとかというところから見ていって、寄り添って、伴走していくことで、なんていうか、右往左往しながら、ときには対話したりすることで、本人の世界や我々の世界も広がっていく。そういうことをやっていくことが僕らの役割なのかなと思っています。どっちが合ってるとか間違ってるとかいう話じゃなくて。強制もしないし、指導もしないし、ひたすらに理解しようとして対話するということを続けていくのが、我々の関わりかなと思っています。

「路上生活者はどうやったら社会復帰できますか」とか「どうやったら自立させられますか」と聞かれるのがあまり好きじゃありません。「そもそも復帰したいと思うような社会なのか」とか、「自立はそもそもさせられるものなのか」と思うんですよね。つまるところ、本人のことは、本人にしかわからない。もちろん、本人にもわからないこともあるかもしれないですが。だから、本人の人生を決める権利なんかほかの誰にもないわけで、そういう、本人の考えとか迷いとかを大切に扱っていくことを忘れてはいけないと思っています。

第2部 登壇者の討論

◆論者によって内容の異なる包摂の概念

大西（祥）　本日は非常に現場経験が豊かなみなさんにお集まりいただいているので、より議論を深めていきたいと思います。そこで、少し論点になりそうなところをお話しさせてもらえればと思います。

一つ目は、排除という言葉がいろいろな方から語られていたかと思います。排除に対しては、包摂、反排除、排除の克服などが取り組まれるのかもしれませんが、こうした場合、具体的には何が求められているのか。第1部の話との関連では、たとえば、野宿の支援とは何なのか、野宿でなくなるように支援することなのか、野宿を支援することなのかなど、具体的な話も含めて一つの論点になるかと思います。

二つ目は家族制度について、これは吉田勉さんがおっしゃっていたことなんですけれども、日本において野宿の人たちは家族から切り離されて野宿に至ったと見る見方もありますが、在留資格も家族資格という形で出されているとのことで、この前提としての家族制度という論点です。

三つ目は政策提言の話がいくつか出てきたかと思うのですが、政策と言ったときのメリットとデメリットもしくは、意味・無意味みたいなところもあるかもしれませんが、そういった論点も見出せるかもしれません。

そのほかにもいろいろな話が出ているかと思いますので、第2部は登壇者のみなさん同士でそれぞれ討論をしていただければと思います。

大西　じゃあ、誰も口火を切ろうとしないので、僕から。排除・包摂の話からしたいと思います。包摂って二〇一〇年くらいから内閣府のなかに社会的包摂推進室などができて、政治的にもよく使われるようになった言葉だと思うのですが、結構、同じ言葉でもどれも言ってる内容が違うなと思っています。

よく障害の分野で、いわゆる社会的排除があって、その後、分離とか隔離とか、セグリゲーションがあって、統合があって包摂がある、みたいな。今の日本の施策は、どちらかというと統合だと思います。まさに野宿者への支援の話でもそうだと思うんですが、統合的な施策なんですよね。まず「野宿はよくない」というスタンスに立った上で、野宿の人をなくしていこうという方向で施策をやっているのは、まさに統合的です。

こうあるべきだという社会像に対して、個人をそこに当てはめていこうという政策的な導入があるのは間違いないと思いますね。もちろん支援団体によっていろんなスタンスはあると思いますが、私の所属するもやいとか、僕個人としては野宿ができる自由というのは当然あると思いますし、もちろんそこからアパートに入りたい人は入れるような仕組みは当然あるべきです。

一方で、じゃあ統合を超えて包摂に向けた仕組みとか、支援のフェーズとか、それをどう実現するかというのは、ちょっとハードルはあるのかなと思ったりしますね。たとえばアパートに入りたいという人がいて、「政策に乗っかるとアパート探しができるよ」となったときに、でも民間の大家さんが貸してくれないとか。いわゆる市民のレベルでの入居差別の問題とか、なかなか難しい部分はあって、政策の上では統合の部分で止まっている。

僕も、自立支援センターはすごくよくない仕組みだと思っています。まさに隔離みたいな感じだと。そういうところでストップしている部分もありますし、一方で、いわゆる地域で生きていきたいと思った人が支援を利用するときに、民間レベルでも、社会の風潮というかそういったところでもまだまだ排除はすごくあるんじゃないかと思っています。そこをどう超えるかで、すごくいろいろ悩みながらやっています。

向井　差別と階級は、多分違う位相のものだと思うのですが、野宿の仲間のことについては、まあ関係なくもないかなと思っています。寄せ場において、差別のことをどう考えるかというときに、もちろん反差別という立場ではあるんですが、場合によっては差別する側に入れてくれみたいな、結果としてそういうニュアンスのものになる可能性はありますよね。しかしそれは違うんじゃないかと。下層の労働者を排除したり、見下すような人間の仲間に俺たちはなりたいなんて全く思わないよ、という意味での問題提起はあると思うんです。

包摂という言葉については、部落解放運動で、「部落民として誇りを持って生きる」ということが言われるじゃないですか。それはすばらしいと思っていて。で、もし、そういう人たちを「包摂」すると言うのであれば、それは言葉の使い方としてちょっとおかしいんじゃないですかね。たとえば、「親切な私たちが野宿者を包摂してあげますよ」っていう感じで、野宿者は「ハハー、包摂していただいてありがとうございます」みたいな。結局、包摂されるかどうかは、社会のキャパシティの大きさによって決まっちゃって、そのキャパシティ内に収まる程度の「マイナーさ」だったら包摂するけど、それに収まらない場合は、包摂しませんよっていう感じ。もし包摂されない場合には、ひどい目にあわされそうな気がする。もし、包摂するかしないかはマジョリティの人が決めてくださるって感じだとしたら、マイノリティの主体性という観点から考えると、ちょっとまずいことになるんじゃないですかね。

また、階級との関連で考えると、たとえば「労働者階級を包摂するような社会」という言い方はあんまりしないじゃないですか。階級というのはある程度大きいですよね。人数もそうだし、質的にも社会を規定するような重要性を持っている。そういうものを「包摂する」とはあんまり言わないと思います。結局、包摂って言葉は、ある集団を、取るに足りないというか、どうとでもなるような残余というか、そういうものとして暗黙のうちに規定する危険があるんじゃないかと。同時に、階級などの存在そのものを隠蔽している気がします。

野宿者に対する襲撃事件を例にとると、顔見知りでもない通りすがりの人間を、野宿しているという理由で殺害していくことが起こっていて、ここ三〇年で二〇人くらいの野宿者が殺されています。これは、差別が生み出した殺人です。こんなことは絶対許せないし、だけど、この襲撃事件、殺人行為をどうやって解決するかというときに、「社会として野宿者を包摂していきましょう」というのが解答になるのかなあ。なんかこう、包摂って言葉は、暴力の匂いを消しちゃうような作用があるんじゃないかと思っていて。

下層労働者としての野宿者を考えるのであれば、そこを包摂していくっていうのは、やはり根元的な階級みたいなものを隠蔽していく。つまり、自分が踏みつけにしているその足を見えないようにするための言葉なんじゃないのか。「あんたの住んでる家、誰が建てたんだよ」っていう感じですけど。だから、包摂という言葉は全否定はできないし、ある意味使っていくべき言葉なんじゃないかとは思うのですが、やっぱり危うさみたいなものはすごく感じています。

ただ、外国人労働者の問題については、また全然違う状況になるんじゃないかなと思っています。野宿者に対して包摂というときと、移住労働者に対して包摂というときで、ニュアンスが全く変わってくると思うし、そのへんは今思ったんですが、どうなんですかね。

角田　私の現場で向かい合うのは、外国人労働者、あるいは外国人、日本に住んでいる生活者としての外国人の子ども、若者です。その子どもや若者は、私たちが親を選ぶことができないのと同じように国籍や在留資格を選んで生まれてくることができないわけですよね。同じクラスのほとんどの生徒は会社に就職できる、あるいは奨学金が申請できるのに、在留資格や国籍によって自分だけがなぜそういう権利がないのかということを、子どもや若者、あるいは当事者はどのように考えるのか。そこは排除されている。自分はこの世にいないものとして扱われている、ということになると思うんですよね。

それを現場の教員は、自分の問題としてとらえざるを得ないわけです。「あなたは在留カードで就職が不可なので就労ができないのでごめんね」「だから就職室は利用できないんです」ということを言えるんだろうか、ということですよね。少なくとも、私は言えないです。ですから、それをこの場合、包摂と言いますか、平等な機会、チャンスを保障すべきである。「生まれによって制限するな」というのがまず大前提だと思います。

もう一つは、外国人労働者なしで日本の社会は成り立っていない。スポーツなどを見ても、フィリピンや中国の生徒がバスケット、バドミントン、バレーやサッカーで大活躍していて学校の部活動が成り立っているわけです。そして部活動で優勝したら先生の手柄、学校の名誉になるけど、一方でその子どもたちに「あなたたちの進路はないんですよ」となっているところに、私はいつも疑問を感じているところです。

油井　包摂された社会とか社会的包摂とか言いますが、じゃあそうなってる社会ってイメージできますかって言うと、イメージできない。それだけ現実味がないっていうことだと思うんですよ。で、包摂ってすごい美しい言葉で、耳触りがいいんですが、そこに至るまでの過程ってすごい醜いことがいろいろ起きているはずなんですよ。でないと、本当に包摂されたわけでもないだろうし、お互いに理解しあっているわけでもないですからね。

最近多様化とか、ダイバーシティとか言いますが、じゃあ本当にマイノリティの人たちを参加させれば成立するのかと言えば、そういうわけでもない。まず、排除されてきた、社会的に抑圧されてきた人たちの存在があるわけですよね。それがあって包摂という言葉があるんだと思うんです。排除されてきた、もしくは抑圧されてきてしまった構造とか、そのこと自体にちゃんと向き合わないで包摂することはあり得ないと思います。日常的に個々人のレベルで向き合わない限りは、包摂は多分ないんだろうなと思っています。だから、軽々しく使っちゃいけないなと個人的には思っています。

向井　今話を聞いてて思ったんですけど、寄せ場のなかには、包摂的なものがあったなと思っています。たとえば、統合失調症などの病者の人ってすごい多いんですよね。アルコールの問題を抱えている人も多いし。そういう人が排除されて寄せ場に来るというのもあるんですが、排除されたからこその「包摂」というものはすごくあると思っています。

僕がよく仕事で行っている会社は、土工なんで最底辺の仕事なんですけど、いわゆる訳ありというか、実刑うたれて何年か刑務所に入った人もいたりします。普通の会社だとそういう人と働きたくないから、そういう人がきたら、「嫌だ」っていう人が多いわけです。そういうところを、まあ、「お互い様だからねえ」という感じになってる部分って結構あると思っています。そういう意味での包摂は大事かなと。

東京都の言う包摂とは、よい子にしていれば入れてあげるけど、ちょっとお行儀よくなかったらあなた覚悟しなさいよ、みたいなそんな感じじゃないですか。そういうニュアンスはやっぱりよくないなあと。そういう意味では、包摂というのを、自分たちの側から言葉として取り戻していくというか、向こうが使っているのではないような言葉で実体化していくことができるとすごくいいんじゃないかなと思っています。

近所に巨大な都営住宅があるんで、外国人の方とか学校の先生の取り組みとかもお話を伺ったりしてるんですが、その話を聞くと、いわゆる中産階級以上の人が通っている学校とは、全く違う雰囲気を感じます。そういう意味で、学校のなかで、その外国籍の人たちや移住労働者の人たちの子どもがどういう感じで、いわゆる日本人の子どもたちと暮らしているのかというのはすごく関心があります。

角田　今は千代田区にある定時制高校に勤めているんですが、その前は品川にある定時制高校に勤めておりました。一一カ国以上の生徒たちがいて、夜九時に授業が終わって、夜一〇時くらいまで、タイ、ミャンマー、中国、フィリピン、日本人の生徒が一緒に部活動をするのを見て、私は大人以上に子ども、若者は一緒に活動して一緒に楽しんで友達になっています。多文化共生という言葉は東京都もようやく行政の用語として使うようになって、非常にきれいな言葉ではありますが、ネットではいわゆる様々なヘイトスピーチ等が飛び交っている。こういう社会のなかで、高校生がそういう状況に陥らないで活動していることについて、逆に学ばせられますよね。

大西　なんでしょうかね、「共生社会」という言葉がすごく為政者側で使われるようになって、特に厚労省が最近、「我が事・丸ごと地域共生社会」とか言い出しています。本来、社会がどう変わるかが問われているはずですが、個人が社会にどう適応するかみたいな言い方で使われる。使い方としてすごく注意して使わないと、いろんな読み方が出てくる言葉だなと思っています。

◆個人の意思が踏みにじられていく家族を前提とする社会

大西　ちょっとだけ話が戻りますが、家族ありきの社会という話も先ほどお題でいただいてたじゃないですか。油井さんの話とも重なるんですが、もやいもお墓を持っていて、亡くなられたときに葬儀もやるんですが、家族じゃないとやれないことがものすごくたくさんあるんですよね。たとえば生前に、もやいが保証人をやってたりしてつながりがあって、ご家族と縁が切れてるから、我々がやってるお墓に入りたいというご希望を伺っていて、それもちゃんと約束とか書面で交わしていた方でさえも、役所のほうで、「もやいは家族ではない」ということで、ご本人の意思のとおりにちゃんとやらないで、勝手に無縁仏に入れちゃったとか。「家族に連絡しないでくれ」ってご本人が強く言っていて、書面も取り交わしているのに、ご家族が引き取りたいという希望を強くおっしゃった場合は、ご家族の意向が通る。家族中心の制度もそうですけど、そうした風習とかも社会全体にありますよね。個人の意思をすごく踏みにじる場面が、結構あります。我々は保証人もしくは友人という立場でしかないので、法律的に意味を持つ立場ではないので、すごく歯がゆい思いをします。

生活保護という制度においても、家族の扶養義務について、もちろんあれは義務ではなくて、「優先するもの」「可能な範囲で」ということなんですけど、役所は誤った説明をたくさんしています。実際にそれによってプレッシャーを感じる人は当然いるので、この家族というものの枠が、本当に個人の生き方とか意思というものを、かなり捻じ曲げる制度や仕組みにもなっています。

すごく印象的に覚えているのは、亡くなる方のなかに五〇〇円玉貯金などをしてて何十万円くらいになる人もいるんですよ。それって当然、法律で義務づけられているので相続人調査というのをする。そうすると、弁護士さんとかに頼んで、相続人に連絡をして、相続をするかしないかの話をします。もちろんそこで「葬儀にかかるお金というのは精算しましょう」とか、生活保護の方だったら、そこでお金は引き取るけど、お骨は引き取らないというご家族がいたりとか。そういう場面に、我々保証人の立場で出くわすことがすごくあって、もうこれ何なんだろうなって思っています。

親御さんが外国にルーツのあるシングルマザーも結構いて、進学の課題とかも相談されたりするので、すべての高校に話を聞いてくれる先生がいたらいいなと思うんですが、先生もまちまちで。生活保護って進学にハードルがあって、これは完全に制度上の差別ですよね。制度的に生活保護家庭には進学を認めない点について、今度の法改正で一〇万円が支援されることになりましたが、現実的にはそんなんじゃ進学できません。

学校の先生でも、在留資格のこととか知ってる先生は、多分そんなに多くないですよね。むしろわからない人が大多数です。僕らとつながっていれば、こちら経由でほかの外国人支援をやってる団体とつなげたりとか、法律家につなげたりとかできるんですけど、そういう身近なところでも、ちゃんとアンテナを張ってる人をどんどん増やしていかないと難しいなと思いますね。

◆包摂という観点から何が見出せるか

油井　そうですね。さっきの向井さんの「寄せ場のなかには包摂があった」という話ですが、僕は普段、野宿の経験のある人たちが日常的に集まる環境のなかにいさせてもらっていて、似たような感覚はすごく感じます。多少の違いはあっても、それは生活スタイルの違いだとか考え方の違いだとか、障害があるとかないとか、病気があるとかないとかで、笑い飛ばそうとするというか、受け入れようとするんですよね。もしかすると、山友会のコミュニティのなかだけの話なのかもしれないですけど、そういう姿を見ていて、本当に大切なことの多くをあの人たちから教わったという感覚を持っています。一般社会よりこちらのコミュニティのほうが人間として正しいんじゃないか、と思うときがあるんですよね。

もう一つ、包摂社会は政策的にある程度は誘導できるかもしれないと思います。あくまで可能性の話ですが。ただ、ついちょっとした違いで他人を遠ざけようとする部分に人々が向き合わない限りは、根本的な包摂というのは難しい。むしろ、その部分をどうしたらよいかというところを考えていくような政策があることが必要なんじゃないかなと考えています。

向井　今話を聞いてて思ったんですけど、野宿者の襲撃の問題が僕らの地元でもずっと深刻でした。五年前くらいかな、僕らは襲撃があると、襲撃を受けている小屋に泊まり込むんですね。で、一緒に待ち受けて、できれば加害者を捕まえる。できなくても少なくとも特定するという形でがんばる。なかなかうまくはいかないんですけど、その過程で地元の中学生の複数人が当事者によって確保されて交番に突き出されるというのがあって、そこから、教育委員会の責任を問うていくみたいな形になりました。ただそのなかで、そのなかの複数人が、たとえば両親のどちらかが日本人じゃなかったり、親御さんと日本語で意思疎通ができないような状態だったり、多くが生活保護水準に準じるような家庭の子どもたちだったりして、いわゆる弱者が弱者を叩くみたいな、そういう構造が絵に描いたように現れたことがありました。

正直教育問題については全く専門外なので、先生と連絡を取りながら進めていったのですが、そのときに「野宿者襲撃をやめろ」という教育を教育委員会を通してやってもらうよう働きかけました。今、墨田区では、公立のすべての中学校と小学校で、休み前には毎年、野宿者問題についての授業をやってるんですね。で、その結果、襲撃が本当になくなったんですよ。

僕らは、教育のなかでそういうことを言うことについて、あまり意味がないんじゃないか、むしろ向こう側の権力を持っている側の人間がそういうふうに言うこと自体が逆効果なんじゃないか、みたいなことを思ってたんですね。ただ、実際には襲撃が一〇分の一以下に減る、あるいはほぼなくなるということがありました。「野宿者だったら石を投げたり殴ったりしてもいいんじゃね？」くらいの実感は一定数の子どもたちにあると思うんですね。子どもだけじゃないと思うけど。それに対して、とにかく絶対ダメなんだということを、まず教師が言うことの意味っていうのは、すごい大きいんだなと思いました。

教育とか啓蒙みたいなことを、僕らはシニカルに見がちです。ただ、実際に現場を変えていくために、向こう側、つまり権力を持っている人々にきちんと反差別ということを言わせていくというのは大事なことなのかもしれない。野宿者についてはよくわからない部分もありますが、これだけ排外主義の言論が席巻していて、そのなかで生活している移住労働者だったりその子どもたちだったりの現場を変えていくためには、当然無視できないというところなのかなという気がちょっとしています。

◆差別する制度、政策、メディアへの異議申し立て

角田　今、政策という話が出てきましたが、外国人労働者とその子どもという話で言えば、まず制度的な差別をなくすということが必要だと思います。教育の機会均等もそうですが、進路保障、就職差別、奨学金の申請など制度的差

別を撤廃すべきだと思います。コンビニを見てもそうですが、今、留学生たちが本当に数多く働いています。そして、家族の問題はちょっと別な視点ですが、やっぱり家族の結合というものを尊重すべきというところですよね。

家族と一緒に過ごすことは当たり前の権利なのに、日本の社会はそれを想定していない。この問題を日本の社会がどう考えるか、それをそのまま制度として温存していくのかということが問われているわけで、それはやはり制度を撤廃していく。そういう政策をすべきだと思います。

それから、先ほどの差別の問題、ヘイトスピーチの問題、これらは解消法ができました。しかし残念ながら法律ができて二年経ちますが、まだ現場での取り組みがなかなかできていません。これはやはり解消法ができたのなら、実効性あるような教育政策、あるいは教育の取り組みを学校にちゃんと取り組ませる、そういうことがとても大切なことだなと思います。

大西　メディアの話を、ちょっとだけしたいと思います。野宿者の問題で、ＴＢＳの『ビビット』という番組が昨年（二〇一七年）の一月に、多摩川の河川敷に住むホームレスの特集をやっていて、その取り上げ方がすごいひどかったんです。なんとか入手してその番組を見て、あまりにもひどかったので、正式に抗議をしたんですね。ＴＢＳ側はすぐに謝罪して、生放送中に謝罪文を読み、ホームページにも掲載したのですが、それって別にそれだけでどうなる問題だとも思わなかったので、適切な取材だったのかどうかを、ベトナム難民の番組などを作っていた、元日本テレビのディレクターで上智大学教員の水島宏明さんと一緒に、ＢＰＯに申し立てをしました。一応答申などは全部終わったんですが、ＴＢＳは全社的に研修をやるようになりました。

ＢＰＯが最初にまとめた報告書のなかでも、番組は全部で七回くらいあって、多摩川に住んでいるホームレスのおじさんたちを「多摩川リバーサイドヒルズ族」と名づけて、すごくバカにした放送をやっていたんです。七回もあるってことは人気の企画だったんですよね、数字がよかったということも書いてあったりして。だから、気づいたら一つひとつ、これはおかしいとか、これがよくないんだとかいうのをちゃんと伝えていく必要があると思います。でないと、それを見た子どもたちや大人たちに、誤った印象を与えたり、差別を湧き起こしたりします。

とはいえ、それでＴＢＳがすごい変わったかというと変わらなくて、その次の週くらいに『いいか悪いか』というバラエティ番組で生活保護の問題を取り扱っていました。生活保護って「いいか悪いか」じゃないですから。それもちゃんと抗議をしました。そういったことは、一つひとつやっていく必要があると思います。

で、先ほど角田さんがおっしゃったように、政策の話もそうなんです。まずその最低限のところをちゃんとしようねというのはとても大事で、まさに外国人の人って生活保護から基本的には排除されていて、具体的には特別永住権があるとか、難民認定されているとか、それから配偶者等に日本人がいるとかじゃない限りは、基本的には生活保護法から排除されてるんですね。旧生活保護法では外国人の人も適用されていたにもかかわらず、今はそもそも制度のなかに入れていない。まず、既存の仕組みを変えていかないといけないと思います。プラス、既存のものも古いものや家族主義的なものは残っているので、それを変えていかないといけません。ただ、なかなか制度の話って専門的で、多くの人の理解とか共感とかを得ていくのが難しくて、そこは課題として感じているところです。

制度はどんどんいろんなものが生まれつつあるんですが、本当に予算とかも不十分だったり、なんのための制度なんだろうというようなことも多くて。たとえば「子どもの貧困をなんとかをします」と言ったって、百何十億円しか予算がつかないわけですよね。それじゃあ給付型奨学金にしても、一つの高校から一人くらいしか使えないくらいの予算規模なわけですよ。多方面でいろんなことが起きていて、それぞれキャッチアップして、分析して、一つずつ文句を言ったり提案をしたりというのがかなり複雑になってきています。それを多くの人が関心を持って、自分の課題とはちょっと違う部分についても「一緒にやろうぜ」とか、「ちょっとわかんない部分教えて」というふうに、一緒に取り組めていくとまた違うんじゃないかなと。いろんな政策の論点がどんどん難しくなっているところで、そういう連携というのがないと今後しんどいかなと思っています。

◆政策では解決できないことに対する取り組み

油井　政策や制度ができて、公費として多くのお金が動いて、多くの人たちに便益が享受されるという点では意味があると思うのですが、差別とか、包摂とかに関しては政策だけで解決されるかというと難しいと思っています。むしろ先ほどの大西さんの話で言うなら、メディアの発信の仕方を規制するとか、そうしたルールを作っていくプロセスが大事だと思っています。「野宿者を襲撃してはいけない」とか、「弱い者をいじめてはいけないのは国が決めたから」みたいになるのは危ないことだと思っています。

もう一つは家族の話ですが、特に社会保障とか社会福祉の制度って、家族が含み資産だと言われている部分もあって、家族がなにかしらの扶養をする、世話をすることを前提にして制度設計されている部分は否めません。なので、もうそろそろそういう前提をやめてしまったらいいんじゃないかなと思っています。みなさんのご意見を聞きながら、考えを深めたいと思います。

大西　先ほど向井さんが墨田区の小中学校で野宿者に関わる授業をして、非常に成果が上がったというのをお聞きして、この間、障害者差別解消法、部落差別解消推進法、それからヘイトスピーチ解消法ができて、本当に大きな前進だと思いますが、このなかにたとえば啓発や教育は文言として盛り込まれているだけで、じゃあ墨田区のように学校現場では果たしてどこまでできているのか。やはりそこには予算がついて、授業に取り込むプログラムが必要です。残念ながら、そこまでは三つの法律は至っていないわけですよね。そうしますと、私の今までの経験ですと、やはり当事者と支援者が学校にちゃんと講師という形で入って、そこで生徒たちと出会う、そういう授業を予算化していくことが一番大事かなと思いました。予算をつけて、当事者、支援者が学校に入って生徒たちに授業をする、これは非常に効果があると私は再確認しました。

向井　いやでもねえ、学校に行くって普通に嫌なことですよね(笑)。まあそこは、地元の運動が、ガマンしてちゃんとやれっていう話なんでしょうけど。

あと、政策の話は大事だとは思うんだけど守備範囲外という感じで。ただ、仕事で行ってる会社の連中は、生活保護のことについて「全然働いてないのに、毎日仕事してる俺たちと同じくらい金がもらえるなんて、そんなことは絶対おかしい!」みたいな確信を持ってる人が多いです。体壊したら路頭に迷うしかない、という状況が長かった世界ですから。そんななかでみんな結構意地張って仕事してるわけで、そういう、一番生活保護に近い労働者のなかに、生活保護受給者に対する憎しみに近い意識があったりして。そのことと、自分が運動のなかで、かつて生活保護制度があるにもかかわらず、寄せ場労働者に長らく適用されてこなかったという歴史を見てきている現実があります。だから、制度を押し上げていくと同時に、その制度に寄り掛かるのではなく、制度の背景というか基盤にある社会構造を見ていきたいと思っています。なんとなく、制度自体が解体される可能性もあるんじゃないかと思ってるんですけど、そのときに残るのは当事者自身の存在だけだと思うんですよね。

そういうなかで、大西さんも言及されていましたが、外国人労働者の存在というのは重要だと思っています。実際に労働力として社会のなかに位置づいて、社会自体を規定する力を持ち始めているというところです。理念の問題ではないところで、日本社会を、権力にとって嫌な形で侵食しているというところが、本当に素晴らしいと思っています。一緒に働く外国人労働者にですね、勝手に連帯の挨拶を送っている。もちろん話をするような信頼関係とか、全然できないんですけど、まあ、こういうところで働いてよかったな、という気はちょっとしています。

第3部 全体討論

大西（祥） 第3部は会場のみなさんと登壇者のみなさんとのご議論を、質疑応答含めてお願いしたいと思っております。どなたからでも結構ですので、今日のいろいろなお話、議論を聞かれてご質問されたいこと、もっと詳しく知りたいこと、コメントなどお話しいただければと思います。

◆国家責任と差別をどうとらえるか

近藤 部落解放同盟の近藤登志一と言います。部落解放運動の立場から見た場合、一九五〇年代、六〇年代頭に、当時の文章によれば、「貧乏なのがもう差別なんだ」という規定をしたわけです。そこから始まったのがいわゆる国策樹立運動ですが、基本的に国家責任を追及する闘いをしてきました。そして国は、基本的に部落差別、今の話で言えば貧困状態の責任は国家にあることを認めました。この国家責任の中身なんですが、国はその責任を果たすべく、特別措置法を実施しました。これは、基本的にその中心は環境改善でした。つまり、部落差別撤廃法ではなかったわけです。ただこちらからしても、差別をなくすことが目的で、部落そのものをなくすことが目的ではないので、部落の存在を認めた上で政策を確立するという方向で、反差別国家が最終的には求められてくるわけです。反差別社会と言ってもいいのかな。これは闘わないと勝ち取れないわけです。これを社会連帯で創ることを求めているんです。

野宿者の場合、もちろん野宿であるという状態を認めさせることから始めないといけませんが、そこの国家責任という部分についてどう考えるのか、ということが一つ目の質問です。

二つ目は、この座談会自体も被差別当事者のいろんな課題について、社会に可視化していくというような目的があるわけですが、最終的には「闘う社会」自体をいかにして我々自身で作っていくかということです。そして、その求めるものとしては、やはり反差別運動の場合は、反差別社会を作る、具体的には差別禁止法などが出てくると思うのです。しかし、法律が差別をなくすわけではないので、それを武器にしてどのように闘っていくのか。そのあたりについてはどうでしょうか。

向井 じゃあ僕から。部落解放運動については、重要な取り組みの歴史だと思うんですよね。実際にそれが一定成功して、成果が目に見える形で出たという意味で、本当に異例の取り組みだったと考えています。部落解放運動の場合、当然反差別というのを前面に出すと思うんですが、僕らが仲間に呼びかけるビラや言葉のなかで、「野宿者差別をやめろ」という言い方をする気にはなれないんですね。もちろん一緒に闘う仲間でそういう言い方をする人もいるんですが、僕自身としては、「野宿者差別」という言葉を出して、それに反対することにはすごく違和感があります。

国家の責任については重要な視点だと思うのですが、僕のとらえ方だと、野宿や貧困みたいなものをそこだけ切り離してしまうのはよくないと思っています。特に寄せ場が拠点だというのもあって、下層の労働の問題と野宿の問題というのはやはり切り離させちゃいけないと考えてるんですね。特にそれを強く思うのは、生活保護の切り下げなどの問題です。そこで生活保護の問題と労働の問題を切り離させた時点で「負けるなあ」と思ってるんです。何が言いたいかというと、野宿の責任を取らせるというよりは、野宿が表象しているもっと広い根源的なものがあるはずで、そこについての国家レベル、もしくは社会の構造というところで、こちらがそれを形にしてはっきりと突き出していくというのが大事なんじゃないかと考えています。

あと差別、反差別というところで言うと、被差別者の集団のなかに、自分たちがなにを見ていくかというのは大事なポイントになると思っています。先ほども言いましたが、弱者が弱者を叩くみたいな構造というのは、どんなところにもあると思うのですが、それを超えていくようななにかが見えないとやはり運動は続けていけないだろうなと思っています。ただこれは、発信していく必要があるとは思うのだけれど、しかし本当に難しいことです。言葉にしてしまうと、こぼれ落ちていってしまうものもあるんじゃないかと、油井さんの話を聞きながら思いました。

大西 あくまでも僕個人の意見ですが、「貧困という問題に対して国家に責任はあるのか」と問われれば、「それは多分ある」と答えます。その責任をどうとらえるかということは、考え方や知見で変わってくると思っています。この一〇年くらいでいろんな法律が、特に貧困という分野で見れば出てきました。子どもの貧困対策法では、「子どもの貧困対策は国の責任で支援をする」と書かれています。同じように、生活困窮者自立支援法という法律でも、「生活困窮者の支援というものは国に責任がある」と。「貧困が起きていることが国の責任」というのではなくて、「支援をする責任がある」という書き方ですよね。これをポジティブにとらえる人もいますし、ネガティブにとらえる人もいます。

僕らがすごく考えるのは、向井さんの話でも出てきたことですが、貧困を労働のなかでどうとらえるかという議論で言うと、人口の半分は労働市場に入っていない層、すなわち、高齢者、子ども、障害を持っている人ですから、そこについても社会保障としての仕組みやセーフティネットの議論をしたほうがいいと思うんですね。すごいラフな言い方をすると、同じ社会に生まれて、同じ地域で生活している人が、働いていてすごく割を食っていたり搾取されていたりすること、そして一方で、高齢だったり病気や障害で働けない人たちの生活が苦しくなってしまうことは、やはりよろしくないと思うので、そうした視点を全体で共有化していく必要があるのだろうと思っています。

特に近年の傾向かもしれませんが、先ほど向井さんも「生活保護が解体されるんじゃないか」という懸念を話していましたが、生活保護などに対する世の中の風潮は、正直かなり厳しいと思っています。そこに対抗する言説というのは、もっと当事者の声を出していくことが必要ですし、僕ら自身も発していく、もしくは集めていくという作業をしなければいけないというのはすごく思いますね。たとえば、二〇一二年に社会保障制度改革推進法ができたときに議論はされましたが、その人たちの声が法に反映されることはなく、本当に一部の人たちで決められていきました。

油井　まあ、お二人と近いところかもしれないですけど、差別の問題で言うと、野宿者は差別的な扱いを受けているというのは事実としてあると思います。ただ、これは僕個人の考えや思い入れの部分だと思うんですが、差別された存在として見ていたくないという思いもあります。もちろん、差別されていることを認めない限りは、差別という問題が社会的に解決されないとは思うんですが、差別された存在として見てしまった段階で、僕は多分、彼らと真っ当に付き合えなくなるんじゃないかという気がしています。

国家責任についても、国家の責任にしていくということも大事だとは思うんですが、国家の責任にすればそれでいいという話でもないと思います。野宿している方にとっては、野宿を余儀なくされたことへの世間の無理解だったりとか、偏見の眼差しを向けられたりすることに対しての苦しさとか辛さのほうが深刻だと思うんですね。さらに世間からの蔑みの眼差しが自分自身にも向けられてしまう。「どうせ俺は何やったってダメなんだ」って思わせてしまっているのではないかと感じてきました。そういう意味では、国家の責任にすることよりも、草の根レベルで市民に対して理解を深めていくことが大事なのかなと思っています。

角田　ご存知のように、定住外国人にはいろんな方がいらっしゃいます。たとえば、日系人労働者、いわば労働者の確保としてよび寄せられた人たちもいます。その子どもたちが、高校に進学できるかというところが今課題になっています。かつての部落解放運動では、高校進学率が一つのメルクマールだったと言われていますが、そこからやはり格差、貧困、差別というものを浮き彫りにして、同和教育が実践されてきたということを先輩たちから学んできました。同じように、今、外国籍の生徒たちは、東京都では日本の生徒は高校に行くのが九八%なのに対して、そこにまで至っていません。

その問題は東京都なり文科省の責任として考える必要があります。高校はもう準義務教育化していますので、高校を卒業しないとなかなか就職できない、進路も切り開くことが困難だということを、私たちは自明のこととしてわかっていますので、ぜひ高校進学率を上げていく取り組みが必要だと思っています。そのためには、かつての部落解放運動における高校進学率を高める施策が、私は必要だと思います。

向井　国家の責任というところで言うと、実際今、野宿者をめぐる状況というのは、そういう感じになっているところもある。一〇年間のいわゆる構造改革が直接の引き金になって、何千人という野宿の人が都内に小屋を構えてですね、本人たちはもちろん反差別運動とかやってるつもりはないんですけど、それをやっちゃったので、「国が責任取れよ」ということで、生活保護を出すに至っているわけですよね。そういった意味では、国が責任を取ったというふうに言えなくはないかなと思っています。

あと角田さんがおっしゃったことは、それもいわゆる社会不安ということでしょう。国家にとって社会不安を引き起こす確固とした存在になって、結果として政策を引き出すみたいなものをつなぎ合わせて考えざるを得ないんじゃないかと。そうしたものは、ダイナミックな動きとしてすごく重要なんじゃないかと思っています。実際に野宿者に対する生活保護は、まさにそういうロジックで出たというのは間違いないわけで、目立たない形で野宿者がひっそり野宿していたら、今だって生活保護は絶対に出てないと思いますよね。

◆施策が取りやすい窓口・施策が取りにくい窓口

尾上　障害者の生活保障を要求する連絡会議（障害連）の尾

上裕亮です。貴重なお話ありがとうございます。向井さんのお話で、生活保護の取りやすい地域に行ってしまうという事例がありましたが、障害者の介助保障と少し似ていると感じます。介助サービスの取りやすい地域と、サービスの取りにくい地域があって、取りやすい地域に重度障害者が集まりやすくなって、その地域の情報が多くなる傾向があります。僕たちも制度を自分が取れたからといって、根本問題から目を背けちゃいけないと思いました。

向井　やはり難しいところがあって、本当に野宿で辛い思いをしている当事者からすると、取りやすいところに行きたいというのは当たり前のことじゃないですか。ただ、それをひとまず否定するというか留保して、より広い視野で見ていくというのが運動の役割なのかなと思うんですよ。「自己決定」という言葉がよいのか悪いのかわかりませんが、ただ、自己決定というのをそういうレベル、つまり「生活保護が取りやすい窓口に行く」というレベルで使うのはダメだなって思うんですよね。あと一つ思うのが、結局窓口の対応に差があっても、その差は必ず自然な形で埋まっていくと思っています。だから、一つの運動体が全体について責任を持つ、もしくは持ち得るような姿勢をとるということは、そもそも無理というか、傲慢な感じもしています。市場原理というわけではないですが、各人の欲望とそれぞれの窓口の対応の格差みたいなものが、全体としては、いくつかの矛盾を引き起こしながら均一化されていくのはある意味当然ですから。そうは言っても、自分たちがやってきた方法、つまり当事者の即自的な方向性をいったん否定して、一番難しい地元の窓口に固執して、みんなと一緒に毎週こじ開けに行ったということについては、今も正しい方法だったと考えていますし、その確信が揺らぐことは多分ないと思っているんですけどね。

大西　「申請はどこに行きたいか」という希望はいろいろあって、なぜか「人気のある自治体」ってあるんですね。それも、時代とともに変化があります。もやいはその人が決めないと難しいと思っているので、基本的にはその人が決めます。そもそも「一人で行ける人に同行する必要はない」というスタンスなので、「自分で行ける人は自分で行ってください」ということでやってはいますね。

住所不定の人の生活保護の費用は、都と二三区の按分でやってるんですね。よく自治体の職員も誤解してるんですけど。だから、特定の自治体に住所不定の人からたくさん申請が来たからといって、その自治体が財政的にたいへんだということは全くの誤解です。自治体ごとにいろいろ対応が違うというのも、本当は問題があるんですが、ニーズもかなり違っていて、たとえば、「次の仕事が見つかるまでの二、三カ月だけ生活保護を使いたい」という人だったら、そんなに場所にはこだわらない。ただ、一方で、「あとしばらくはそこで生活したい」という人だったら、当然そこで生活をすることを前提に、住みたい地域を考えた上で申請に行ったほうが当然いいわけです。その人のフェーズや段階、あるいは何がしたいかによってもかなり変わってくる。

僕らは首都圏近郊からも相談がくるので、いろいろな役所に行く機会があるんですが、向井さんが言っていたみたいに、特定の地域の特定の場所にちゃんとコミットしているのはすごく大事なんです。市民の目があるというのはすごく大事なことです。「支援団体の人が初めて来た！」みたいな役所もあるんですよ。そうしたところは、本当にひどい対応をしていて、行ってびっくりするみたいな感じです。以前、千葉県に対して申し入れをしたことがあるんですが、千葉県の習志野に行ったときに本当にひどくて、聞き取りの際に貧困ビジネスの寮長みたいな話をするんですよ。もしかしたらそれがあまりにも常識になってるから、それがおかしいということにも気づけないという状態になっているのかもしれませんね。そういう意味では、地元の自治体に地元の人たちがきちんとアプローチをすることも大事だし、一方で、地元のルールが本当に正しいか、それは法律上、厚労省の政省令上問題ないか、という部分もちゃんと俯瞰して見る目も必要です。僕らは公益でやってるので、役割としては俯瞰して見る部分というのを意識してやっています。

◆外国につながるのある子どもの話を聞く

服部　専修大学の服部あさ子です。角田さんのお話に関してですが、私自身も川崎市で在日コリアンの子どもたちの活動のボランティアをやってる人たちと関わっているのですが、川崎市には桜本という地域があって、そこはもう四〇年にわたって「地域に外国人がいることが当たり前」というまちづくりをかなりがんばってやってきています。だからそこにいる子たちには外国の子もいるし、日本人の子もいるような状態です。先ほどの向井さんの野宿者を襲撃した少年たちの話で思い出したのですが、決して裕福ではない家庭、将来に希望の持てる環境ではない子どもたちのなかに、若干やんちゃな子どもたちがいます。ある集まれる場所があって、そこに行けば、そうしたやんちゃな子であっても認められるわけです。そういう場所を作っているケースは、全国的に見たら相当稀有だと思うんです。外国につながる子どもたちって、学校のなかで自分が日本の生徒と違うということについて、どうとらえているのでしょうか。またそれは、野宿者になった人が、その人の人生そのものを尊重すべきものとして受け入れられない気持ちとは近いのでしょうか。

角田　外国につながる生徒に、「日本に来て、もしいじめとか差別などを受けていたら書いてください」という取り組みを今始めたところです。生徒たちが書いた作文を読んでいますと、やはりいじめはありますね。昔から在日コリアンの歴史のなかでは、名前については、「自分の名前を使うことができないで隠す」ということが、、教育の取り組みのなかではよく知られています。今私が見ている生徒たちで、とにかく日本語ができない状態で、クラスのなかにいきなりポーンと放り込まれて、そこでなにもわからない。笑われたり、からかわれたり、排除されたり、そういうことで悪口を言われたというのはありますよね。この生徒はタイと韓国につながりのある生徒で、五歳のときに日本に来た。高校まで一〇年くらいいて、一〇年いてようやく自分のことをやっと書けるようになった。ですから私もそうなんですけど、学校の教員はこういう日本に来た子どもたちの思いをしっかり聞いて、それを記録化したり、原稿化したりして、それを可視化するような実践ができたらと思っています。

服部　生活困窮者の支援をなさっている方にも伺いたいのですが、外国出身である、もしくは外国人の親がいることが最終的に野宿の理由になっている方は、実感としてどれくらいおられますか。

大西　無料低額診療とかをやっている医療法人さんのネットワークと付き合いがあって、なかなか使える社会保障制度というのがないという状況なので、生活が苦しい人は一定数いると思います。お子さんじゃなくて、難民認定で申請している人で野宿している人は一定数いて、難民支援協会（ＪＡＲ）が支援してるんですが、僕らも連携しています。なかなか難民認定が下りないのと、一応外務省から下りるお金はあるんですが非常に脆弱なので。野宿したり、一時的にどこか民間のやってるシェルターに入って暮らしたりということがあります。また、在日の方で生活困窮している方もいらっしゃって、もちろん制度上の違いがあるので、生活保護の申請で苦労することはあります。

服部　いろんな国のルーツの人がいるし、日本人も世界中のいろいろな国に行っているのだから、外国から来た子どもたちにその国の言葉で話を聞く制度ができることが、子どもたちの不安をやわらげることになるかなと思います。

◆お墓と家族のあり方

柳橋　動くゲイとレズビアンの会（アカー）の柳橋晃俊と言

います。お墓の話が出たんで。実は一〇年くらい前にアカーの若いメンバーが亡くなって、そのメンバーのお母様が、「自分が嫁いでいた先のお墓には入れたくない」と。で、アカーで親代わりのようにしていた人がいて、その人は生きてますけれど、その人と同じお墓に入れるようにしたいという話がありました。「じゃあ、お墓を作りましょう」という話をして、でも公営のところは「法律上の家族じゃなければダメ」と。私的なところでも「そういう例はないので」というところがほとんどでした。

当時、たまたまお付き合いのあったお寺の方が趣旨をくんで、「じゃあうちでそういうお墓を作りましょう」と言ってくださって、今お墓自体はあります。日本では家族というまとまりを重要視するわりには、新しい家族の形態を作ろうとすることにはものすごく抵抗感が強いのかなと思いました。なので、そういう部分で、家族というもののあり方をどのように考えてらっしゃるのかなというのが一つです。

あと外国人の話で言うと、最近技能実習生としてベトナムからいらっしゃる方が多くて、ゲイの方も結構いるんですよ。今若い人たちはスマホを持っているので、すぐにSNSで日本の国内で、同じ国籍も含めてゲイコミュニティにつながっちゃうんですね。で、そうすると、「帰りたくない」って話が出たりします。でも技能実習だから帰らなくちゃいけないし、次の資格を取るのがなかなかたいへんで。資格をとって日本でなにかやろうとしても、日本で家族を作るということ自体、非常に難しいというような問題もあるわけです。家族の存在って、「個人がどうしたいのか」というのもあるんですが、どういう場合に必要なのかということに関して、ご意見等があれば伺いたいなと思います。

油井　お墓を建てるときに関係者の方に聞いたのですが、お墓が家族単位である絶対的な理由ってないらしいんですよね。むしろ、昔、集落単位で人々が生活していた頃は、集落の寄り合い地にお墓があって、そこにその集落の人々が埋葬されることもあったそうです。今は「無縁仏」という言葉は「引き取り手のない遺骨を納めるお墓」という意味で使われているようですけど、本来的には、縁によらないお墓という意味なのだそうです。

いつから家族単位になったのかというと、都市化が進んで地方から都会に出てきた人々がそこで家族を築き始めた頃から家単位でお墓を持つようになったらしいです。そう考えるとその程度のものなんですよね。家族ってたしかに最小単位の生活集団で、そのなかでお互いに助け合ったり支え合ったりしています。それはそれで美談だと思うのですが、一方では残酷な面もあると思います。遡ってみれば、「家」というコミュニティを維持するために、誰かをないがしろにすることも行われてきたので。

家族の支え合い自体を否定するつもりは全くないのですが、支え合いの最小単位の集団として期待しすぎるのは危ないと思っています。もちろん、それがあることでうまく社会が機能してきたことも大いにあると思うのですが、家族のあり方や社会の状況が変化する状況で、現代社会で起きている生活問題のなかには期待されていた家族機能がうまく働かなくて起きているものもあるはずです。もしかすると、過去にはそれが隠蔽されていただけなのかもしれないですが、そうであるならば家族をあてにするのはやめてしまったほうがいいのではないかと思います。

向井　山谷は家族で暮らす人が少ないんですよね。一つには美濃部都政の時代に、「山谷は家族で住むようなところじゃない」「悪いところだから家族の人はほかのところに引越しなさい」ということで、都営住宅とかに、山谷から家族を引き離した経緯もあると聞いてます。ただ、それだけではなくて、現場で働いている人は本当に単身男性が多くて、家族とは基本的に切れている人が非常に多いです。家族などの話はしないのが決まりという感じで、こっちから聞くこともあまりないんですけど、それぞれに深刻な状況があることも多々あって、油井さんもおっしゃっていたように家族が存在することが、その人にとってマイナスになってることも多いと思っています。

お墓については、唯物論がもうちょっとあってもいいんじゃないかなと思っていて、「死んだらもうそれまで」ってことにしといたほうがいろいろすっきりしませんかね。お墓の準備と聞くと、ケアの延長という文脈を感じてちょっとたじろいでしまいます。気にしすぎかもしれませんが。もちろん、お墓って、家父長制の結構重要な部分としてあると思うので、そこにきちんと介入することは大事だと思います。

野宿の人や山谷の人たちは、無宗教というか、お寺に毎週通うわけでもないんですけど、山谷の夏祭りの追悼は結構みんな熱心にお経を一緒に読んだりしてるのを見ると、人間の根源的な欲求として、お墓のこととか気になるものなんですかね。人気があるジャンルですよね。

油井　僕もどっちかと言うと向井さんと同じで、死んだあとのことを考えても仕方がないと考えていたんです。亡くなったあとのお墓をどうするかと、おじさんたちに聞いても、どうにでもしてくれという人も多かったので。でも、実際にお墓を建ててみてわかったんですが、おじさんたちのなかには、実は結構気にしている人もいて、自分の仲間が死後に弔われているのを目の当たりにしながら、自分が亡くなった後どうなるんだろうなということを考えている方がいたんです。死生観みたいな感じなのかもしれないですけど。そう思うと、一概に生前と死後とでバッサリと絶ち切れるようなものでもないなと考えるようになりました。

向井　年をとると弱気になるのかなあ。たとえば、左翼って家族を軽視しすぎる傾向があるかなあと。障害者運動で脳性麻痺の人なんかは、家族での介助を否定するじゃないですか。僕もかつて関わってたある人で、お母さんと一緒に暮らしていた学生が、地域での生活、いわゆる自立生活をするのが大事なんだと。それでお母さんには帰ってもらって、介助者を集めて一人暮らしを始めました。それはすごい説得力がありました。「お母さん、ちょっとかわいそうだな」って思ったんですが、たまに来てたりしていました。そういうのを見てて、現状の家族制度はやっぱり、基本否定したほうがいいのかなとはずっと思っていたんですが。もちろん、単に家族解体みたいなところで、個人がバラバラな形で死んでいくのはなにも残らないんじゃないかと思う一方で、「それが人間ってもんでしょ」っていうか、「それで何が悪いの」って思うところもあるんですよね。

大西　もやいも墓があって、山友会と同じ寺にあるんですよね。うちの方が何年か先輩ですよね、たしか。僕個人は自分の死後に関心がないのでなんでもいいんですけど。油井さんも向井さんも僕も左翼的なタイプだと思うので、そういう家族的なものに関心がないと思うのですが、当事者の方たちみんながそうではないと思います。それで苦しかったり、辛かったりして、そこに最後を求める人はいます。僕個人はみなさんがお念仏唱えているときは尊重しながら、唱えているふりをしているだけだけど。

ただ、すごく難しい議論だなと思うのは、先ほどの話で、支援をするときに、地域福祉の文脈の人たちがむちゃくちゃ言うので、鳥肌が立つくらい嫌なんですけど、「家族のように寄り添う」みたいな言い方をしますね。これ、ほんと奨励されているんです。本当に馬鹿げた話ですが、政府の審議会ではそういう話がされてるんですね。「家族という機能の役割を代替するものに支援やサービスをする」というのは、とても気持ち悪いものだと僕は思うのですが、残念ながらそういう方向がいいだろうと思う人は多くいる、場合によっては、それがマジョリティです。

そういうなかで、地域で困っている人をどう支えるかという議論をするのは、結構難しさを感じることではあります。もちろんいい家族に恵まれる人はいますし、家族という機能自体を別に完全否定するわけではないのですが、一方でそうじゃない関係で苦しかったという人は当然います。そうした人たちと接してきているので、家族が前提となるのはまずよろしくない。それが第一歩なんです。

じゃあ次にそれをなにかで代替すればいいのかというと、そこにもクエスチョンマークはあります。誰かがその機能を肩代わりすればそれで問題は解決するのかというと、結局構造自体は変わらない。擬似家族的な支援が奨励されている今の風潮は、かなり問題があると思いますね。「寄り添い」とか「伴走」とか、そういう言葉を使いたがっていて、正直気持ち悪いじゃないですか。なにかよく知らない人に寄り添われるって。しかも、たとえば、イギリスのパーソナルアシスタントみたいに自分で選べるならいいですよ、自分の支援者を。でも行政の人もケースワーカーもみんなそうですけど、「なんでこいつに担当されなきゃいけないんだ」と。そういうのは本当に気持ち悪いという声をあげてもいいし。

個人の意見ということで、支援のネットワークだったり、支える仕組みであったりを作れば、それがオルタナティブになって、「家族がなくなってもいいんだ」という論点は、もうちょっと投げかけたいです。必要な人に給付なりサービスを提供するという淡々とした社会になればいいと思いつつも、残念ながらそうじゃない。

角田　技能実習は、いま日本には約三八万四〇〇〇人（二〇一八年一〇月末現在）いて非常に多いです（厚生労働省「外国人雇用状況」の届出状況まとめ）。この人たちの実態って、私たちには本当にわからない。技能実習の方の家族には在留資格がないので、お子さんたちは高校には入ってないんですよね。ただ今度政府が五〇万人を新たな在留資格を作って受け入れると言っていて、そのときに家族、子どもたちは小中高校に入ってくるのではないかなと予想されます。

柳橋　技能実習は、それに関してと言うよりも、次のステップに行くためにうまい裏技のようなものはないのかなと思っています。毎年必ず外国人から在留資格での相談を受けるのですが、「日本はとにかくそこに書いてあるのにあてはまらなければ一切ダメだよ」ということなので。相談者から「何とかしてくれよ」「そういうのもＮＰＯの役割じゃないの？」って言われてどうしようもないというところがあったので、聞いてみました。家族の話についても、たしかにどういう形態がいいのかということについては、私もちょっと考えるところがあるので、いろいろなお話が聞けて、ありがとうございました。

◆主体と個人の尊厳

吉田　吉田勉です。三つあるのでなるべく短く話します。今日、「包摂」という言葉が飛び交ったわけですが、多分一九九〇年代にＮＰＯ法ができ、従来の行政セクターや企業セクターではなくて、市民セクターが登場したおかげで、市民セクター用語で「包摂」という言葉を、我々もかなり無前提に使っちゃってるところがあります。改めて今日ふと思ったのは、向井さんから「労働者を包摂するとは言わないよね」という話がありました。そのときに包摂の主体はなにかというと、国家なのか社会なのか。そこで包摂される人は簡単に言うと客体です。それに対して、労働という概念で言うと、労働者は主体です。

そうすると日本の福祉政策は明らかに企業福祉の補完物であり、企業と家庭の福祉からはみ出た人を福祉という概念で包摂する。つまり労働主体としては社会が見放した人、ドロップアウトした人に福祉を提供してきたという歴史があります。

改めて「主体という言葉を久しく使ってなかったな」と思ったんだけれども、もう一回主体という概念を挿入してみれば、包摂の主体は国家や社会であって、当事者という意味では、尊厳とかいう意味も含めて、どんな状況であろうと、最後まで主体であり続けるということの大事さみたいなことを思っていました。

あわせて言えば、包摂という社会政策は、なにかしら必要なことではあるけれども、包摂すれば、それはある基準を設けて包摂するから必ず排除が発生する。包摂が持っている排除性や暴力性の問題についても、もう少し私たちデリケートでないといけないなと思ったのが一つです。

二番目は、近藤さんが言っていた部落解放運動って、インドのリザベーション政策、アメリカの黒人政策とかをモデルにしながら、ある種アファーマティブ・アクション的な政策をとって、世界中で見てもある種の成功例なわけですが、ここでも、先ほどの向井さんの「野宿者支援というのは野宿をなくすのが支援なのか、野宿そのものを肯定していくことが支援なのか」という話と同じで、多分日本の特措法と部落解放運動も、国家の側から見れば、「憲法が保障する基本的人権が満たされてないから、なんとか満たすようにがんばります」と言ったわけです。では、解放ってなにかがあらためて問われています。

三番目は、家族の話で角田さんの話に正直引っかかったんだけれども、外国籍の親を持つ人の親の在留資格によって、子どもたちの労働の基準が設けらてしまうことのふざけ方は、家族と暮らすことの大事さそれ自体は別に否定しないけども、日本で働いている人間は、個人の資格において労働する権利を持っているわけで、そういうアプローチをすべきだと思います。ここで家族で暮らすのは自然だよって言われると、ちょっとヘテロ家族モデルというイメージがあって、それはヘテロ家族が好きな人はすればいいし、そうじゃない人はやらなくていいわけだから、家族モデルじゃなくて、本当は個人の労働権を主張するという話としてアプローチしたほうがいいのかな、というのが思ったことです。

大西　おっしゃるとおりだなと思いました。野宿の話で言うと、これは貧困でも多分似ていると思うんですが、選択できる状況を作ることが大事かなと僕個人は考えています。当然「野宿できる権利」というのは認められるべきだと思いますし、野宿できる場所や公共空間というのも当然あるべきですよね。かといって、アパート入りたい人が入れないというのも問題なので、選択できる状況を作るのが、法的な責任だと。

それは外国にルーツがある子が日本で生まれ育って日本で教育を受けるときも多分そうでしょうし、奨学金もそうでしょう。選択できる状況を提供するのが、やはり国なりの責任であろうと。その上で個人がどう選択するか。選択してうまくいかないときにも、なんらかの保障なりサポートなり、なんとかうまくできるような仕組みが今大事なんだろうなと。

最近こういうベーシックな話が、あまりないような気がしますね。こうしたことを議論する機会がもうちょっとあってもいいと思います。単純に起きた出来事に対してどう考えるかというものは、ニュースで出たりするし、いろんな団体とかで議論があったりするんですが、「そもそもってなんだっけ？」みたいな話があまり語られない。もしくは、ある出来事が起きたときに、それぞれの団体なり、支援者なり、活動家なりがとったスタンスに対して、それぞれ同意や批判があるんだろうけど、「そもそもの前提のところって、お互いどうだったんだろうか」「共有できている部分があったんだろうか、なかったんだろうか」みたいな深掘りした議論というのはなかったかもしれません。そうしたベーシックなところをもう一回見つめ直したり、視座や目線を合わせて話していく機会は必要なのかなというのはお話を聞いていて思いました。

たしかに僕も、家族はあまり好きじゃないので、在留資格も配偶者等が日本人だと変わってくる状況というのは、本当にふざけてるんですね。あるいは生活保護の外国人の要件なんかも、本当に意味がわかんないのがあったりするので、民法改正とかちゃんと勉強しなきゃいけないとか思いつつ、僕はそこまでやれてなくて、誰かやってくれないかなって思ったりします。

角田　私もまず個人の尊重というのが大前提で、そういうことは全くそのとおりだと思います。でも外国人の場合は、逆に国家の側が家族を認めないという攻勢に出てるんですよね。「あなたの家族は認めないよ」「五年間だけ働くならいいよ。五年で帰ってね」っていうのは、国家の側が家族を否定して、「お前は、日本にいる限りは家族を持ってはいけない存在なんだよ」と言う。それは「労働力としては認めるけれども、家族としての人生の楽しみ方は否定する」ということなんです。そういう意味で、現代のまさに奴隷労働ですよね、技能実習制度というのは。それ自体がひどいんではないかという、そういう意味です。なので、子どもの人生を保障していくべきだというのはおっしゃるとおりだと思います。

向井　「主体」っていい言葉だと思うんで、もうちょっと流行るといいですよね。永井均という人が『ルサンチマンの哲学』(河出書房新社)という本のなかで、平等を追求するっていうのとアファーマティブ・アクション的なものを求めるというのは、相容れないんじゃないか。本当に平等を追求するのであれば、アファーマティブ・アクションというのは最終的にはなくすべきものですよね。アファーマティブ・アクションというのは、差別されていることを前提としている施策なので。そこの矛盾を、運動する側が見据えて、矛盾を内包せざるを得ないんだということをきっちりおさえないとまずいんじゃないかと書いてて、それはそうだなと思って。

野宿について言うと、野宿が単に〝解消されるべきマイナスの状態〟であるならば、もちろん直ちになくしたほうがいいんでしょうけど、そうとは言い切れない部分があって、「それは野宿だけを切り取ってはわからない」ということを言ってきました。生活保護がまがりなりにも受けられるようになっても、野宿を続ける人たちが一定数いて、むしろ下層の人のなかに生活保護に対する抵抗感が強い。それは、「生活保護を受けると、それまでの自分自身、仕事や生き方等のもろもろが否定される気がする」というのが大きいと思います。事情を問わずに支給するのが生活保護なわけだから、ある意味そういう文脈を無視しているとも言えるわけです。だから、それまで下層で働いて生きてきた自分自身を肯定する、という意味も野宿にはあると思います。

ただ、やっぱり野宿って家がないっていうことだから、不便も多い。当たり前のことですけど。野宿を選び取るということは、そういうマイナスを引き受けるということでもあるわけで。もちろん、「野宿しているんだからなにをされても文句は言えない」ってことではないですけど、「あまりに市民的な要求についてはどうなんだろう?」と思うこともあります。たとえば「安心して野宿できるようにしろ!」という要求とかはなかなか難しい。ここでは「安心」っていう言葉の質やその欺瞞性を問題にするべきで。なんにしろ、こういう文脈の話を「自己決定」や「選択」ではなく、「主体」という言葉を使って考えたほうがいろいろ前向きになれると思います。

油井 みなさんに言っていただいたので、言うことはありません。選択肢を増やすことはすごい大事だと思うのですが、それが恩恵的に与えられるということが構造的にあり続けるのって不健全と思ってるんですね。支援する人がいないと選択肢が出てこないというのは、根本的によくないと思います。その選択肢みたいなのも、どういうところから出てきているかというのも大事だなと思っていて、当たり前のことができてないことを保障してあげる選択肢みたいなことも大事だと思うんですが、当たり前と思われてないところから出てくる選択肢があるというのもすごい大事だなと思っています。

山本 感想になるのかな。今、精神障害者をめぐる状況というのは、かなり難しいところにきています。私たちは「する側」「される側」という言い方をしていましたけれど、強制入院したり、強制医療する圧倒的な力を持った人たちと、あくまでその対象とされる私たちというのが現状です。なので、私たちは、「いや違うんだ、権利の主体だ」と一生懸命言ってるわけです。権利の主体として主張するには、洗練された賢い振る舞いをして、狂気を丸出しではダメで、ちゃんとお医者に行ってお薬を飲んでいなくてはいけません。「症状が出ていることが精神障害者差別を招くんです」という医者までいる状況です。

尊厳ということで、先ほど向井さんが野宿している人に対して、「居住のための三〇〇〇円のアパートを用意するから公園から出て行きなさい」という話がありましたが、ちょっと似てるなと思ったのは、精神病院で長期に入院していたら、突然「病院を建て替えるから病床を減らします」というので、「さあ退院ですよ」とか言い出されることがあります。若いときに「退院したい」って言ったのに、なんで二〇年経って、この年になってから今度は「退院しろ」と言うんですかと。まさに、いいように扱われる。尊厳の否定なんですよね。そのあとで、とても触れ合ったり寄り添ったりしてくれちゃうんです。私は触れ合ったり、寄り添ったりされるのすっごい気持ち悪い。ただ、全体としてそれが専門職の飯の種になっている構造があって、我々自身が主体的に、「じゃあ六〇歳で退院した人が労働者になれるか」と言うと、「うーん」というのは当然なわけです。で、私は当然の権利だと思うけれど、「それじゃあ」ということで、福祉の支援を受けるわけです。そうすると「専門職の作った、立派なプランに従って暮らしなさい」という話になってしまったりするわけです。

精神病院にお見舞いに行くとすぐわかると思うんですが、今は特別養護老人ホームとか老人施設を必ず併設していて、そこにめでたく退院して「よかったね」と。あるいは老人施設じゃなくてもズラッとグループホームが並んでいて、そこに退院して「よかったですね」って。「一生食い物にするのかよ！　お前ら！」というような状況があります。

そういう意味では、インクルージョンというのは、実は障害者権利条約を作る上でも結構スローガンで言われてきましたけど、私の亡くなった尊敬すべき仲間が言ったのは、「障害者権利条約というのは、障害者がどこにでもどんなときにでもいる、あらゆるところにいるっていうことだ。つまり、メインストリーミングだ」ということです。まず出発点は「インクルージョン」というより「メインストリーミング」。あらゆるところにいろんな人がいて当たり前。それで不都合が起こるんだったら、それを作り直すような社会にするということではないかと思う。そして主体であるということを考えたときに、日本の場合、精神医療とか精神保険システムがあまりにひどいので、少しでもよくするには、やっぱり敵の土俵にも乗ったほうがいいんじゃないかとかいろんな議論があります。それを全否定はしないけれども、ミイラ取りがミイラにならない方法というのはなんだろうかと。いろんなマイノリティのこれまでの運動の歴史を学びつつ、なにをなすべきかを考えたいと思っています。

油井　今の話を聞いていてイタリアの精神保健福祉改革の過程を思い出しました。フランコ・バザーリアさんの話で「四九％の狂気」という話を聞いたんですね。それは何かと言うと、人間誰しも狂気というのは持っているはずだと。それが五〇％を超えたことで精神医療の対象と見なされると。ただ、「五〇％を超えなければいい」って話じゃなくて、みんな狂気というか違いはあるのだから、それでいいじゃないかと。バザーリアさんが精神病院を解体していくにあたって、入院していた患者を退院させていく過程で、病院のスタッフの反発も大きかったみたいです。精神医療側も無自覚に従来の構造にしがみつくという矛盾みたいなのもあると思いながら、精神医療に限らず、日本社会のなかにもそういったことがあるのだろうと思って話を聞いてました。

あと、「寄り添うことの気持ち悪さ」という話題が出ていたと思いますが、僕も基本的にはそう思うのですが、もしかしたら寄り添うということの概念そのものが誤解というか支援者に都合のよいように歪められてきて、寄り添われる方には気持ち悪さが残るような形になったのではと思いました。そもそも、誰かに寄り添われることって、支援者に限らず家族や友人などの信頼感のある関係で行われており、「滅多に行われないこと」ではないと思います。ただそれが、支援する立場の人が行ったときに、監視や支配を感じてしまうことがあって、それで気持ち悪くなるのだと思います。そう考えると、援助する立場や支援する立場の人が、余計にものごとを複雑にしてるのではと思いました。

向井　精神病院を出たらすぐ横にグループホームがあるという話なんですが、建設労働の飯場って、労働宿舎みたいなものなんですけど、そこが生活保護の施設を併設していることがすごく多いんですよね。働けるうちは飯場から現場へと仕事に出して、高齢になったらその横にある生活保護の施設に入れて、ほどよくピンハネする、という感じなんです。そのときに、そこで働いている人間にとってやっぱり二つの反応があって、一つは失業して野宿になることの恐怖があるので、働けなくなってもとりあえず最低限の生活はここで世話してもらえるっていう、そういう安心の気持ちですよね。もう一つは、「働いているあいだは散々食い物にして、働けなくなってもまだしゃぶるのかよ」っていうそういう気持ちですよね。これはやっぱり、個人の資質と本人の歴史によって、どっちにふれるかというのは決まるんじゃないかと思うんですけれども、僕としては、やっぱり後者にかけたいじゃないですか。

僕は働いている会社に寮があるんですけど、寮に入っている人って、テレビとかをもらえるんですよね、布団とかも貸してもらえるんですけど、「両方ともいらない」って言って自分の寝袋で寝泊まりしてる人がいるんですよ。なんでかと言うと、「いつまでいるかわからないし、会社には絶対借りを作りたくないんだ」と言う、そういう感じの反応っていうのはそんなに珍しくなくて。ちょっとでも借りを作るくらいだったら、一切の便宜は受けないみたいな、そういうメンタリティですね。そこはやっぱり大事なんじゃないかと思っています。少なくとも、一定の服従とバーターでなにかの制度的な恩恵を受けるっていう、市民社会の慣例とは違うものがそこにはあるんだというのはすごい感じていて、そこに可能性を僕は見出したいなと思っているんですよね。

◆当事者運動と当事者

近藤　私の最初の発言のときに、説明不足だったのかもしれませんが、同情融和という言葉が部落解放運動のなかにあったんですよ。上から「部落差別はいけない」とか言いながらやってたのですが、それでは部落差別はなくならないことを当事者たちが自覚して、当時で言う水平社ができたんですね。同情融和で差別がなくなるなら、当事者団体はいらないんですよ。で、今の部落解放同盟に引き続いているんですが、現時点では同情融和が差別をなくさないというのが自覚されていて、最終的には部落だと名乗っても差別されない社会、これが今の部落解放同盟の基本的な目標になっています。国家が責任とったからといってそれがなんだというところもあって、こっちがそれをどう利用するか、活用するかという判断で、当事者団体が非常に大事だというのが一つです。

もう一つ、先ほど山本さんが言われましたけれど、「やっぱりそこに部落民がいるんだ」と、そういう社会だというところをマジョリティに示していく。特に部落差別の場合は、皮革関連産業、つまり皮とか靴とかというのは、被差別部落の伝統的産業として発展してきたんですが、もちろん部落差別がなくなっても皮革関連産業はあります。こういうことなんですよね。部落差別がなくなれば、よりよい社会のもとで皮革関連産業は続くと、こう理解していただければいいかなと思います。

向井　あまり関連はしないかもしれないですが、部落解放同盟の実績は、これからの反差別運動を考える上で非常に大事だろうというのは間違いないんですが、同時に同じくらい重要だと思うのは、障害者の自立生活の運動ですよね。あれは完全に介助の体制を自分で作って、そこにあるべき姿を実現した上で、それを国家というか政府にぶつけていくっていうやり方じゃないですか。そういう意味で、部落解放同盟とは全く違うやり方だと思うんですが、それが驚くべき成果を上げている。この二つは基本的な条件として、おさえて進まないといけないんじゃないかなというのはすごく思ってますね。じゃあどう進むのかというのは、全然わからないんですけど。

◆登壇者からのまとめのコメント

大西（祥）　終わりの時間がきておりまして、最後に私のほうからも質問をさせていただければと思います。本日いろいろご議論いただくなかで、主体が国家とか行政である場合、国や行政に都合のいいことが行われているということで、とりわけ渋谷区の宮下公園では、行政が主体的に施策とセットにして野宿の人たちの追い出しがなされましたが、市民社会のほうがそれに賛同するというような構図もありまして、先ほどの吉田さんのお話にも関連するところかと思うのですが、そういう点について、本日の議論の文脈で理解するとすればどうなるのかについてもご意見をいただければと思います。司会の権限で申しわけないのですが、こちらの質問に答えていただきながら、今日のみなさんのご議論のまとめの話もしていただければと思いますので、どうぞよろしくお願いします。

大西　基本的に、野宿の人を排除することに賛成する市民社会はないと思います。野宿の人を追い出すということは、とても悪いことなので。その一方で、じゃあ行政がなんらかの支援の施策を作るときには、その問題に現場で関わっている人や研究者などが呼ばれて意見を求められたりあることは当然あると思います。そのなかで意見を言って、仮に一〇〇の意見があって全部通ればいいですけど、当然通らないこともあります。我々は政策を決定できる立場ではないので、どういう意見があるかということを求められたら、その場にそもそも参加しないという選択もありますが、行政の委員になって要望するというのは当然あるとは思います。かといって、別に批判しないということでは当然ないですし、それをどういう形でやっていくかというのは、見え方、見せ方の問題としてあると思います。

個人的な話になるんですが、外国にルーツがある人の支援について、最近すごく考える機会があって、先ほど服部さんにご質問いただいたところでは、今は身近にあまりいないという話をしたのですが、一〇年後、二〇年後はもしかしたら、そういう相談が増えるんじゃないかなということは思っています。我々の事務所自体は新宿にあるのですが、事務所の近くにも外国につながりのある人がいっぱい住んでいるし、地域の学校とか町会などの集まりに呼ばれて行ってみると、そういう人は結構います。そういう意味では、今日このようにつながれたというのは、そのヒントやきっかけとかになるのかなあと思いました。

山本さんの話でまさに今日、着ているジャツにプリントされた「nothing about us without us（私たちのことを私たち抜きで決めないで）」じゃないですけど、いろいろな場面で当事者の人の声や発言がもっと聞こえるような機会を、様々な場で作っていく必要が当然あると思います。

いろんな政策が動いていますが、「都合の悪い人を選ばない」ということが自治体のやり方なんで、我々も最近あまり呼ばれていません。我々はかなり穏便な方なんですが、それでも呼ばれないというのは気になります。別の文脈である有識者会議に選ばれているので、そこで聞いたら、僕は官邸にNGを食らってるらしくて、基本的に審議会に呼ばれないリストに入っちゃってるそうなんです。もしそういう場に呼ばれたら、当然「当事者の声を聞きましょうね」という話はするんですが、なかなか実現しない。だったら行かないほうがいいんじゃないかという議論は当然ある。でも行ってそういう発言を議事録に残すことも重要だという考えもある。すごく難しいですよね。でも、大事なのはそういう、まさに「nothing about us without us」ということをずっとしつこくしつこく言っていくことかなと思います。

角田　私は目の前で生徒や保護者たちと出会って、そのなかでやはり、今の日本の国家、社会が想定しなかった人たちと私たち教員はどう向き合うのかということを考えてきました。制度が整備されていないということで、在留資格の問題をどう解決するかという必要に迫られて、「もう来年就職する」「今年就職する」という生徒をどうすればいいのかということで本当に困っていました。移住連の方、あるいは様々な団体、関係者が働きかけて、法務省から二〇一七年二月と二〇一八年二月に通知が出るようになりました。これはやはり、先ほど近藤さんが闘いや社会連帯について述べられましたが、そういうことによって、このたった一枚の通知文ですが、これによって就職ができる生徒が今後出てくるということは、それはたいへん大きなことだと私は思いました。

多文化共生というのは綺麗な言葉かもしれませんが、制度で差別を受けていた子どもたち、若者たちが一人でも二人でも救われてこの日本の社会で一緒に闘って、社会連帯という方法によって、なにか新しい社会が作っていければ、なにか今後の日本というか、私たちの生きる社会が、少しでもよくなるんじゃないかという思いを、今日の話を聞いて確信を持ちました。

向井　行政との関わり方は、たしかにいろいろ難しいというのはあるとは思います。現場で見てると、「ああすごく鮮やかだなあ」っていうようなものが見えてくるところがあります。たとえば、再開発に伴う排除とか工事というのは、渋谷の場合だと、何億円どころではなく、何百億円くらいのお金が動くわけですよね。そうなったときに、その公園で暮らしている野宿の人たちの存在を消すためだったら、一億、二億使っても全然高くない、そういう状況はあるわけです。それまで放置していたところに施策を入れて、再開発をスムーズにやっていこうというのは、常に行われてきたことなんです。ただその背景には、野宿者が文句を言って揉めて工事がストップしたり、トラブルになったからそうせざるを得なくなったという、それは結構大事なことなのではないかと思うんですよね。

たとえば隅田川で月に一回、定期清掃という形で小屋をたたませて、残っている小屋を全部捨てるというのをやられていて、今もやられているんですけど、昔その過程で怒った当事者が職員を刺したんですね。で怪我を負わせて、即収監されるんですけど、そういう暴力ってなにかいいじゃないですか。当然の暴力だし、必要なことだと思うんですよね。そういう古い言葉で言うと決起みたいなことが積み重なって、向こうからの施策を結果として引き出すみたいな、そういう形はあるのかなあというふうに思うんです。

そういう状況のなかで、特に渋谷区は区長が長谷部健という人で「性的マイノリティの人の結婚を認めてあげるよ」みたいな感じがあって、それもすごい議論はあると思うんですが、そういうのに目先が効く人なんですよね。で、やっぱりすごい宣伝をして、お金もかけて施策をやっているので問題ないと。僕らは「野宿者支援団体と称する違法行為を行う者」みたいな感じにされてしまっていて、それ自体は敵として当然やってくることだからしょうがないかなという感じはするんですよね。ただ、そこに乗るかどうかは、非常に重要なところだと思っています。少なくとも、区に協力する団体との対称として、排除に反対する団体を悪魔的なものとしてフレームアップする。自分たちが当然そういう形で利用されるというのを予測した上でやるべきだろうとは思います。本当に最も間抜けじゃないですか。宣伝の材料として使われるということが。それでもプラスになるという判断もあると思うんで、しょうがないかなあという気はするんですが。そのなかでどう闘っていくのかというのが大事なところではないかという気がします。

油井　今の話を聞いていて、思い出したことがありました。僕らは炊き出しを隅田川の河川敷で行うのですが、何度か場所を変えています。なぜかというと、近隣の方から苦情があったということで、場所を移動せざるを得なかったのです。河川敷の管理をしている事務所からそうしたことを言われるので、管理事務所の意向もあるのかもしれませんが。

以前、炊き出しの場所の近くに保育園か幼稚園があったみたいで、そこの園長さんたちが来て、ちょうど僕らが炊き出しをやる一四時くらいだったんですけど、子どもが帰る時間だったようで、保護者から「子どもを通らせるのに危ないからやめてほしい」という話が出ているということを言うわけです。その場所で炊き出しを行っていたことで、なにか事件や事故があったわけじゃないのですが、ただ単純に「怖い」「物騒だからやめてほしい」ということですよね。僕が記憶する限り、少なくとも五、六年は同じ場所でやっていたわけですが、なにも起きてないんですよ。炊き出しに五〇〇人、六〇〇人が並んでいた時代なので、多少ゴミが落ちているということくらいはありましたけど、それも手伝ってくれる当事者の仲間たちが掃除してくれていました。それでもなかなか誤解や偏見は拭えなかったなと。

何度か話し合いの場を持ちたいということで、僕らも河川敷の管理事務所に申し入れをしたのですが、それにも応じてもらえず、結局場所を変えざるを得なかったことがありました。本当に闘うべき相手とは誰なのかということを考えさせられました。もちろん行政とか国とかでもあると思いますが、とはいえ、その園長先生や保護者の人たちと闘ったところでなにも変わらないかもしれない。だけど、あの人たちに届けるためにはなにをすべきなのかということも常々考えていかないといけないのだなということを思い起こしました。

大西（祥） 本日は午前中から長時間にわたって討論にご参加くださいまして、ありがとうございました。

【監修】
人権ネットワーク・東京

一九九八年、被差別当事者の意見を東京都の施策に反映させることを目的に、一〇のマイノリティ団体を軸として「東京都人権施策推指針対策連絡会」を発足。二〇〇八年には、マイノリティ二一団体を軸に、同連絡会を「人権白書Tokyo作成実行委員会」に改称、「人権白書Tokyo」を作成して東京都に提出。その後、被差別マイノリティネットワーク活動を活性化するため、同実行委を二〇一二年「人権ネットワーク・東京」に改組し、運動を展開。現在、二四団体、六個人が参加している。

わたしたちはここにいる

マイノリティが、集まり、語り合う

二〇二三年八月三一日　第一版第一刷発行

監修　人権ネットワーク・東京
発行　株式会社　解放出版社
〒五五二-〇〇〇一
大阪府大阪市港区波除四-一-三七　HRCビル三階
TEL　〇六-六五八一-八五四二　FAX　〇六-六五八一-八五五二
東京事務所
〒一一三-〇〇三三
東京都文京区本郷一-二八-三六　鳳明ビル一〇二A
TEL　〇三-五二一三-四七七一　FAX　〇三-五二一三-四七七七
振替　00900-4-75417
ホームページ　http://kaihou-s.com

デザイン　米谷豪
印刷・製本　モリモト印刷株式会社

ISBN 978-4-7592-6813-3 C0036
NDC360 272p 21cm
定価はカバーに表示しています。
乱丁・落丁はお取り替えいたします。